W0069091

SAMMLUNG PROFILE
herausgegeben von Rudolf Wolff
Band 13:
Heinrich Mann –
Das Werk im Exil

Bisher sind erschienen:

Rudolf Wolff (Hrsg.)

HEINRICH MANN
Das Werk im Exil

1985

BOUVIER VERLAG HERBERT GRUNDMANN · BONN

CIP-Kurztitelaufnahme der Deutschen Bibliothek
HEINRICH MANN: d. Werk im Exil /
Rudolf Wolff (Hrsg.). — Bonn: Bouvier, 1985
(Sammlung Profile; Bd. 13)

ISB N 3-416-01823-0

NE: Wolff, Rudolf (Hrsg.); GT

ISS N 0723-7626

Alle Rechte vorbehalten. Ohne ausdrückliche Genehmigung des Verlages ist es
nicht gestattet, das Buch oder Teile daraus zu vervielfältigen. © Für diese Ausgabe bei Bouvier Verlag Herbert Grundmann GmbH, Bonn 1985. Printed in
Germany. Herstellerische Betreuung: Jochen Klein. Druck und Einband:
Plump KG, Rheinbreitbach. Umschlagentwurf: Anna Braungart.

INHALTSVERZEICHNIS

Heinrich Mann um 1933

Rudolf Wolff
Vorbemerkung

Gegen Dekadenz und moralischen Verfall! Für Zucht und Sitte in Familie und Staat! Ich übergebe dem Feuer die Schriften von Heinrich Mann, Ernst Glaeser und Erich Kästner.

Schauplatz der gespenstischen Bücherverbrennung, bei der braunbehemdete Studenten mit markigen Sätzen ein in diesem Ausmaß kaum vorhersehbares Schauspiel boten, war unter anderem der Berliner Opernplatz. Am 10. Mai 1933, als die staatlichen und privaten Bibliotheken von der Literatur der geistigen Elite ›gesäubert‹ wurden, lebte Heinrich Mann nicht mehr in Deutschland. Er war schon Ende Februar 1933 nach dem Rücktritt als Präsident der Sektion Dichtkunst bei der Preußischen Akademie der Künste zu Berlin auf Anraten zahlreicher Freunde aus Deutschland geflohen.[1] Die kommenden Jahre verbrachte er als geachteter Schriftsteller in Frankreich, und seit 1940 lebte er in den Vereinigten Staaten.

Das Autodafé von 1933 hat bis heute Spuren hinterlassen. Viele ›verbrannte‹ Bücher, viele verbannte Autoren sind aufgrund der jahrelangen nationalsozialistischen Machtherrschaft vergessen worden, nur einige wenige Schriftsteller haben ihr literarisches Ansehen aus der Weimarer Zeit halten können. Heinrich Mann gehört nicht zu ihnen; er hat bis heute noch nicht wieder die Beachtung gefunden, die man ihm in den Jahren der Weimarer Republik schenkte. Zwischen 1918 und 1933 war Heinrich Mann bei Lesern und Kritikern ein sehr geachteter um- und beworbener Autor. Die politischen Ereignisse, die Jahre des Faschismus und des Exils sowie schließlich nicht zuletzt die erfolgreichen Editionsbemühungen der DDR haben eine Heinrich-Mann-Rezeption in der Bundesrepublik erschwert. Erst allmählich setzt eine Auseinandersetzung mit seinem Werk auch in der Bundesrepublik ein. Während das erste Heinrich-Mann-Symposion, noch ganz im Sinne des ›Kalten Krieges‹, die tradierten Vorurteile zu erhärten bemüht war, wandte man sich in den folgenden Jahren quasi als Reaktion auf diese Veranstaltung[2] den Schriften Heinrich Manns zu. In diesen mittlerweile mehr als zehn Jahren sind einige Aspekte seines Werkes herausgearbeitet worden; besonders die Auseinandersetzung mit der Frühphase dieses Schriftstellers gilt weithin als zufriedenstellend.

Mit Einschränkungen gilt diese Feststellung auch für das Werk, das Heinrich Mann in der Weimarer Zeit Achtung und Ehren einbrachte. Die größten Schwierigkeit bereiten indes noch immer Heinrich Manns Arbeiten aus den Jahren des Exils und mehr noch des Exils in den Vereinigten Staaten. Diese Einschränkung scheint berechtigt, denn die Essays, die überwiegend in Frankreich geschrieben und veröffentlicht wurden, sind in den letzten Jahren zunehmend in Examensarbeiten und Dissertationen analysiert worden. Die Romane, die Autobiographie und der Fragment gebliebene Friedrich-Roman erfreuen sich dieser Beschäftigung nicht. Literarische oder ästhetische Gründe mögen zur Begründung angeführt werden, wahrscheinlicher ist jedoch, daß die politisch-aufklärerischen Intentionen eine Auseinandersetzung mit Person und Werk erschweren. Die Greueltaten, die die barbarische nationalsozialistische Herrschaft ohne Scheu begehen konnten, sind in das Werk Heinrich Manns mehr oder minder sichtbar eingegangen. Wenn die Haltung den Romanen gegenüber heute ablehnend oder bestenfalls zögernd zustimmend ist, dürften vor allem sekundäre und somit literaturunabhängige Kriterien dieses Urteil beeinflußt haben. Vierzig Jahre nach dem Ende des Krieges sollen die dreizehn Jahre der nationalsozialistischen Schrekken vergessen, gar verdrängt werden. Heinrich Manns Werk sperrt sich gegen solche Absichten. Seine Arbeiten aus den Jahren des Exils handeln vielmehr unmittelbar, teils sogar ohne ästhetisierende Überhöhung von der Gefahr des Faschismus; die Geist- und Kulturlosigkeit der Nazi-Zeit führten zu der grenzenlosen, erbarmungslosen Menschenverachtung. Die politischen Inhalte im Werk Heinrich Manns können nicht übersehen, nicht wegdiskutiert werden. Das mag lästig sein: Heinrich Mann ist ein unbequemer, dem Euphemismus nicht zugeneigter Autor.

Daß manchmal das tagespolitische Ereignis in seinem Werk überhandgenommen hat, ist einer der oftmals wiederholten Vorwürfe gegen Heinrich Mann. Wer jedoch Literatur als einen Aufruf zur Humanität versteht, wird einsehen, daß in einer Zeit der Massenmobilisierung gegen den *Geist*, aufklärende aktuelle Vorfälle in der Literatur Berücksichtigung finden müssen. Die zum großen Teil erbärmlichen Lebens- und Arbeitsverhältnisse der im Exil lebenden Schriftsteller begünstigten zudem deren Politisierung. Auch die Auseinandersetzung mit der Realismustheorie Lukács' dürfte nicht nur zufällig in den Anfangsjahren des Exillebens geführt worden sein[3]; sie war zugleich der Anfang eines Prozesses, der bürgerliche und proletarische Schriftsteller, vormals verfeindet, einander näherbrachte. Besonders die bürgerlichen Autoren erkannten die Notwendigkeit einer Politisierung der Literatur, um dem Faschismus den Humanitäts-Gedanken entgegenzuhalten: »[...] vielleicht kann man doch mehr, auf geistige, moralische Weise, seine Politik in der Schrift unterbringen, schärfer, härter, offener als früher.«[4]

Heinrich Mann, der schon in den Jahren der Weimarer Republik als politisch orientierter Autor die beginnenden Anzeichen nationalistischer Umtriebe vehement anprangerte, betrieb in den ersten Jahren des Exils auf seine Art die Einigung der Künstler.[5] Mit Aufrufen, Solidaritätsadressen und der Teilnahme an Exilkongressen unterstrich er die Notwendigkeit eines Bündnisses gegen den Faschismus. Er hatte es im Gegensatz zu anderen Autoren nicht nötig, in seinen Schriften die Politik »härter, offener als früher« zu artikulieren, realisierte er doch seit langem seine eigene Theorie des Realismus in der Literatur, die er, auf die Schriften Heines und Fontanes hinweisend, in den Briefen an Ludwig Ewers vor der Jahrhundertwende vertrat. Erst nach der Vertreibung aus seinem Exilland Frankreich, das für ihn eigentlich niemals richtiges Exil gewesen war, in die fernen und ihm ungastlich erscheinenden Vereinigten Staaten, in denen er weitgehend unbekannt war, äußerte er sich zunehmend verbittert und resigniert, nicht nur Freunden gegenüber, sondern auch in seinem Werk.

Die hier zusammengestellten Aufsätze behandeln im weitesten Sinne das Romanwerk Heinrich Manns, das – mit Ausnahme der beiden Bänden über die *Jugend und Vollendung des Königs Henri Quatre* – in den Vereinigten Staaten geschrieben wurde. Die sehr umfangreiche Essayistik, vornehmlich in Frankreich verfaßt, ist nur am Rande, meist Heinrich Manns politischen Standort erläuternd, berücksichtigt worden. In einem später vorgesehenen dritten und abschließenden Band werden die Essays Heinrich Manns ausführlich und unter Berücksichtigung der Entwicklung vom Konservativismus zum Antifaschismus dargestellt werden. Dem Herausgeber schien, auch angesichts der bereits vorliegenden Arbeiten zu den Essays Heinrich Manns aus dem Exil, diese Aufteilung dem Gesamtwerk Heinrich Manns gegenüber angemessener. Die abschließende Bibliographie entspricht im wesentlichen der des ersten Bandes. Es wurden lediglich die Druckfehler berichtigt und jene Aufsätze neu aufgenommen, die im letzten Halbjahr geschrieben oder gefunden wurden.

Anmerkungen:

1 Dieser Rücktritt geschah teils freiwillig teils auf Druck politischer Stellen. Heinrich Mann hatte den Aufruf *Dringender Appell*, der den Wahlen am 5. März 1933 galt, zusammen mit anderen Künstlern unterzeichnet. Dieser Aufruf war der Anlaß für den (kommissarischen) preußischen Kultusminister, Bernhard Rust, an der Berliner Universität von der »liberalistischen Schlagwortdemagogie« zu sprechen. In dieser Rede erklärte er zudem, »er werde diesem Skandal ein Ende bereiten, doch bitte er um Geduld.« – Vgl. Joseph Wulf (Hrsg.), *Literatur und Dichtung im Dritten Reich. Eine Dokumentation*. Reinbek 1966, besonders die Kapitel »Am 15. Februar 1933« und »Neuordnung der Dichterakademie«. Verwiesen sei auch auf den jüngst erschienenen Aufsatz von Werner Herden, *Kontroversen zum Literaturbegriff*, in: *Weimarer Beiträge*, 30, H. 12, 1984, S. 1941 ff.

2 Vgl. die veröffentlichten Vorträge in: Klaus Matthias (Hrsg.), *Heinrich Mann 1871 – 1971*. München 1973. Insbesondere sei auf den Beitrag von Jörg Bernhard Bilke, *Heinrich Mann in der DDR*, S. 367 ff., und auf das die gegen Heinrich Mann gerichteten Vorurteile manifestierende Nachwort des Herausgebers, S. 385 ff., hingewiesen.

3 Vgl. hierzu: Hans-Jürgen Schmitt (Hrsg.), *Die Expressionismusdebatte. Materialien zu einer marxistischen Realismuskonzeption*. Frankfurt a. M. 1973.

4 Alfred Döblin, *Briefe*. Olten/Freiburg i. Br. 1970, S. 207.

5 Nicht um jeden Preis, wie wir von Alfred Kantorowicz wissen, der in seinem Aufsatz *Heinrich Manns Tod*, in: Alfred Kantorowicz, *Die Geächteten der Republik*. Berlin 1977, S. 100 ff., hier insbes. S. 104 f., dessen Bemühungen um eine Einigung der Intellektuellen gegen den Faschismus unterstrich.

I

Elke Emrich
Heinrich Manns Roman *Lidice*:
Eine Legende von der menschlichen Verwandlung

1. *Vorgeschichte des Romans*

Wenn ein Roman nahezu 35 Jahre nach dem Tode seines Autors als »NEU« angezeigt wird, so fragt sich der verblüffte Leser, warum ihm dieser Roman, der den brisanten Titel *Lidice* trägt, so lange unbekannt geblieben ist. Der »selten veröffentlichte Dialogroman«[1] war in deutscher Sprache bislang nur in Mexiko (El Libro Libre) im Jahre 1943 erschienen.[2] Zunächst: Der Autor selbst hatte veranlaßt, ihn wie »eine Art Geheimnis« zu behandeln, nicht etwa, weil er sich von ihm distanziert hätte – im Gegenteil –, vielmehr um die Ablehnung, die er von seiten tschechischer Leser erfuhr, zu respektieren:

> Die Mißbilligung der Tschechen, auch der urteilsfähigen, hat mich abgehalten, Verbreitung zu suchen für den Roman. Rechtfertigen könnte ich ihn wohl. Gewisse Greuel gehen für mich ins Groteske über und werden phantastisch. Hier ist der Absprung in die Fabel das Abstruse, dann folgt die im Grunde vernünftige Szenenreihe, abenteuerlich machen sie die Umstände. Was das Volk betrifft, sehe ich es rührend, sympathisch, tapfer und weiß von keiner Kränkung, die ihm (durch diesen Roman; E. E.) zugefügt wäre.[3]

Daß sich die Nazigreuel für Heinrich Mann als »phantastisch«, als »Groteske« ausnahmen, befremdete die im amerikanischen Exil lebenden deutschen und tschechischen Antifaschisten. Die satirische Darstellung der Unterdrücker in Prag, ihre komödiantische Bloßstellung durch die Unterdrückten, die dadurch – und nicht durch ein Attentat auf Heydrich: er wird im Roman von der Gestapo umgebracht – selbst das Massaker von Lidice auszulösen scheinen, ein solcher Roman mußte bei den zutiefst Betroffenen auf entschiedenen Widerspruch und Ablehnung stoßen, selbst wenn er unter dem im Zuge vielfältiger Manuskriptüberarbeitungen vorgesehenen neuen Titel »Der Protektor« erschienen wäre.[4]

Lapidar heißt es in der Verlagsankündigung: »Zeitungsmeldun-

gen über das gelungene Attentat auf den ›Reichsprotektor von
Böhmen und Mähren‹ Reinhard Heydrich und die blutige Rache-
aktion der SS in Lidice inspirierten Heinrich Mann zu diesem
Werk«.

Nun stellt sich aber ganz entschieden die Frage, ob solche Vorgänge Heinrich Mann dazu haben inspirieren können, diese
höchst verwickelte Doppelgängerintrige zu ersinnen: Ein Tsche-
che imitiert Heydrich, stiftet bei den Nazis Verwirrung, deckt ein
Komplott von SS und Gestapo gegen Heydrich auf und verhindert
seine Durchführung, wird zum geistigen Befreier der Tschechoslowakei und muß alsbald fliehen, woraufhin die Gestapo den
infolge erfundener, Heydrich zugeschriebener »sensationeller
Taten [...] zu hoch in der Gunst des Führers« (*Lidice*, S. 185/142)
gestiegenen Heydrich meuchlings ermordet und Massaker verübt.
So sehr »gewisse Greuel« für Heinrich Mann ins Phantastische
und Groteske »übergehen« mögen, – zwischen Zeitungsmeldungen und *plot* der Handlung ist ein Zusammenhang nicht herstell-
bar. Und in dieser Unvereinbarkeit von Titel und Romangeschehen, in der Kluft, die sich zwischen dem Entsetzen auftut, das sich
mit dem Ortsnamen Lidice verknüpft, und der Erheiterung, die
die Lektüre des Romans evoziert, liegt der Grund dafür, daß
Lidice ein jahrzehntelang gehütetes »Geheimnis« blieb.

Für das Verständnis des Romans scheint es mithin von eminen-
ter Wichtigkeit zu sein, seine tatsächliche Genese und ihre geistigen Voraussetzungen zu klären. Der Autor selbst erläutert als
Lesehilfe: »Die materielle Wirklichkeit ist von Anfang an beiseite
gelassen, dort gibt es keinen falschen Heydrich. Ich finde, daß mit
dieser Erfindung der Vorgang geistig klar wird, die Art und Stim-
mung des betroffenen Volkes und andererseits die ganze Wacklig-
keit der eingedrungenen Macht. Gegen diese *résistance* kann sie
nichts machen. Die tschechischen Leute von Lidice, ihr unschuldig listiges Einverständnis, und sie feiern sich in ihrem Volksstück,
der ›Verkauften Braut‹«.[5]

Verwirrt stehen wir vor der Frage, welcher »Vorgang« durch
diese »Erfindung« nun eigentlich »geistig klar« werden soll: etwa
der Vorgang, der sich in der Ortschaft Lidice zutrug? Die Brief-
stelle legt freilich nahe, gemeint sei vielmehr die Konfrontation
von Tschechen und Deutschen, von »betroffenem Volk« und »ein-
gedrungener Macht«.

Diesen Vorgang reflektierte Heinrich Mann, seit die Tschechoslowakei in ihrem Bestand bedroht, seit sie zum »Protektorat«
herabgewürdigt worden war. Hat aber Heinrich Mann »die mate-

rielle Wirklichkeit [...] von Anfang an beiseite gelassen«, so wird er nicht von dieser – der Wirklichkeit der Zeitungsmeldungen – »inspiriert« worden sein. Seine Inspirationsquellen waren vielmehr seine in zahllosen politischen Essays dargelegten Faschismus-Analysen und seine »ergriffene Verehrung« für die tschechoslowakische Republik, das Erlebnis ihrer »sittlichen Reife«, der vielfältigen Hilfeleistungen und Solidaritätsbekundungen für die Emigrierten, Verfolgten, Gefolterten. In seinem Memoirenbuch *Ein Zeitalter wird besichtigt* berichtet Heinrich Mann:

Der tschechoslowakische Konsul in Marseille war ein tapferer Mann. Er hielt auf seinem Posten aus, als täglich die Gefahr näher kam. [...] Seine Amtsräume waren eine Börse der Gerüchte. Die es anging, verbrachten dort ihre Tage mit Hoffnungen und Ängsten [...] Allen gab der Konsul Mut, oder wenigstens Papiere, die mehr oder weniger gültig, doch immer ein Recht auf Dasein vortäuschen. Gerade wo es verzweifelt stand, versuchte er wirklich zu retten. [...] Meine ergriffene Verehrung gehört der tschechoslowakischen Republik.
Hier ist ein Staat, der, weit und breit allein gelassen in einer feindlichen Umgebung – darum zuletzt auch ausgeliefert –, dennoch nichts aufgegeben hat von seiner sittlichen Reife. Die verhängnisvollen Jahre, als Hitler-Deutschland unter allgemeiner Duldung heranwachsen durfte, hat der Staat des Präsident-Befreiers Masaryk uns die Arme geöffnet. Wir – das ganze verfolgte Deutschland, das intellektuelle, das freiheitliche, waren in dem einzigen Lande nicht nur teilnahmslos geduldet: Prag empfing uns als Verwandte. Wie nahe verwandt, sollte 1938 furchtbar erweisen.
Die Tschechen [...] entsandten [...] Untersuchungskommissionen in das unglaubwürdige Land, wo Volksmassen sich fanden um zu jubeln, wenn ein bösartiger Krüppel ihnen zuschrie: »Die Menschenrechte sind aufgehoben!« [...] Soviel der Welt bekannt gemacht wurde aus den deutschen Friedenstagen, erfuhr sie – ohne es sich nahegehen zu lassen – von Prag. Die Tschechen allein hat es nicht ruhen lassen [...]
Wenn je ein Mensch, hat Thomas Garrick Masaryk mir wohlgetan und geholfen. 1933, ich war schon in Frankreich, erklärte er meine Münchener Wohnung für tschechoslowakisches Eigentum und schaffte sie nach Prag. [...]

1934 [...] besuchte ich Prag [...] sein [Masaryks] Kanzler übermittelte mir seine Zusage, mich einzubürgern. [...] Wer war ich, daß eine fremde Nation sich meiner annahm, mich nach ihrem Konsulat in Marseille bestellte, mich in die Hand ihres Konsuls den Treueid ablegen ließ? [...] 1940, als der Konsul, selbst gefährdet, in Vichy für mich eintrat, hätte ich ihm sagen wollen: »Aber Landsmann! Gibt es so viel menschliche Solidarität?« Nur, daß er seine guten Werke in aller seiner nationalen Unschuld beging.

Diese Unschuld, die Witz, Klugheit, geistige Frömmigkeit vereinigt, die tschechische Unschuld ist es, die ich in einer Reihe von Romanszenen, *Lidice* genannt, habe mit Liebe bedenken wollen. [...] Im Falle Heydrich – wahrscheinlich hat seine eigene Gestapo ihn umgebracht – übertreiben die Deutschen ihre böse Besessenheit bis zum Unglaubhaften. Sie selbst übertreiben sich, mir blieb nichts zu tun übrig.

Hinsichtlich des tschechischen Volkes oblag mir nur, es leben zu sehen, wie es oft und lange gelebt hat: unter einer ungerechten Gewalt, der es begegnet mit Witz, Klugheit, geistiger Frömmigkeit, nach seiner Art. Die ländlichen Auftritte des Romans zeigen es heilig, nicht anders zu nennen als heilig – dank der unseligen Verderbtheit dieser Deutschen. Die Tücke läuft sich tot, wenn die Unschuld weise ist. Dies meine Huldigung an eine Nation, der ich nicht umsonst die Treue versprach.[6]

Diese Passagen verdeutlichen, daß man sich den Zugang zu *Lidice* verbaut, wenn man den Roman an der Chronik und den Folgen des tschechoslowakischen Widerstandsakts mißt. Sujet des Romans ist die Konfrontation von menschlicher Solidarität und böser Besessenheit, ist die Machtlosigkeit der Macht gegen unkorrumpierbare »sittliche Reife«.

Die Konfrontation von faschistischer deutscher Besatzungsmacht und tschechischer Bevölkerung, die Folgen von Hitlers Einmarsch in Prag hatte Heinrich Mann aus Anlaß der Besetzung der Tschechoslowakei (15. März 1939) in einem Artikel, der am 14. April 1939 in der *Dépêche de Toulouse* erschienen ist[7], aus seiner Sicht dargestellt. Hitlers Völkerrechtsbruch erklärt er bündig für »une déclaration de guerre à l'adresse de l'Europe«; in den Augen der Mehrzahl der deutschen Bevölkerung, so meint Heinrich Mann, signalisiere der Einmarsch in Prag den Anfang von Hitlers Sturz (S. 88), ja »l'ensemble de la nation«, die ganze deutsche Nation frage sich nunmehr, »si elle n'avait eu tort de se laisser octroyer ce régime« (S. 89). Bei der Nachricht vom Einmarsch deutscher Truppen in Prag hätten deutsche Arbeiter die Fabriken verlassen und sich darüber verständigt, es gelte, nachdem Hitlers Politik Geld in Kanonen verwandelt habe, die Kanonen wieder in Geld umzuwandeln: sie einzuschmelzen und auf Erhaltung des Friedens hinzuwirken. »Quoi qu'en dise le führer, il ne peut plus vouloir la paix« (S. 89). Ihrer Überzeugung schlössen sich Bauern und Gewerbetreibende an, die allgemeine Not habe die Klassengrenzen aufgehoben. Ihren Brüdern und Söhnen aber, die sich in Prag als stolze, unüberwindliche Eroberer aufspielten, werde beim Anblick der unterdrückten tschechischen Bevölkerung bewußt, daß sie belogen worden waren: *A leur grand étonnement, la nation tchèque existait. On leur avait dit que Prague était allemande et qu'ils seraient reus en libérateurs* (ebd.). Im Roman *Lidice* verbreitet Heydrich diese Lüge gleich zu Beginn seiner Amtsübernahme. Seinem Amtsvorgänger hält er vor: »Sie haben die Tschechen wie eine Nation behandelt; das sind einfach verkommene Deutsche« (*Lidice*, S. 51/39). In den tschechischen Kasernen, so stellt sich Heinrich Mann den Einmarsch deutscher Truppen vor, hätten die jungen Arbeiter und Bauern, die man in Uniformen gesteckt habe, noch nicht abgezogene tschechische Kameraden kennengelernt, die sie darüber aufklärten, mitnichten habe in Böhmen ein Bürgerkrieg gewütet (*L'entrée à Prague*, S. 89). Ihnen komme die Erkenntnis, daß sie ein Land, in dem bei ihrem Einmarsch mehr Freiheit und Wohlstand geherrscht hatte, als sie sich zu Hause vorzustellen wagten, durch Terror und Unterdrückung zwar ruinieren, seinen Freiheits- und Selbstbehauptungswillen jedoch nicht brechen können. Diese Erfahrung mache die deutschen Soldaten zu Revolutionären.

Die Idee, daß uniformierte deutsche Arbeiter und Bauern von Tschechen über das Wesen des Regimes, dem sie dienen, aufgeklärt und zur Revolte gegen Hitler ermutigt werden, wurde zum Kulminationspunkt des Romans *Lidice*. Dem »Ziel [...]: die deutsche Erhebung muß dem Krieg zuvorkommen«[8], dienten namentlich nach dem Münchener Abkommen zahlreiche Reden und Aufrufe Heinrich Manns, die, über den Deutschen Freiheitssender oder als Tarnschrift in Deutschland verbreitet, an das Gewissen, die Vernunft und die Solidarität der deutschen Arbeiterschaft appellierten. Diesen aufklärenden Reden an die deutschen Arbeiter, in denen Heinrich Mann ihnen ihr latentes Wissen über das verbrecherische Regime ins Bewußtsein zu rücken und sie dadurch zur Tat, zur Revolte zu ermutigen versuchte[9], mag jene Rede des Heydrich-Imitators Pavel Ondracek, des wahren »Protektors« in *Lidice* entsprechen, die er – mit Anspielungen auf des Autors *Bekenntnis zum Übernationalen* – tschechischen Arbeitern und deutschen Soldaten hält, »Individuen, die in Uniform, aber mit der Haltung und dem Ausdruck von Arbeitern, auf Pavel hören« (*Lidice*, S. 265/204). Ihre Quintessenz lautet: »Er hat das ganze Protektorat für frei erklärt [...] Von uns kann die Welt lernen, wie sie regiert wird. [...] Wie von oben her die Revolution sich ausbreitet.« (*Lidice*, S. 267/205 f.)

In dem am 15. Juni 1939 in *La Dépêche de Toulouse* erschienenen Artikel *La fin de la peur?*[10] verficht Heinrich Mann wiederum die These, die Annexion der Tschechoslowakei habe den deutschen Widerstand mobilisiert:

> Or il arrive que l'Allemagne se détache du régime à l'heure même ou elle le voit ouvertement prétendre à la domination universelle. Les masses allemandes [...] ne s'associaient pas encore à la lutte souterraine et acharnée des adversaires du régime. Ce sont les annexions de territoires étrangers qui les décidèrent à la résistance. [...]
> Alors, il se produit ce phénomène singulier, à peine croyable, pourtant réel, d'une transformation des esprits. Les masses allemandes de 1939 ne ressemblent plus en rien à celles d'il y a seulement deux ou trois ans. [...] Les consciences qui s'éveillent leur font comprendre qu'il n'est que temps de réagir. [...]
> Avant tout, il faut barrer la route à la guerre qui risque d'approcher. On cite des faits. Et les pannes incessantes qu'encouraient les troupes motorisées lors de l'occupation de la Bohême et de la Moravie. Le haut commandement prétendait empêcher les soldats d'entrer en relations avec la population indigène. Il le fallait bien, à cause des pannes. Et de s'entendre et de fraterniser. Les régiments ayant servi à envahir la Tchécoslovaquie n'y sont déjà plus. On a dû les reléguer au fin fond de l'Allemagne pour leur refaire une discipline. (S. 92)

Das Motiv, daß mit Pannen der motorisierten Truppen auf tschechischen Straßen infolge der unvermeidlichen Verständigungen mit der tschechischen Bevölkerung Fraternisierungen und damit eine Gefährdung der Disziplin der deutschen Soldaten einhergehen, findet sich in *Lidice* gleich in der ersten Szene wieder: Ein Hund bringt die Durchfahrt der Kolonne Heydrichs durch das Dorf Lidice zum Erliegen.[11] Die Verwicklungen führen dahin, daß ein Gestapo- Beamter sich daran »gewöhnt, sich mit dem [tschechischen] Gemeindevorsteher zu beraten« (*Lidice*, S. 24/19) und daß junge Soldaten dem Befehl, »jeden achten Eingeborenen nieder[zu]schlagen«, nur zum Schein nachkommen: »die jungen Soldaten haben Gesichter zwischen Wut und Lachen, ihre Schläge sind selten nachhaltig« (*Lidice*, S. 26/20).

Die »transformation des esprits«, die geistige Verwandlung, der Aufstand des Gewissens der breiten deutschen Bevölkerung gegen das faschistische Regime, das Deutschland zur »Kleptokratie [...], zur Diebshöhle und Mördergrube« werden ließ[12], blieb aus. Das Bewußtsein eines schweren Rechtsbruchs gegenüber der tschechischen Nation und die persönlichen Begegnungen von Deutschen und Tschechen, bei welchen Gelegenheiten auch immer, hatten die von Heinrich Mann erhoffte aufklärende[13], die breite Masse Deutschlands revolutionierende Wirkung mitnichten. Der geistigen Verwandlung, der *transformation des esprits*, der Voraussetzung für die »deutsche Erhebung«, der Heinrich Manns ganzes Engagement im französischen Exil galt, mußte ein tieferer Blick in das Wesen des Faschismus vorangehen, eine Aufklärung der Massen, eine Entlarvung und De-Maskierung des Regimes, geeignet, es in ihren Augen tödlich zu treffen. Diese oder ähnliche Überlegungen mögen zur Konzeption eines in der Tschechoslowakei spielenden Widerstandsromans geführt haben. In Weiterführung des Verfahrens einer szenischen Selbstentlarvung des Faschismus, bereits 1933 in den bitter-satirischen *Szenen aus dem Nazileben*[14] und 1937 in der grotesken Hitler-Persiflage *Die Rede* »einleuchtend« ausgebildet[15], entstand im amerikanischen Exil ein satirisch-grotesker Dialogroman, in dem die Überlegungen anläßlich des deutschen Einmarsches in die Tschechoslowakei und die essayistisch-agitatorischen Faschismusanalysen in Frankreich in eine »Legende« von einem Widerstand transponiert wurden, dessen bildhaft-überzeugende Entlarvung des Faschismus Deutsche und Tschechen aller Schichten »nachdenklich« (*Lidice*, S. 269/207) stimmt, der »Vernunft« (ebenda, S. 266/204) geneigt und – zum Teil (vgl. ebenda, S. 297 ff./229 ff.) – kampfbereit macht.

In seiner Kampfansage an den Nationalsozialismus, seinem Essayband *Der Haß* von 1933, hatte Heinrich Mann Hitler als den »Schauspieler« der Macht attackiert, bei dessen Darbietungen

»die Frage entsteht, ob er sich eigentlich für den richtigen Kanzler hält oder nur für den, der die Rolle übernommen hat. Vor seinem tiefsten Bewußtsein steht vielleicht ein schon mal dagewesener Völkerführer, den der Schauspieler nur packend hinzulegen braucht, dann versagt keine Wirkung«.[16]

Diesen Gedanken hatte sein Freund Lion Feuchtwanger aufgegriffen[17], als er in seinem 1936 erschienenen Roman *Der falsche Nero*[18] die Kopie, die Nachahmung eines großen Despoten, der späteren Generationen als Inkarnation des Antichrist galt, des Kaisers Nero, vom Töpfer Terenz unter der Regie des kapitalkräftigen Varro massenwirksam agieren ließ. Die leicht durchschaubare Satire auf Hitler, Goebbels und Göring – gezeichnet als Marionetten von Drahtziehern, die das Rad der Geschichte um 14 Jahre zurückdrehen wollen[19] – , fand bei den Emigranten eine starke, nicht unkritische Beachtung.[20] In seiner Würdigung des Oeuvres seines Freundes, *Der Roman. Typ Feuchtwanger* aus dem Jahr 1949, vor allem der Romane *Erfolg* und *Waffen für Amerika*, spricht Heinrich Mann einleitend vom *Falschen Nero*[21]; es kann gar kein Zweifel darüber bestehen, daß dieser Roman zu den Inspirationsquellen für *Lidice* zu zählen ist, daß die »Verwandlung« (*Nero*, S. 61 u. ö. ähnlich) des Töpfers Terenz die Konzeption der »Verwandlung« (*Lidice*, S. 317/244) des Pavel Ondracek geistig vorbereitete. Während aber in Feuchtwangers Roman ein scheinbar wiedergekehrter Kaiser, der in Nero »verwandelte« (*Nero*, S. 37 u. ö. ähnlich) Terenz, eine Satire auf Hitler, Verwirrungen und Unheil stiftet, geht es bei der »Verwandlung« des Pavel Ondracek um Demaskierung eines sich als »Schauspieler« (*Lidice*, S. 58/45) der Macht, als Macht-Darsteller den Überwältigten vorführenden (*Lidice*, S. 18 f./14 f.: Heydrichs »Début in Lidice«, S. 51/39) Machthabers, dessen Vorbild wiederum jener Darsteller eines vermeintlich wiedererstandenen Napoleon ist, dessen »angemaßte Rolle« darin besteht, »den unwiderstehlichen Welteroberer [zu] spielen und sich ein[zu]reden, er wäre es«.[22] Pavels »Verwandlung« gilt der Transponierung der Protektorrolle in die eines »echten« Protektors, eines Beschützers menschlichen Lebens. Der Darsteller der Macht eines vermeintlich reinkarnierten Machthabers wird von seinem Imitator demaskiert und geistig-moralisch überwunden. Feuchtwangers Romansatire vom Macht erlangenden Darsteller eines vorgeblich wiedergekehrten Kaisers wird von Heinrich Mann weiterentwickelt und sozusagen in die zweite Potenz erhoben: *Der falsche Nero* und *Lidice*, so scheint es, repräsentieren zwei Stadien eines gemeinsamen, antifaschistischen Kontinuums der Reflexion.

Den Gedanken, durch Nachahmung sei mit Faschisten »fertig zu werden«, äußert Heinrich Mann in dem am 17. November 1938 in der *Neuen Weltbühne* erschienenen Artikel *Alles hin*.[23] Angesichts der infolge des Münchener Abkommens vom 29. September 1938 »überholten« Karte Europas stellt der Autor ironisch-sarkastische Überlegungen an:

> Die Staaten [...] werden wieder in Frage gestellt. Sie verschwinden oder erhalten einen »Schutz«, der mit viel Sorge verbunden ist. [...] Europa [...] steht [...] an der Schwelle eines neuen Zeitalters, wo Macht vor Recht geht [...] Je stürmischer eine Macht losgeht, um so mehr findet sie Anhang. Niemand leistet nachdrücklich Widerstand. Obwohl mit Bedauern, paßt man sich an und möchte auch so sein. Dort sogar, wo gestern noch Gerechtigkeit und Freiheit der herrschende Grundsatz waren, erlaubt man sich einigen Abbruch. [...] Die frühere Mode, das waren die parlamentarische Aufsicht und die unantastbaren Rechte der Person. Vorläufig indessen wird die Autorität verstärkt – in den bestens befestigten Demokratien und unter dem Beifall der erprobtesten Demokraten [...] Da sie den neu aufgetretenen, stürmischen Gewalten keinen wirklichen Widerstand leisten wollen, bleibt allerdings nur der etwas verwickelte Umweg, sie nachzuahmen, um mit ihnen fertig zu werden. Dafür aber müßte man sie kennen. Den Demokratien drängt sich die Notwendigkeit auf, die furchtbaren Diktaturen bis in den Bauch zu durchschauen. Ihre Macht besteht gerade in der Anziehung, die sie ausüben. (*VdK*, S. 84 f.)

Im kalifornischen Exil wurde dieser Gedanke zur Grundlage eines Romanentwurfs. Festgehalten auf den Rückseiten von abgelegten Manuskriptblättern eines das Zeitgeschehen bis etwa Mitte 1941 kommentierenden Textes, entstanden möglicherweise seit, jedenfalls aber nach Heydrichs Amtsübernahme als Stellvertretender Reichsprotektor von Böhmen und Mähren in Prag (27. September 1941) Skizzen zu einem in der Tschechoslowakei spielenden Roman, worin der Gedanke der Nachahmung der Nazis mit dem Ziel, mit ihnen fertig zu werden, in Handlung umgesetzt erscheint.[24] Das graphologische Erscheinungsbild der erhaltenen 18 Notizenblätter ist sehr unterschiedlich. Aufgrund des Schriftbildes, des Inhalts und der Orts- und Personennamen kann aus den Entwürfen eine Gruppe von fünf Fragmenten zusammengestellt werden, die als Bruchstücke einer von *Lidice* abweichenden, mit dem Romangeschehen jedoch eng verwandten Handlung zu erkennen sind.[25] Diese Skizzen sind – wie auch die Kommentare des rückseitigen Manuskripts – mühelos lesbar. Weder kommt hier der Ortsname Lidice vor, noch enthalten sie Hinweise auf ein Attentat auf Heydrich. Im Gegenteil: ausdrücklich wird betont, Heydrich könne nicht sterben, er lebe »zwei mal«, sei »unverletzlich« und werde »den Untergang Großdeutschlands miterleben«.[26] Diese Fragmente – sie tragen zum Teil den Titel *Die große Konspiration* – zeigen, daß Heinrich Mann ursprünglich, d. h. vor dem Attentat auf Heydrich (27. Mai 1942) und dem Massaker von Lidice (9./10. Juni 1942) einen Roman plante, in dem Heydrich von einem jungen Tschechen nachgeahmt und mit seinen eigenen Mitteln konspirativ ausgeschaltet, entmachtet – jedoch nicht getötet – wird: Der »verwickelte Umweg« der Nachahmung sollte ursprünglich als eine Doppelgängerintrige durchgeführt werden, worin Heydrich fünfzig tschechische Arbeiter zu einem Sabotageakt gegen die tschechische Industrie (Skodawerke) verleitet, um sich an dadurch steigenden Preisen zu bereichern und zugleich Terror gegen Saboteure entfesseln zu können, und worin im Gegenzug Pavel als Heydrich-Imitator mit fünfzig deutschen »Schiebern« konspiriert, vorgeblich »für 50 Prozent Preisaufschlag«, de facto um die nach Heydrichs Plan bei dem Sabotageakt zu ermordenden fünfzig Arbeiter an diesen »Schiebern« zu rächen. Da jedoch die eigentliche, die »große« Konspiration in der Nachahmung Heydrichs besteht, im Durchschauen – und Entlarven – des Faschisten »bis in den Bauch«, wird Pavel mit Heydrich über den »Umweg« fertig, daß er diesem in der Konfrontation, der konkreten Gegenüberstellung mit seinem Doppelgänger das Selbst-Bewußtsein raubt, ihm dadurch die Durchführung des mörderischen Sabotageaktes unmöglich macht und den total Verunsicherten buchstäblich in die Flucht schlägt. Damit wird denn auch die Rache an den »Schiebern« hinfällig: »Der echte Heydrich läuft weg. Er hält die Begegnung nicht länger aus. Der falsche (Pavel) ›begnadigt‹ die Opfer des echten«.[27] Der Umweg über die Nachahmung ermöglicht – im Romanentwurf – die Entlarvung des Machthabers als eines Verbrechers und Hochstaplers und die unblutige Befreiung des Protektorats.

Die Durchführung dieser Romanidee wird Heinrich Mann mit seinem Freund Feuchtwanger diskutiert haben; sie mag Feuchtwanger veranlaßt haben, mit seinem Freund Brecht – alle drei lebten in der Nähe von Los Angeles; gemeinsame Besuche von Heinrich Mann und Bertolt Brecht bei Lion Feuchtwanger waren nichts Ungewöhnliches[28] – die Frage zu diskutieren, ob Hitler als »hampelmann« und »›bloßer schauspieler‹, der den großen mann ›nur spielt‹«, zureichend definiert sei. Am 27. Februar 1942 notiert Bertolt Brecht, daß »feuchtwanger und andere« sich nicht von der Vorstellung des »›hampelmännertums‹ hitlers« lösen können, und am 28. Februar 1942 reflektiert er über ein Gespräch mit »feuchtwanger [...] thema wieder *ist hitler ein hampelmann?* F[EUCHTWANGER] und der meisten hitlergegner konzeption, nach der H[ITLER] ein völlig unbedeutender mime ist«[29]. Zu den »anderen«, den »meisten hitlergegnern« gehörte zweifellos Heinrich Mann; vielleicht gar hat seine Romanidee die Hitler-Diskussion von Bertolt Brecht und Lion Feuchtwanger ausgelöst.

Durchkreuzt wurde die Ausarbeitung des Romans vom Attentat auf Heydrich und den Greueln, die es nach sich zog. In der Annahme, »wahrscheinlich hat seine eigene Gestapo ihn [Heydrich] umgebracht« (*Zeitalter*, S. 437), das Dorf Lidice habe weniger als nichts mit dem Attentat zu tun gehabt, nimmt für Heinrich Mann der Ortsname Lidice den Symbolwert der »geschändeten Nation, die tapfer und weise ist«, an; »ich setze sie mir gleich« (*Zeitalter*, S. 537). Entsprechend versucht er, das Attentat im Rahmen der Doppelgängerromanidee zu begründen: Auf vier der 18 erhaltenen Notizenblätter hat der Autor später verworfene Ideen zur Motivierung von Attentat und Vernichtung des Dorfes Lidice festgehalten, die von der Verwirrung, die Pavels Doppelgängerrolle bei den Nazis stiftet, ausgehen und worin Deutsche Heydrich umbringen. War dem Heydrich der ersten Entwürfe von einem Wahrsager prophezeit worden: »Ihr sollt den Untergang Großdeutschlands miterleben«, so heißt es nun: »Szene beim Wahrsager: Sie werden dafür sterben, daß sie [Heydrich] einen Mann hängen lassen. Verschwörung der Gestapo.« In einem dieser Entwürfe ist erkennbar, daß Pavel ursprünglich wohl als Arbeiter der Skodawerke gedacht war und daß nun »Skoda« durch »Lidice« ersetzt wurde: »Pavel, der andere Heydrich, unterwegs nach Skoda [»Skoda« durchgestrichen] nach Lidice«[30]: Aus dem Arbeiter Pavel wurde der nahezu examinierte Arzt und Bauernsohn Pavel Ondracek[31] aus Lidice, aus den in Pavels »Experiment«, das Bewahrung oder »Verlust« der »Identität« erweisen soll (*Zeitalter*, S. 537), aufs Spiel gesetzten, womöglich zu sprengenden Skodawerken das Dorf Lidice. Eine Reminiszenz an die ursprüngliche Romanidee ist Pavels Anspielung auf selbst-mörderische Sabotageakte der tschechischen Arbeiter; sich als Heydrich-Imitator den Bergarbeitern des Dorfes Lidice vorfüh-rend, erklärt er:»Ihr seid unverbesserliche Staatsfeinde, [...] ihr hattet euch verschworen, den Schacht zu ersäufen. [...] Die Arbeiter der Skodawerke sprengen sich selbst in die Luft« (*Lidice*, S. 57/44). Im Verein mit den im offenen Widerstands-kampf gefallenen Studenten in Prag illustrieren diese Aussprü-che, daß es selbstmörderisch und »nutzlos [ist,] zu demonstrieren gegen einen Sieger, der die Macht hat« (*Lidice*, S. 10/7), daß dage-gen in einem solidarischen Widerstand der Verstellung (*Lidice*, S. 60/46) die Chance liegt, Menschenleben zu retten (*Lidice*, S. 67/ 51).

Nicht nur Ideen zum *plot* der Handlung – die Pannen auf tsche-chischen Straßen, Aufklärung der Deutschen durch Tschechen über das Lügengewebe des Regimes, Durchschauen und Nachah-men der Nazis als Waffe im antifaschistischen Kampf, der Faschist als der Schauspieler der Macht – reichen in die Zeit des französi-schen Exils, besonders nach dem Münchener Abkommen zurück, auch die Analyse des psychologischen Unterdrückungsmechanis-mus Hitlerdeutschlands, die geistige Grundlage der im Roman enthaltenen verschlüsselten Demaskierung faschistischer Herr-schaftsstrukturen, wurde 1938/39 festgehalten, und zwar in For-mulierungen, deren Kernbegriffe im späteren Roman an wichti-ger Stelle wiederkehren.[32] All dies macht die ungewöhnlich kurze Zeit der Niederschrift des endgültigen Romans (zwischen dem 10. Juni und dem 27. September 1942[33], dem Jahrestag von Heydrichs Machtübernahme in Prag) erklärbar; im Brief an Karl Lemke vom 30. Mai 1949 erläutert hierzu der Autor: *Lidice* » schrieb sich sozu-sagen ohne mein Dazutun. Die Szenen folgten einander zwin-gend, die Personen handelten, wie sie vor mir gewußt hatten«.

Es entstand ein Werk, das dem historischen Massaker von Lidice eine eigenwillige und durchaus ahistorische Deutung zu geben versucht. Die Verknüpfung der Romanidee – Überwindung des Faschismus durch transformierende Nachahmung – mit den Ereignissen in Prag und Lidice erwies sich jedoch als Hinderungs-grund für eine günstige Aufnahme bei seinen politischen Freun-den. Auf ihr Anraten änderte Heinrich Mann wesentliche Teile des Romans[34]; dieser zweiten Romanfassung[35] gab er den Titel *Der Protektor*. Es ist der dennoch als *Lidice* 1943 erschienene Roman.

Im Sinne des vom Autor intendierten Titels – abgelöst von der

Lokalität und Wirklichkeit jener Ereignisse, auf die der Romantitel anspielt – gilt es mithin, diesen Roman zu interpretieren. Die folgenden Ausführungen sollen zeigen, daß Heinrich Mann im Roman *Lidice*, im Bild der Konfrontation von deutschen Faschisten und tschechischem Volk, der Konfrontation des »Stellvertretenden Protektors von Böhmen und Mähren« und eines tschechischen Intellektuellen aus bäuerlichem Milieu, eines Stellvertreters der volkstümlichen Intellektualität, wie Heinrich Mann sie in Masaryk kennengelernt hatte (vgl. *Zeitalter*, S. 300), dem Faschismus die Maske abreißen, ihn durch Erkenntnis, die zur Tat wird, als überwindbar und »die menschliche Verwandlung« (vgl. *Zeitalter*, S. 488 ff.) als grundsätzlich erreichbar darstellen wollte.

2. Die Konfrontation von Tschechen und Deutschen: eine verschlüsselte Demaskierung faschistischer Strukturen.
a) Das tschechische Volk

Der Roman beginnt mit einer Beschreibung des Dorfes Lidice. Der erste Satz lautet: »Die Landstraße nach Prag führt durch das Dorf Lidice«; wer nach Prag will – und das Dorf erwartet voll böser Ahnungen die Durchfahrt des neuen Protektors Heydrich nach Prag – , kommt offenbar um Lidice nicht herum. Es ist ein eigenwilliges, ein »launisches« Dorf; sein Untergang kündigt sich schon in den ersten Zeilen an: »Der älteste Teil des Dorfes umrandet in Winkeln und Ausbuchtungen launisch die Straße, die keine Verbreiterung zuläßt, außer, die alten Häuser, Höfe, Gärten würden abgerissen« (*Lidice*, S. 7/5). Es widerspricht jedoch der tschechischen Bevölkerung, Althergebrachtes aufzugeben. Sie wohnt in »Vorväterbehausungen im Grünen« (*Lidice*, S. 8/5). Hier erweist sich das Urwüchsig-Überkommene als lebenskräftig, das Moderne hingegen als hinfällig: »An dem einen Ende steht aus Urzeiten die Dorflinde mit weiter Krone und jungem Laub. [...] Das andere Ende der bebauten Straße wird von der längst schon geschlossenen Tankstelle bezeichnet« (*Lidice*, S. 7/5). Sie enthält nicht Benzin, sondern verstecktes Pilsner. Es ist das ängstlich gehütete Geheimnis der Bergarbeiter und wird zum Kristallisationspunkt von Solidarität und Verschwiegenheit, geeignet, den »einheimischen Witz« zu demonstrieren.

Lidice repräsentiert »eine kleine Welt, wie sie dastand, bevor sie unterging, ein böhmisches Dorf, Abriß tschechischen Lebens, aller Arbeit und Mühe der vielen Geschlechter und dieses letzten.

Es enthält die menschlichen Leidenschaften, dazu den einheimischen Witz. Ihm fehlen so wenig die Narren wie die Nachdenklichen und Belasteten, wer wäre nicht belastet, wo der Feind im Land über jede eurer Regungen wacht! Kein Schmerz, kein Glück ist abwesend von Lidice« (*Lidice*, S. 8/6).[36] Es zeigt sich schon eingangs, daß dieses Dorf für das ganze tschechische Volk steht und daß sich dieses Volk – in der Sicht Heinrich Manns – von der Totalität eines vielschichtigen Gefühls- und Geisteslebens getragen weiß. Wie schon das *Zeitalter*-Zitat vermuten ließ, handelt es sich jedenfalls um ein stilisiertes Bild der Tschechen: Ihre außergewöhnliche Fähigkeit zur Selbstbeherrschung wahrt ihnen auch in extremen Situationen ihre Identität und Menschlichkeit (vgl. *Lidice*, S. 122 ff./92 ff.). Bereits der Vorspann weist auf diese ungewöhnliche Besonnenheit hin: »Die Gemüter [der Frauen sind] sonntäglich still« (*Lidice*, S. 7/5), die Männer besprechen »spannende Neuigkeiten [...], ohne daß jemand seine Erregung hervorkehrt« (*Lidice*, S. 8/5). Diese Selbstdisziplin geht so weit, daß emotionaler, demonstrativer Widerstand verurteilt wird: In der ersten Dialogszene erklärt Lyda ihrem Verlobten Pavel: »Alle müßten sich voreinander schämen, wenn es darauf ankäme, nutzlos zu demonstrieren gegen einen Sieger, der die Macht hat« (*Lidice*, S. 10/7). Als seine »Kameraden« von der Prager Universität »demonstrierten und erschossen wurden« (*Lidice*, S. 9/7), floh Pavel, sich selbst seither für einen Feigling haltend, in sein Heimatdorf Lidice und erklärt nun – angesichts der anrückenden Begleitung Heydrichs – sarkastisch und den Widerstand seiner Kommilitonen implizit ironisierend: »Eine Panzerdivision – der werden wir keinen heldenhaften Widerstand leisten« (*Lidice*, S. 13/10).

Dieser Romananfang konnte Heinrich Manns tschechische Freunde natürlicherweise nur befremden. Es ist in der Tat nicht unproblematisch, eine in ihrer Unmenschlichkeit und Tragik erschütternde »materielle Wirklichkeit« in den Kontext eines Romans einzuflechten und ihr hier Akzente aufzusetzen, die offenbar das damals gültige Nietzscheverständnis treffen sollen, – andererseits aber zu erklären, »die materielle Wirklichkeit ist von Anfang an beiseite gelassen«.[37]

Die Tschechen dieses Romans erkennen bei den gegebenen Machtverhältnissen als die ihrer Situation adäquaten Waffen den Witz, den Spott, der verunsichernd wirkt (*Lidice*, S. 18 ff./14 ff.), die Verstellung und die absolute Solidarität (*Lidice*, S. 72/55, 96/74). Diese Waffen werden zur Grundlage passiven Widerstandes.

Sie kulminieren in Pavel Ondracek zu derart überragender Verstellungskunst, daß er in verwirrender Echtheit den Protektor Heydrich imitiert: Seinen zunächst vagen Wunsch, eine Alternative zu demonstrativem, heroischem Widerstand zu entwickeln und »im vollen Ernst etwas auszurichten« (*Lidice*, S. 10/7), realisiert er – freilich utopisch-romanhaft – auf der Grundlage dieser Verstellungskunst und unter dem Schutz der Verschwiegenheit seiner Landsleute (vgl. *Lidice*, S. 72/55 u. ö.). Entscheidend ist, daß die Verstellungskunst der Tschechen dieses Romans untrennbar einhergeht mit dem elementaren Bewußtsein ihrer Identität und dem ebenso elementaren Bedürfnis, sie zu wahren (vgl. *Lidice*, S. 35/27, S. 113/87 u. ö.). Ausdruck ihres Identitätsbewußtseins ist ihre Musik: Als künstlerische Formung ihrer Emotionalität wird ihnen ihre »volkstümlichste Oper« (*Lidice*, S. 46/36: *Die verkaufte Braut*) zum Symbol ihres Nationalbewußtseins. Ihre szenische Gestaltung gerät zum Ausdruck passiven Widerstandes (*Lidice*, S. 118 ff./91 ff.): »Sie feiern sich in ihrem Volksstück, der ›Verkauften Braut‹«.

Dies Volksstück nämlich wurde vom faschistischen Besatzer verboten; sie dürfen »von der Bühne nicht länger hören, was in ihren Herzen klingt« (*Lidice*, S. 46/36). Mit diesem Verbot »begann eigentlich der Schrecken« (ebd.), denn der Besatzer zielt mit dieser und weiteren Maßnahmen auf Vernichtung ihrer Identität ab: »Nation nennen Sie das? [...] das sind einfach verkommene Deutsche. Sie sollen nicht versöhnt werden, sondern umgeschult – oder aufgehängt und erschossen« (*Lidice*, S. 50 f./39). Vor dieser Intention des Feindes schützen sie sich mit Folklore und mit Verstellung. »Das ganze tschechische Geheimnis« (*Lidice*, S. 71/55), die von der SS gesuchte, von Pavel erfundene »tschechische Geheimarmee« besteht aus braven Soldaten Schwejk[38], aus harmlosen, gewitzten Leuten.

Die Tschechen dieses Romans sind ein Volk, das seinen Traditionen und seiner Kultur die Treue hält (*Lidice*, S. 143/110), »den Intellektuellen aber gehört sein Vertrauen« (*Lidice*, S. 47/36)[39], zumal wenn sie »weise« sind und nicht nur »alle Bücher kennen«, sondern auch »ein Herz [...] für alle Armen, Ungelehrten« haben (*Lidice*, S. 54/42). Die tschechischen Intellektuellen rechtfertigen dies Vertrauen, indem sie dem »Herzen« den Primat vor dem Verstand, dem »Kopf«, einräumen (*Lidice*, S. 191/147), indem sie – im Falle eines Arztes – Tüchtigkeit und Güte zusammen für entscheidend erklären (*Lidice*, S. 61/47), durch ihre Weigerung, sich dem Volk »verächtlich« zu machen, es zu »verraten« (*Lidice*,

S. 47/36), und durch das Verantwortlichkeitsgefühl, mit dem ihnen ihr Auftrag, Wissen zu verbreiten, zum grundsätzlich ethischen Problem wird (*Lidice*, S. 193/148).

Sie entsprechen damit dem Ideal des vorbildlichen Intellektuellen, das Hanno König in seiner breit angelegten Darstellung Heinrich Manns als eines Moralisten[40] herausgearbeitet hat: »Das ›Herz‹ aber wird für den späten Heinrich Mann zur Chiffre des höchsten Lebens, es leitet ihm die lebendige Vernunft: ›Sehr hohes Verantwortlichkeitsgefühl entsteht im allgemeinen, wenn das Herz denkt‹«.[41] Explizit skizziert Heinrich Mann in seinem *Nietzsche*-Essay diesen Intellektuellentypus als Gegenentwurf zu Nietzsches Übermenschen: Während bei Nietzsche »Geist und Herz sich befehden«[42], spricht Heinrich Mann von einem »Geist, der einig mit dem Herzen ist«.[43] Auch die Ablehnung ohnmächtig-demonstrativen, »heldenhaften Widerstandes« geht auf die Auseinandersetzung mit Nietzsche zurück, auf die »Aussonderung heroischer Abwege«.[44] Sie hat mit der Faktizität der tschechischen Widerstandsbewegung nur mittelbar, dafür um so mehr mit den Grundlagen von Heinrich Manns Alterswerk zu tun: »Alle Ausschreitungen [und hierhin gehören auch selbstmörderische Widerstandskundgebungen] bekommen einen unheilvollen Sinn, zumal unser Geschmack ebensowenig zuläßt, was zu hoch als was zu niedrig ist« (*Nietzsche*, S. 295), d. h., sie widersprechen dem an Montaigne orientierten Ideal der Mäßigung.[45]

Die Tschechen des Romans *Lidice* zeichnen sich aus durch eine ungebrochene Einheit von Volkstümlichkeit, Kultur und Geist und durch ein leutselig-solidarisches Einverständnis aller Schichten miteinander, das sich vor allem in Wirtshäusern und im Theater manifestiert. Im Wirtshaus von Lidice, »Mitte« des Dorfes (*Lidice*, S. 7/5), sitzen »an denselben Tischen« (*Lidice*, S. 52/40) Bergarbeiter, Kleinbürger, Bauern, der Kaufmann, der Lehrer, der Arzt, der Student, der Gendarm; sie verbindet eine Solidarität, gegen die ein Spion und Denunziant machtlos ist. Hier erprobt Pavel sein »Talent« (*Lidice*, S. 66/51), die Imitation Heydrichs in Maske und Stimme, sowie die Wirkung auf seine Landsleute. Vergleichbares spielt sich ab im Prager Wirtshaus »Zum Altgeld«, einem »mittelalterlichen Gebäude« (*Lidice*, S. 76 ff./58 ff.), und im »Theater Rococo«, und es ist bezeichnend, daß das Theater und tschechische Wirtshäuser – eins heißt ausgerechnet »Gasthaus zum Tschechischen Löwen« (*Lidice*, S. 271/208) – dem Protektor Heydrich zum Verhängnis werden (vgl. *Lidice*, S. 13 ff./10 ff. und S. 271 ff./208 ff.).[46]

Dieses Bild eines Volkes, in dem vom Bergarbeiter bis zum Gelehrten und Künstler ein spontanes Einverständnis und Vertrauen herrscht – ein Bild, das Heinrich Mann in den Tschechen zu erblicken meinte – , ist nichts anderes als das konträre Gegenbild zu jenem Deutschland, das er in vielen seiner Schriften analysierte: In Deutschland »haben nicht nur die Klassen, auch die Bekenntnisse und verschiedenen Bildungsstufen haben unverstanden nebeneinander gelebt [... Sie waren] gegenseitig nicht milde gesinnt. [...] Die Vorurteile, die Verständnislosigkeit und Überhebung sind ehrlich abzulegen.« Bedingend für den NS-Staat war die »vielfache innere Zerstückelung dieses Volkes.« Die Deutschen »lassen die Gewalt über sich ergehen, weil sie niemals zur tatsächlichen Verständigung untereinander gelangt sind. [...] Die einzige, demütigende Ohnmacht eines Volkes ist, sich selbst fremd zu sein, sich selbst nicht zu trauen«.[47] – »Die Deutschen haben sich selbst immer nur schwer verstanden; daher ist ihre ständige Sorge die nationale Frage, und daher wissen sie immer noch nicht, was eigentlich deutsch ist«.[48] Nach Heinrich Manns Analyse fehlte den Deutschen das Bewußtsein ihrer selbst, ihrer Identität, und hieraus erklärt er sich ihre Beziehungslosigkeit sich selbst und den Mitmenschen gegenüber, zu anderen Richtungen, Konfessionen, geistigen und sozialen Schichten, zur eigenen sowie zu jeder Kultur und Tradition. In dieser Desintegration erkennt der Autor eine der sozialpsychologischen und geistigen Grundlagen für das Entstehen des NS-Staates. Die Auswüchse dieses Regimes versteht er als Ausdruck überkompensierten Selbsthasses.

Beziehungslosigkeit zur eigenen Kultur und Tradition führt schließlich zur Leugnung der eigenen Vergangenheit: »gestützt wird das Regime von Männern, die alles verleugnet haben, ihre eigene Vergangenheit und die gesamte Leistung ihrer Vorgänger«.[49] Sie »beklagen sich höchstens, daß sie noch immer an historischen Vorstellungen leiden. Mit ihnen fängt die Welt an – ein Irrtum«.[50] Vor derart »falschem Selbstgefühl« bewahrt Tradition: »Wer Tradition hat, ist sicher vor falschen Gefühlen. Tradition befähigt uns zur Erkenntnis, und sie macht uns geneigt zur Skepsis und zur Milde. Nur Emporkömmlinge führen sich zu Zeiten auf wie die Wilden«.[51]

Ob das reale tschechische Volk der dreißiger und vierziger Jahre tatsächlich das Gegenbild zum »falschen Selbstgefühl« Hitlerdeutschlands repräsentierte, stehe dahin; – aber immerhin wählte Heinrich Mann als Vorlage ein Volk, dessen Tradition und Kultur partiell auf denselben Grundlagen wie die deutsche beruht und dessen Bildungsschicht diese kulturellen, historisch gewachsenen Gemeinsamkeiten trotz Hitler-Deutschlands zu wahren bestrebt war: Am 26. Juni 1938 würdigte Heinrich Mann den Volkskulturtag in Reichenberg als einen der Versuche, Freiheit und Kultur zu verteidigen, als »eine gemeinsame Veranstaltung von Deutschen und Tschechen, die ihre Gesittung verteidigen. Es ist dieselbe für alle. Tschechen und Deutsche bewohnen ein altes Land mit geschichtlichen Überlieferungen, und diese gehören der ganzen Bevölkerung«.[52]

b) Die deutsche Besatzung

Im Roman *Lidice* manifestiert sich im Amtswechsel Neurath – Heydrich ein stufenweises Absinken des Regierungsstils. In zwei Gesprächen konkretisiert sich der Vorgang: Politisch und menschlich kluge, moralisch integre Staats- und Menschenführung (Napil) war von opportunistischem Lavieren (Neurath) abgelöst worden; der Opportunist sieht sich nunmehr machtlos dem Triumph hemmungsloser Barbarei (Heydrich) konfrontiert.

Neurath spricht erst mit dem tschechischen Gelehrten und Humanisten Professor Napil, dem »Sektionschef im tschechischen Ministerium« (*Lidice*, S. 44/34), ehemaligem Direktor des Nationaltheaters (*Lidice*, S. 46/36) und Universitätsprofessor, dem öffentliches Unterrichten untersagt ist. Anschließend spricht Neurath zwecks Amtsübergabe mit seinem Nachfolger Heydrich. Napil vertritt einen unbestechlichen, moralischen Grundsätzen verpflichteten Regierungsstil; zum Tode verurteilt, gelingt ihm mit Pavels Hilfe die Flucht in die Emigration. Dies stellt ihn an die Seite der verfolgten Intelligenz. Zugleich trägt er Züge des Präsidenten Masaryk, wie ihn Heinrich Mann aufgrund eines persönlichen Gesprächs (1924) im *Zeitalter* geschildert hat (*Zeitalter*, S. 298 – 300): »Wenn seine strengen, schwarzen Augen lächelten, war er belustigt von der Komik des Schlechten, wie ein Karikaturist« (*Zeitalter*, S. 300). Mit demselben Lächeln verunsichert Napil Pavel Ondracek: »Pavel: ›Sogar der Meister darf mit dem Verlauf zufrieden sein.‹ Professor Napil, lächelt: ›Denn morgen werde ich gehängt‹« (*Lidice*, S. 192/147).

Neurath wird von Napil erbarmungslos moralischer Schwäche, gefährlicher Selbsttäuschung und politischer Kurzsichtigkeit geziehen. Neurath enthüllt in unreflektierter Ahnungslosigkeit sein Unvermögen, nach moralischen Kategorien zu urteilen. Seine Haltung ist Kapitulation vor der Irrationalität und der Unvernunft des Glaubens an einen Führer, unter dessen Regime Amt und Person in unvereinbaren Gegensatz zueinander geraten (vgl. *Lidice*, S. 45 f./35 f.). Napils Kritik an Neurath entspricht bis ins Detail jener Diagnose der geistigen und moralischen Verfassung Deutschlands, die Masaryk 1924 dem Autor vortrug. Masaryk war ein »Intellektueller an der Macht«, er ging »von moralischen Forderungen« aus (*Zeitalter*, S. 299), »die Herzen liebten ihn, indessen seines nur für die Wahrheit schlug« (*Zeitalter*, S. 300 f.). Im Gespräch mit Heinrich Mann analysierte er die Weimarer Republik und erklärte: »Selbsttäuschungen zu unterstützen ist strafbar. Wer seine Schuld am Unglück einfach ableugnen darf, kommt in Versuchung, sich noch viel schuldiger zu machen. Milde gegen ein Deutschland, das winselt, bis es droht, macht die Nachsichtigen zu Mitschuldigen. Sie verlieren selbst die Fähigkeit zu unterscheiden, ob recht und ob verderblich«. Das Beispiel für diese unhaltbare Selbstgerechtigkeit gab im Prag der zwanziger Jahre der deutsche Gesandte; er beklagte Deutschlands »Erdrückung durch Habgier und Gewalt – der anderen; eigenes Unrecht hatte nie stattgefunden« (*Zeitalter*, S. 299). Genauso argumentiert die Romanfigur Neurath im Gespräch mit Napil: »»[…] jeder Ausweg in den Frieden wurde mir verlegt durch den bösen Willen – eurerseits, nur eurerseits, wie ich betone‹. Professor Napil: ›Denn unmöglich können Sie die Bosheit auf einer anderen Seite suchen‹« (*Lidice*, S. 45/35).

In Neurath äußert sich zugleich, was Heinrich Mann den insbesondere deutschen Irrationalismus nannte. Während »die anderen [europäischen Völker] seither doch wohl einiges abließen von ihrem Nationalismus«, trieben die Deutschen ihn »allmählich auf eine Höhe wie im Kriege und darüber noch hinaus«. »Die Wiedereinführung des Irrationalen war die gute Gelegenheit der menschlichen Schwäche, sich gehen zu lassen, sich auszuverschenken an Instinkte […] Nur so hat die entscheidende Bewegung dieses halben Jahrhunderts, der Nationalismus, weiterlaufen können bis ins äußerste und darüber hinaus. […] Er kann nicht früher zum Stillstand kommen als beim Abschluß des irrationalen Zeitalters«.[53] Der Wortwechsel von Neurath und Napil: »»Ich bin ein Deutscher‹ – ›Daher zur Raserei verpflichtet‹« (*Lidice*, S. 46/35), erhält vor dem Hintergrund dieser Aussagen die Konturen: im Dienste Hitlerdeutschlands mit Nachdruck Deutscher zu sein, impliziert Irrationalität, »Raserei«. Die Neurath-Napil-Szene ist die komprimierte Darstellung des Bankrotts von Vernunft und Moral in Deutschland; indem deutsche Regierungsvertreter vor der Irrationalität des Nationalismus kapitulieren, lassen sie sich tatsächlich zu nichts geringerem als »zur Raserei verpflichten«.

Neurath, der »gebildete Mann« (*Lidice*, S. 46/35), dokumentiert drittens die Schizophrenie einer Differenzierung zwischen Amt und Person: Als Protektor schließt er die Universität, als Privatmann besucht er heimlich Napils private Vorlesungen. Amtlich verantwortet er die Ermordung aufständischer Studenten, privat bekundet er seinen »Schmerz um die jungen Leute«. Offiziell muß er sich Kritik an seinem Nachfolger verbitten, als Privatmann ist er bemüht, seine »ganze Erschütterung« über Heydrichs Greueltaten zu verbergen (*Lidice*, S. 47/36). Die ständige Selbstverleugnung führt folgerichtig in zynische Selbstverachtung und gipfelt in dem Rat: »Alle eure Intellektuellen mögen sich hüten, auf sie ist es abgesehen. [...] Gewöhnt eurem Volk die Ehrfurcht ab! Macht euch ihm verächtlich, verratet es! Das ist die einzige Wohltat, die ihr ihm erweisen könnt« (*Lidice*, S. 47/36). Neurath ist mental das Opfer eines Faschismus, den die tschechische Schauspielerin Milo Schatzova so umschreibt: »Die Menschen zwingen, daß sie sich selbst verachten – ist euer ganzes Geheimnis, ihr deutschen Sphinxe« (*Lidice*, S. 232/178). Er ist der Typus jener in sich zwiespältigen, »erniedrigten Intelligenz«, die Heinrich Mann bereits 1933 analysierte: »Ich will glauben, daß hinter den kopflosen Rechtfertigungen, denen manche Gleichgeschaltete sich ergeben, geheimes Grauen steckt. [...] Jetzt fühlt man sich mit verwickelt in Verbrechen, die man denn doch nicht gewollt hatte. Um so heftiger gibt man sich [...] Übrigens müssen die Gleichgeschalteten fühlen, daß sie völlig überflüssig sind. Das System braucht sie im Grunde nicht, um das Volk abzuschlachten [... Der sich erhebende Sturm] wird Schluß machen mit den Ausschreitungen der falschen Intelligenz, die sich hat ducken lassen, bis sie niedrig war«.[54] Heydrich beweist dem gebildeten Diplomaten schon bei seiner Machtübernahme, daß er überflüssig ist: »Sie können abgehen« (*Lidice*, S. 51/40).

Am Beispiel Neuraths, einer Persönlichkeit des öffentlichen Lebens, zeichnet sich die Wirkung von totalitärem Faschismus darum so deutlich ab, weil er immerhin ein gebildeter Diplomat alter Schule ist. Trotz aller Schwäche ist er eine Persönlichkeit, der auch ein Napil die Achtung nicht versagt (*Lidice*, S. 47/36); »Unwahrheit«, erklärt er Napil, »ist unserer nicht würdig« (ebd.). Sein zwiespältiges Verhalten resultiert aus der Divergenz zwischen seiner Identität, seinen Wertvorstellungen, und den Forderungen der gegenwärtigen Machthaber. Nur weil er Identität hat, kann der Widerstreit von Person und öffentlichem Amt manifest werden. Erst die latente oder bewußte Aufgabe von Personalität und Identität führt zum Faschisten, zum unreflektierten Funktionär.

Neurath trägt seinem Nachfolger gegenüber gespielte Überlegenheit zur Schau und nimmt die Unverschämtheiten des Emporkömmlings widerspruchs- und widerstandslos, nur seine Verachtung zum Ausdruck bringend, hin. Sein Kommentar – »Die Situation ist heiter« (*Lidice*, S. 48/37) – entspricht dem »ekelerfüllten Lachen«, mit dem Intellektuelle und Politiker der Machtergreifung Hitlers tatenlos zusahen: »Noch sehe ich sie beisammen [...], die Minister, Parlamentarier, Schriftsteller, alle gezeichnet als Opfer einer wilden Gewalt [...] Sie selbst hatten die kommenden Ausschreitungen heraufbeschworen, grade weil sie so zivilisiert waren, grade weil sie nur Verachtung hatten für blinde, barbarische Kräfte. Jetzt kam ein ekelerfülltes Lachen sie an, oder auch eine plötzliche, späte Empörung«.[55] Zivilisiert und verächtlich schweigend registriert Neurath lediglich Heydrichs barbarische Ausschreitungen, sein Palaver übergeht er mit Schweigen: »Neurath läßt ihn reden« (*Lidice*, S. 49/38).

Der Amtswechsel bedeutet zugleich Machterweiterung der Gestapo bis hin zu hemmungslosem Terror. Dieser Machtzuwachs wird im Roman *Lidice* mit demselben Begriff bezeichnet wie Hitlers Machtergreifung im Essay *Im Reich der Verkrachten*: das Verhängnis (*Lidice*, S. 45/35). Die entsprechende Essaystelle lautet: »Auf die Machtergreifung Hitlers war man im voraus gefaßt gewesen, sie erschien wie das Verhängnis. Die Massen waren hypnotisiert von dieser Propaganda. Die republikanischen Führer aber, die nicht Schluß mit ihr gemacht hatten, als sie es noch konnten, verloren zuletzt sogar die Achtung vor einander. [...] Die Menschen starren tatenlos der Katastrophe entgegen, und ihr Gefühl ist trotz allem, bis zur letzten Minute, das der Verachtung«.[56] Offenbar ist das, was sich in diesem Roman in Lidice – im Lande – und auf der Prager Burg – im politischen Zentrum – vollzieht, nur äußerlich und dem Namen nach tschechisches Ereignis. Vielmehr zeichnet Heinrich Mann hier aus seiner Sicht ein komprimiertes Bild der vielschichtigen Vorgänge in Berlin und Deutschland vor und um 1933: die moralische Selbstaufgabe Deutschlands.

Das Gespräch mit Heydrich beginnt Neurath mit einer Anspielung auf Goethes Gedicht *Beherzigung*: »Übrigens sehe jeder, wie er's treibe«. Heydrich entgegnet schlagfertig und literaturkundig: »Und wer steht, daß er nicht falle« (*Lidice*, S. 50/38). Mit dieser Replik beweist Heydrich gleich eingangs einen Bildungshorizont, den er unausgesetzt verleugnet.

Das Zitat ist zugleich Selbstzitat. In der Würdigung des deutsch-tschechischen Reichenberger Volkskulturtages beschreibt der Autor die geistige Krise Deutschlands und resümiert: »Dies sind die Tage der Entscheidung. Sehe jeder, wie er's treibe. Wer etwas nachläßt von seinem Gewissen und sich seiner Freiheit begibt, der rennt in das Verhängnis. Sehe jeder, wo er bleibe. Man behaupte sich mit einer überlieferten Kultur oder gar nicht. Kultur ist kein geruhsamer Genuß, heute weniger als je. Auf ihre alleräußerste Verteidigung sei jeder bedacht, und, wer steht, daß er nicht falle«.[57] Neurath – und mit ihm die gleichgeschaltete Bildungsschicht der Nation – »rennt in das Verhängnis«; Heydrich aber verliert mit der überlieferten Kultur seine Identität, »behauptet sich […] gar nicht«.

Das Symptom dieses Selbstverlustes, der für Heydrich im Verlauf des Romans manifest wird, erkennt Neurath mit klinischem Scharfblick: »Sie haben nur ein Gesicht ohne Alter, und eine Maske unbekannter Herkunft, aber sehr in Mode. Sie kommt jetzt so häufig vor, daß man sie wohl nachahmen kann« (*Lidice*, S. 51/40). Heydrichs Herkunftslosigkeit, Traditionslosigkeit, schiere Gegenwärtigkeit »ohne Alter« bedingen seine Nachahmbarkeit, denn was ihm fehlt, ist Individualität, ist Identität. Sein Sprachstil, ein zu knappen oder pathetischen Formeln gefrorener Nazi-Jargon, spiegelt die Selbstentäußerung, die Entpersönlichung des Funktionärs.

Er erklärt: »Ich kenne meinen Weg«; das Ende seines Weges »verschwimmt im Licht der Gestirne« (*Lidice*, S. 52/40), dabei fühlt er sich »herrlich jung« (*Lidice*, S. 51/40). Ein »verkrachter Kandidat« (*Lidice*, S. 51/40, 173/133), sind ihm Intellektuelle verhaßt: sie »dürfen nur als nackte Leichen vorkommen«, denn »die Intellektuellen sind Abfallprodukte« (*Lidice*, S. 51/39). Desto beachtlicher, daß er die Echtheit der Aufzeichnung des Pavel-Hitler-Telefonats spontan nach stilistischen Kriterien überprüft und sie erkennt (*Lidice*, S. 148/114). Ein Nationalsozialist, der seine geistige Herkunft verleugnet, ein literarisch gebildeter Verkrachter mit untrüglichem Gefühl für stilistische Nuancen: diese Charakteristika verweisen unverkennbar auf Goebbels. Heinrich Mann schilderte ihn als den »abtrünnigen Zivilisierten, der sich

Gewalt antun mußte, um wieder Barbar zu werden. [...] Ein bekannter Fall ist der verkrachte junge Literat, der gegenwärtig Minister für Propaganda ist. Er war einst Schüler eines jüdischen Hochschullehrers, eines Kritikers von äußerster Vornehmheit und Schwerverständlichkeit [...] Unsere Bewunderung gilt Goebbels, [...] der bewußt aus der Gesittung ausschied und sich darbrachte dem Aufstieg der Barbaren. [...] Jetzt fühlt er sich auf dem rechten Wege, da erfaßt ihn wieder Jugendlust. Auch sein Stil hat sich verjüngt und etwas schmucklos Rauhes erlangt«.[58] Die Darstellung trifft exakt auf den Heydrich dieses Romans zu.

Er ist jedoch nicht nur der sich selbst verleugnende, verkrachte Intellektuelle, nicht minder deutlich trägt er Züge Hitlers; – man denke allein an das Bärtchen auf der Lippe, »die Fliege« (*Lidice*, S. 188/144). Wie Hitler kann die Romanfigur Heydrich kein »Blut fließen sehen« (*Lidice*, S. 164/126, auch S. 153/118). Des Führers propagandistisch sprichwörtliche »traumwandlerische Sicherheit« ist im Roman Attribut des Protektors (*Lidice*, S. 43/33); genau wie Hitler im *Zeitalter* (*Zeitalter*, S. 127, 159, 355 u. ö.) wird der Protektor im Roman als »Traumwandler« (*Lidice*, S. 78/60) apostrophiert. Und Heydrichs Ausspruch über Intellektuelle wird im *Zeitalter* als wörtliches Hitler-Zitat überliefert: »Abfallprodukte der Nation« (*Zeitalter*, S. 159). Es würde hier zu weit führen, die Parallelen zwischen der Romanfigur Heydrich und Heinrich Manns Hitler-Darstellung vollständig mitzuteilen, erwähnt sei lediglich, daß diese Parallelen die beständige Angst vor »Verrat« (*Zeitalter*, S. 365 u. ö.; *Lidice*, S. 43/33, 51/39, 156/120 u. ö.), den Glauben, ihn leite »unfehlbare Intuition« (*Zeitalter*, S. 361 u. ö.; *Lidice*, S. 52/40), die Auffassung, Politik sei ein ausbeuterisches »Geschäft« (*Zeitalter*, S. 367; *Lidice*, S. 52/40), Aberglauben (*Zeitalter*, S. 118; *Lidice*, S. 26/20, 52/40) und dergleichen mehr betreffen. Und wie Hitler, der von den unterschiedlichsten Beobachtern als Schauspieler, als Kanzler-Darsteller beschrieben wird, ist »Heydrich [...] ein Schauspieler, deshalb sollte man ihn kopieren können« (*Lidice*, S. 58/45). Seine darstellerischen Mittel sind sein »furchtbares Gesicht« (*Lidice*, S. 15/12, 18/14 u. ö.) und seine »erstaunliche Stimme« (*Lidice*, S. 24/18), schon »das Gesicht Heydrichs genügt, sie einzuschüchtern« (*Lidice*, S. 18/ 14): Seine Selbstdarstellung ist eine auf Wirkung zugeschnittene Show (*Lidice*, S. 18 f./14 f.), bei seinem Gesicht handelt es sich um eine »Maske unbekannter Herkunft, aber sehr in Mode«. Den modischen Trend beweisen die Gestapo-Beamten: »Jeder hat beiläufig die Maske, wie Pavel sie nachahmen kann. Ihre sind weit weniger gelungen, man betrachtet sie ohne Entsetzen, obwohl Furcht zu erregen ihr offenbares Ziel ist« (*Lidice*, S. 123/94). Hier drückt sich die Selbstentäußerung durch ideologisch fundierten Faschismus in physiognomischer Angleichung subalterner Funktionäre an den Machthaber aus. Den Vorgang dieses Gesichtsverlusts beobachtete der Autor erst in Deutschland, dann in Frankreich. Hier erschienen ihm diese Gesichter geradezu wie Ausstellungsobjekte: »Die Gesichter der Faschisten stellten sich in der Avenue des Champs Elysée zur Betrachtung aus. Sie waren erstaunlich, ohne neu zu sein. Das Erstaunliche war gerade ihre Verwandtschaft mit den längst erblickten, deutschen. Dieselbe Leere, die lange den Anschein von Jugend hinzieht; die bekannte verantwortungslose Dreistigkeit« (*Zeitalter*, S. 399): Das Gesicht der Romanfigur Heydrich – das unwillkürlich nachzuahmen auch ausdrücklich antifaschistisch eingestellten Tschechen widerfahren zu können scheint (*Lidice*, S. 32/24 f., 55/42, 60/46) – ist das prototypische »Gesicht der Faschisten«, furchtbar und leer zugleich. Diese Romanfigur, die Züge von Goebbels und Hitler in sich vereint, repräsentiert den nationalsozialistischen Faschisten schlechthin. Heydrichs Einzug in die Burg signalisiert den Sieg dieses Faschismus selbst – in Deutschland und wo immer: *Lidice* erweist sich somit als ein Schlüsselroman, in dem den Schlüsselfiguren – Heydrich, Napil, Neurath – überindividuelle Repräsentanz zukommt.[59]

Da Faschismus Identität und Individualität, Herkunft und Alter negiert, ist das zentrale Problem des Faschisten das seiner Identität: »die Identität des Protektors entzieht sich dem Zugriff« (*Lidice*, S. 173/133). Explizit wird diese Problematik, sobald seine Machtposition in Frage gestellt und sobald er als Person, als Liebender gefordert wird. Wer seine Individualität aufgegeben hat, dem dürfte es relativ gleichgültig sein, wer er selbst ist. Entscheidend ist ihm lediglich, daß die dargestellte Rolle, die angenommene Identität geglaubt wird. Dieser Glaube ist in zweifachem Sinne lebenswichtig: Je unglaubwürdiger der Faschist wirkt, desto brutaler der Terror, mit dem er Unterwerfung unter seine Macht erzwingt, desto »wackliger« aber auch die Macht, die zu verkörpern er vorgibt (vgl. den zitierten Brief an Lemke vom 30. Mai 1949).

Diese Ohnmacht angemaßter Macht wird durch Pavels Aktion evident. Heydrich, aus Brünn zurückgekehrt und der »an sichtbarster Stelle [...] ausgehängten« Mitschrift des Pavel-Hitler-Telefonats konfrontiert, wird der Existenz eines zweiten, von Hitler anerkannten und darüber hinaus zum Freund des Führers erhobenen »Protektor Heydrich« gewahr. Zunächst »entschlossen, [...] das Pamphlet für eine grobe Fälschung« zu erklären, entscheidet sein Machtinstinkt: »Ich werde das ganze Gespräch für wahr hinnehmen müssen. Er nennt mich seinen Freund. [...] Freund! Das erste Mal. Hier beginnt das Grenzenlose. Ich kann vorrücken bis an die Stelle des in England abhanden gekommenen Hess. Ich sehe mich als Nummer zwei« (*Lidice*, S. 149/114 f.). Schließlich bezweifelt er sogar, ob er selbst Heydrich ist (*Lidice*, S. 159/122), und er erwägt: »Angenommen, ich wäre der Falsche, vergrößert sich meine Aussicht, den Echten vorzustellen«. Worauf Oberst Schalk, den ganzen Schwindel der Hitlerei entlarvend, bestätigt: »Und anerkannt zu werden von uns Realisten« (*Lidice*, S. 160/123). Heydrich erklärt hier eindeutig, daß er austauschbar ist, daß ihm Individualität fehlt und daß ein Machthaber an Glaubwürdigkeit gewinnt, wenn er Macht bewußt als eine Rolle auffaßt. Da Heydrichs Selbstgefühl total in seiner Funktion als Machthaber aufgeht und er überhaupt nur Heydrich ist als der Protektor Heydrich, wird er sich als glaubwürdig ausweisen durch den Einsatz von Macht, durch »Terror. Am Durchgreifen erkennt man den Protektor« (*Lidice*, S. 163/125).

Einem Menschen ohne Persönlichkeit wird es verwehrt sein, Liebe zu geben und zu empfangen. Heydrichs Gefühl für Milo Schatzova äußert sich als schlechtes Theater, als unglaubwürdige Pose (*Lidice*, S. 174 ff./134 ff.; 221/169). Liebe ist für ihn Machtkampf mit dem Ziel der Besitzergreifung und der Unterwerfung (*Lidice*, S. 241/185). Die Konfrontation mit der Schauspielerin Milo Schatzova aber führt ihn zur qualvollen Erkenntnis seiner Nichtigkeit: »Heydrich, sitzt und starrt auf die Bühne mit allen Anzeichen der Angst. [... Er] schaut darein, als hätt er sich selbst zum Hängen verurteilt. [...] da steht Milo [...,] durch die Macht der Schönheit über diese Welt erhöht. Heydrich windet sich unter dem Anblick, er stöhnt: ›Ich hasse die Person‹ « (*Lidice*, S. 220 f./169 f.). Schönheit, die die Macht besitzt, über diese Welt zu erhöhen, ist eine zugleich ethische und ästhetische Macht. In ihr ist eine Freiheit beschlossen, die dem Zugriff rein äußerer, auf Unterdrückung sich gründender Macht entzogen bleibt. Von ihr weiß Heydrich sich ausgeschlossen durch eigenes Verschulden, daher »schaut er darein, als hätt er sich selbst zum Hängen verurteilt«. Seine Angst betrifft den Kern seiner Substanz. Wenn anschließend Milo seine Identität in Zweifel zieht, ist er der Vernichtung nahe, »rafft alle Kraft zusammen, kommt steil auf: ›Man

sage mir, wer ich bin!‹ [...] angstvoll: ›Nun?‹« (*Lidice*, S. 233 f./
179). Erst nachdem der Komiker Wokurka, Hauptmann Krach
und Milo ihm die Gewißheit, er sei der Protektor, das ihm eigentümliche Identitätsgefühl, zurückgegeben haben – einen anderen
gebe es nicht – , läßt Heydrich das Prinzip, Selbstbestätigung
durch Terror zu erzwingen, fallen. Er annulliert – wiewohl kurzfristig – die fünfzig Todesurteile. In diesem Moment äußert der
»Pastorensohn Heydrich« (*Lidice*, S. 244/187) das Gefühl, »einmal – vielleicht nie wieder [...] erlöst« zu sein (*Lidice*, S. 235/180):
Erlösung wäre hier Befreiung von der Macht eines Führers, dessen Ideologie Vernichtung der Persönlichkeit und Vernichtung
von Menschenleben fordert.[60]

Wer aber ist der »Führer« im Kontext des Romans *Lidice*? Die
Frage erhebt sich, – zumal wenn glaubhaft gemacht werden
konnte, daß Heydrich, Züge von Hitler und Goebbels in sich ver-
einend, den Typus des Faschisten repräsentiert und daß der Amtswechsel in der Prager Burg – gemessen an den Memoiren Heinrich
Manns – wesentliche Elemente der Bedingungen für die Machtergreifung Hitlers enthält.

Erhellend ist die – karikierende – Hitler-Darstellung Pavels in
seinem Telefonat mit dem Führer. Rollenkonform äußert er NS-
Mythologeme wie: »Mein Führer, Sie lassen alles Menschliche
weit hinter sich«, und: »Die Geschichte gehorcht dem Stärkeren«
(*Lidice*, S. 86/66; 88/67). Er behauptet also, Hitler, der Führer,
besitze göttliche Macht. Ein Mensch, der über die Geschichte
steht, der ihr gebieten kann, verkörpert die »Allmacht« selbst
(*Lidice*, S. 93/72). Und da die Geschichte Napoleon bekanntlich
nicht immer gehorchte, kann Heydrich erklären: Hitler »verzeiht
mir, weil ich nur ein Napoleon bin, kein Hitler« (*Lidice*, S. 168/
129). Daß der historische Hitler von der Idee erfüllt war, Napoleon nachahmen, ja ihn übertreffen zu müssen, beschreibt Heinrich Mann wiederholt im *Zeitalter* (S. 15 ff., 118 f., 357 u. ö.):
»Den Einmarsch Napoleons in Rußland wiederholt er auf den
Tag. [...] Mit dem Zug gegen Rußland fängt das Kostümstück an,
eine historische Rolle wird übernommen [...] Vielleicht hat er sich
für stärker als Napoleon gehalten« (*Zeitalter*, S. 118 f.).

Die Romanfigur Heydrich, der Typus des Faschisten, ist »nur
ein Napoleon«. Er hält die Menschen so in Bann, daß sie »überall
den Heydrich« (*Lidice*, S. 65/50) zu sehen meinen und befürchten,
selbst über Nacht die Züge des Faschisten anzunehmen (*Lidice*, S.
55/42, 60/46): Heydrich repräsentiert die Allgegenwärtigkeit
eines Faschismus, dessen prägender Macht sich nur starke Persön-

lichkeiten entziehen können. Im Roman *Lidice* äußert sich dieser Faschismus in ständiger Berufung auf den »unantastbar« (*Lidice*, S. 202/155) »Höchsten« (*Lidice*, S. 248/191), dem Blitze es »gleichtun möchten« und den »Donner [...] verwandtschaftlich umgibt« (*Lidice*, S. 87/67), dessen »sichtliche Offenbarung« (*Lidice*, S. 249/191) und »persönliches Erscheinen« »höchstens im Märchen« (*Lidice*, S. 247/190) vorkommen: Hitler ist im Roman *Lidice* das Idol selbst; der historische Hitler hingegen war nach des Autors Darstellung unablässig bemüht, dem Idol durch Schauspielkunst zu gleichen: »Vor seinem tiefsten Bewußtsein steht vielleicht ein schon mal dagewesener Völkerführer, den der Schauspieler nur packend hinzulegen braucht, dann versagt keine Wirkung«.[61] Historische Gestalten – Napoleon, Hitler – sind Realisationsmöglichkeiten eines Idols, eines »Völker-Führers«; dies Idol selbst steht über der Geschichte, jenseits der »Sterblichen« (*Lidice*, S. 87/67). Faschismus Hitlerscher Prägung ist der Glaube an dieses Idol.

Die Grundlage für diese Faschismus- und Hitlerdeutung lieferten NS- Ideologen selbst – »Sie selbst übertreiben sich« – : »Da hört man denn den einen seinen sauberen ›Führer‹ mit Jesus Christus vergleichen, und ein anderer bemißt die Dauer des ›Dritten Reiches‹ auf zwanzigtausend Jahre!«[62] Der »Glaube« der Wehrmacht »war Hitler [...] Hitler ist ein Fetisch gewesen. Noch einmal gedenkt man der ›wundertätigen Alraunwurzel‹: im Jahre 1906 stellte ein Berliner Warenhaus sie unter Glas aus. Das war bis gestern Hitler« (*Zeitalter*, S. 364).

Der Glaube an das Idol – und das heißt: die Macht des Idols über Menschen – wächst in dem Maße, in dem das Selbstbewußtsein schwindet. Sobald Heydrichs Selbstgefühl erschüttert ist, weicht ironische Distanz zum Führerglauben (*Lidice*, S. 156/120) einem fragwürdigen Führercredo als letzter Sicherheit: »›Ich habe, um ich selbst zu bleiben, nur Hauptmann Krach [...] Alles was er mir vorlügt, ist wahr und wirklich geschehen, denn der Führer weiß es! [...]‹ Vor den Führer [sc.: das Führerbild] hin, stramme Haltung: ›Mein Führer! Melde gehorsamst, Protektor von Böhmen-Mähren Reinhard Heydrich bezweifelt seine Identität‹« (*Lidice*, S. 172 f./132 f.). Das Geständnis gilt dem »lebensgroßen Bildnis des Führers«, das den Betrachter anzusehen, von ihm Ansprache zu erwarten scheint (*Lidice*, S. 85/65 f.). Das Abbild gerät zum Kultobjekt.

Derart zum »Fetisch« stilisiert, ist nicht die konkrete Existenz des Führers, sondern der Glaube an ihn für die Disziplin im Heer und für die Macht der Parteiführer entscheidend. Dasselbe gilt für seinen Repräsentanten Heydrich. Oberst Schalk klärt ihn darüber auf, daß seine Identität von untergeordneter Bedeutung ist: »›Ein großartiges Beispiel! Feindlicherseits behauptet sich das Gerücht, daß im Radio jetzt ein anderer Hitler redet.‹ Heydrich: ›Wenn er nur redet.‹ Oberst Schalk: ›Sehen Sie. Der andere Heydrich erfüllt den Zweck des ersten auch‹« (*Lidice*, S. 159/122 f.). Der Zweck ist irrational fundierter »Kadavergehorsam« und Leugnung des Verstandes (*Lidice*, S. 83/64). Sie bedingen, was ein Faschist unter »Herrenvolk« versteht: »Jeder Deutsche glaubt, was er glauben soll. Daher sind wir das Herrenvolk« (*Lidice*, S. 160/123). Die unbeirrbar aufrechterhaltene Irrationalität als solche nämlich impliziert eine dynamische Macht, gegen die Vernunft oder Zweifel nicht ankommen. Insofern heißt es über den deutschen Faschisten[63], »er glaubt an seinen Protektor, wie er an seinen Führer glaubt. Für das eine ist nicht mehr Ursache als für das andere. Was diese Deutschen wirklich können, ist, im Falschen standhaft sein« (*Lidice*, S. 109/84). Entsprechend führen eigene »Fehler« und »Mißerfolge« nicht etwa zu besseren Einsichten, sondern sie werden »gleich vergessen« (*Lidice*, S. 18/14).

Irrationale Standhaftigkeit im Falschen und die Gewohnheit, Fehler zu verdrängen, statt aus ihnen zu lernen, waren nach Heinrich Manns Darstellung für das Entstehen des Dritten Reiches entscheidend. Voraussetzung war der »bis an sein Ende«, bis zur Katastrophe durchgehaltene »Entschluß zum Irrationalen, weil es aller Pflichten entbindet«, der »Vernunfthaß«, das Festhalten an »toten Glaubenssätzen, die weiterhandeln, gegen das Wissen, gegen das Gefühl«, die »Zähigkeit – im Falschen« (*Zeitalter*, S. 99 ff.; vgl. auch S. 150), mit der schon die »Alldeutschen« 1913 »unverwandt ihrem falschen Interesse« folgten und mit der es auch die Weimarer Republik versäumte, aus den Fehlern der deutschen Politik zu lernen (*Zeitalter*, S. 302 f.).

Das Führerprinzip ist als die herrschende Ideologie die zur Herrschaft gelangte Irrationalität. Ihre Grundlage sind eingestandenermaßen dogmatisch zu Wahrheiten ernannte Lügen: Die reale Macht fußt auf zum Dogma erhobener Irrealität – selbst die faktische Existenz des »Führers« ist überflüssig – , und nur ein »Wahrheitsfanatiker« (*Lidice*, S. 131/101) weist darauf hin, daß alle nur so tun, als glaubten sie, was schlechthin unglaubwürdig und absurd ist (*Lidice*, S. 130/100). Spiegelung und Entlarvung der so beschaffenen realen Macht ist der als eine Faktizität vorgeführte »Absprung in die Fabel« (Brief an Lemke vom 14. 4. 49), die Irrealität eines zweiten Heydrich. »Der Anfang – und daß er gelingen konnte – war absurd« (*Lidice*, S. 192/147); nicht minder absurd ist die Realität einer Macht, die Gesichter zu Masken entstellt – Menschen entpersonalisiert –, die sich auf frei erfundene, dogmatisch zu glaubende und geglaubte Phantome beruft und diese unter Androhung der Todesstrafe für faktische Realitäten ausgibt.

Die Konsequenzen dieser Verkehrung von empirischer Erfahrung in Lüge und von Lügen in dogmatische Glaubenssätze sehen für die Betroffenen, jeweils verschiedenartig strukturierte Deutsche, recht unterschiedlich aus. Nach Pavels Hitler-Telefonat gibt der Beamte Rumfutsch Pavels Befehl, die Burg räumen und alle Gestapo-Beamten über das ganze Protektorat ausschwärmen zu lassen, mit dem Hinweis weiter: »›Befehl des Führers.‹ Pavel hält an: ›Befehl des Führers. Plötzlich erleuchtet, Rumfutsch!‹ Geheimrat Rumfutsch: ›Das historische Gespräch mit dem Führer hat allerdings die Lage erhellt‹« (*Lidice*, S. 93/72): Eigenwillige und systemwidrige Maßnahmen werden durchführbar und legitim, wenn man sich dabei auf den »Führer« berufen kann; diese »Lage«, daß »Befehle des Führers« jeglicher Eigenverantwortung entzogen sind, ermöglicht hier einerseits offene Ermordung von Rivalen (*Lidice*, S. 132/102), andererseits persönliche Initiative (*Lidice*, S. 74–76/57 f.), kleine Freiheiten, Rettung von Menschenleben.

Diese Dualität – Barbarei und Versuch, inmitten der Barbarei ein Mensch zu bleiben – bestimmt nicht nur die Konfrontation von Deutschen und Tschechen, sondern auch die Gestaltung der Besatzer. So sind die Gestapo-Beamten Blumentopf und Ziegensack zwei durchaus gegensätzliche Charaktere. Blumentopf ist der kriecherische (vgl. *Lidice*, S. 212/163), fanatische Faschist, dessen »grotesker« Gehorsam seinen Erschießungstod herbeiführt (*Lidice*, S. 296 f./228); Ziegensack entpuppt sich als »Wahrheitsfanatiker, der sich um den Kopf redet« (*Lidice*, S. 132/102); er wird wegen eines Anflugs von Aufrichtigkeit von Blumentopf erschossen und »lebt […] allenfalls in der Legende« weiter (*Lidice*, S. 162/125; vgl. hierzu weiter unten).

Nachgeordnete SS-Führer und einfache Soldaten unterscheiden sich in der Art der Durchführung erhaltener Befehle: Blumentopf befiehlt ihnen, »Eingeborene« niederzuschlagen. »Die SS strecken ihre Erwählten gewissenhaft hin, die jungen Soldaten haben Gesichter zwischen Wut und Lachen, ihre Schläge sind selten nachhaltig« (*Lidice*, S. 26/20). Entscheidend ist, ob sich der

Mensch mental dem Idol, der personifizierten und Kult gewordenen Macht, unterwirft oder nicht: Blumentopfs Leute, »Sturm-
stoßtruppen« und Gestapo, sind »Gestalten seiner Art«, emo-
tionslos wird von ihnen »jede vorgefundene Person [...] beklopft
und abgetastet [...] Ihre Pflicht allein leitet die Beamten« (*Lidice*,
S. 17/13). Die jungen Soldaten unter dem Befehl des Oberst
Schalk haben dagegen »Gesichter«, die Emotionen zeigen, dem
Befehl genügen sie nur zum Schein.

Die Charakterisierung der Befehlsvollstreckung seitens der SS
entspricht in der Wortwahl der Darstellung des Terrors der Bartholomäusnacht – Spiegelung des SA-Terrors vor der Machtübernahme Hitlers – im Roman *Die Jugend des Königs Henri Quatre*:
»Ihr Geschäft war [...] töten und sterben [...] mit der höchsten
Emsigkeit [...] Pünktliche Arbeit [...] Ein Kriegsknecht schleifte
einen alten Mann, ordentlich an die Leine gebunden [...] Ein Bürger erschlug einen anderen mit Sorgfalt und Genauigkeit«. Das
»gewissenhafte« Ausführen barbarischer Befehle erklärt sich der
junge Henri aus der Struktur der Untertanenmentalität: »Sie sind
genau [...] Aber sie töten nicht für sich, sondern für andere, im
Auftrag, um der Sache willen: das macht ihnen das gute Gewissen. Bei aller ihrer Wildheit, die ganz wie befohlene Wildheit aus-
sieht, bleiben sie ordentlich und arbeitsfroh [...] Niemals handeln
sie für sich [...] Wie leicht man sie zum Schlechten und Schädli-
chen bringt! Schwerer wird es halten, etwas Gutes von ihnen zu
erreichen«.[64]

Pavel Ondracek unternimmt den Versuch, etwas Gutes bei
ihnen zu erreichen, indem er als Heydrich-Imitator das Mittel der
Volksverdummung, die Technik propagandistischer Kundgebung,
zur Volksaufklärung einsetzt. Dabei wandelt sich seine »Maske«
»aus bloßer Furchtbarkeit [... in] strenges Wohlwollen [,...] zur
Güte« (*Lidice*, S. 264/203). Sein Gegenentwurf von Führerschaft
und Macht weist deutliche Anklänge an die Heilsbotschaft Bibel
auf – »Das Reich, das ich meine, ist nicht von hier« (*Lidice*, S. 265/
203) – , seine Ansprache wirkt auf einige Zuhörer wie eine »Predigt« (*Lidice*, S. 264/203). Seine deutsch und tschechisch vorgetragene Darstellung eines übernationalen Reiches des Friedens und
der Freiheit wendet sich ausdrücklich an deutsche Soldaten und
tschechische Arbeiter. Die Soldaten werden unter seinem Einfluß
»gutwillig [...] Man sieht allein Individuen [...] in Uniform, aber
mit der Haltung und dem Ausdruck von Arbeitern« (*Lidice*, S.
265/204). Das Ergebnis seiner Rede ist ein »geistiger Austausch«

von Arbeitern und Soldaten, die sich »vermischt und verbrüdert« haben (*Lidice*, S. 269/207).

Auch die SS ist keine einheitliche Funktionärstruppe. Zwei SS-Angehörige bleiben Person, entziehen sich der entpersönlichenden Macht des Idols, da sich ihre Eigenart als stärker erweist. »Es sind die stärksten Männer der Truppe« (*Lidice*, S. 73/56). Stärker ist die Mentalität des »fröhlichen Rheinländers« (*Lidice*, S. 147/113) Sturmbannführer Jellinek; überlegen bleibt die Intellektualität des SS-Funktionärs Krach, »im Zivilverhältnis ein Intellektueller« (*Lidice*, S. 76/58), den der Heydrich-Darsteller Pavel zum Hauptmann befördert. Jellinek, »devot« (*Lidice*, S. 71/54) und begeisterungsfähig (*Lidice*, S. 195 f./150; 253/194 u. ö.), kann Ereignisse, die ihm unerklärlich sind, nicht einfach hinnehmen. Sein naiv-gesunder Menschenverstand und seine Emotionalität weigern sich, Unglaubwürdiges als Tatsache anzuerkennen. »Der Protektor [sc.: Pavel] liebt [diesen] denkenden Offizier« (*Lidice*, S. 218/167), seine »Intelligenz verdient eine Ermutigung« (*Lidice*, S. 209/161). Eine der ersten Äußerungen Jellineks lautet: »Melde Eurer Exzellenz gehorsamst, daß ich dachte« (*Lidice*, S. 73/56). Als SS-Funktionär an Befehl und Gehorsam gewöhnt, vollzieht sich bei ihm in dieser Prägung die Wirkung von Pavels Ansprache: »Anzusehen, als nähme er Befehle entgegen, hängt er an den Lippen Pavels« (*Lidice*, S. 265/204). Dieser SS-Mann, der auf seinen »paar Sinnen« (*Lidice*, S. 261/200), seinem Wahrnehmungs- und Denkvermögen und auf seiner Emotionalität beharrt, demonstriert den Lernprozeß, den Pavel einzuleiten versucht: Auch befehlsgewohnte Naturen, die sich ohne weiteres brutalisieren lassen (vgl. *Lidice*, S. 261/201), können zur Nachdenklichkeit gebracht werden. Nach Pavels Ansprache ist das letzte, was man über Jellinek erfährt, »der Sturmbannführer reibt sich nachdenklich die Stirn« (*Lidice*, S. 269/207).

Den Gegensatz zum schlichten, »innig bemühten« (*Lidice*, S. 207/159) Jellinek bietet der »undurchdringliche« (*Lidice*, S. 184/141) Hauptmann Krach, der mit ironischer Überlegenheit die Rolle des Nazis spielt (*Lidice*, S. 76/58) und dessen Bewußtheit ihn befähigt, die Möglichkeiten, die in Pavels Heydrich-Darstellung liegen, spontan zu erfassen, das Spiel übergangslos perfekt mitzuspielen. Unter der Maske des »Kadavergehorsams« behält er sein »intellektuelles Gesicht« (*Lidice*, S. 83/64), bleibt er »ein gewöhnlicher Normaler – die jetzt selten werden« (*Lidice*, S. 183/140), und erhält er sich die Fähigkeit zu lieben. Unter seinem wirklichen Namen offenbar nur den Tschechen bekannt (vgl.

Lidice, S. 272/209), steckt in ihm eine unschwer erkennbare Identifikationsfigur des Autors.[65] Bei ihm erreicht Pavels Aktion, daß er sich vom ironisch-distanzierten Nazi-Darsteller zum überzeugten Freiheitskämpfer wandelt (*Lidice*, S. 260/199, 297 f./229). Wirkungslos aber bleibt Pavels Unternehmen bei den »klugen Deutschen«, die sich mit Vorsatz dumm stellen (*Lidice*, S. 111/86) und bei denen der Wille zur Wahrheit einem Verbrechen gleichkommt. Sie anerkennen allein den Willen zu brutaler Macht. Da sie wider bessere Einsicht permanent Intrigen, Denunziationen und Verbrechen begehen, ist ihre Bosheit Verstocktheit und mithin – im Sinne des moralistischen Systems Heinrich Manns – unentschuldbar. »Das Böse aus Dummheit ist […] entschuldbar, aber auch durch ›Aufklärung‹ zu beheben« – dieser Aufklärung erweisen sich die Soldaten und Jellinek zugänglich – , »wo aber Verstocktheit der besseren Einsicht nicht weicht, findet seine Langmut ihr Ende«.[66] Nach Hanno Königs Darstellung teilt der Moralist Heinrich Mann die Menschen ein »in solche, die sich durch Gebrauch ihrer Vernunft zur möglichen Höhe ihres Menschseins erheben und in solche, die dem Geist ›unzugänglich‹ bleiben, als welche bei Heinrich Mann die auf seiten der ›Inhumanität und Antihumanität‹ Stehenden erscheinen. Diese Einteilung in ›Intellektuelle‹, die am gleichen Begriff des Lebens, ›wie es sein soll‹ teilhaben, und ›Unzugängliche‹, Verstockte, Dumme, Böse schimmert überall durch das moralistische System des späteren Heinrich Mann.«[67] Diese Einteilung müßte für den Roman *Lidice* differenzierter, insbesondere erweitert um die Kategorie der Emotionalität, dargestellt werden.[68]

Konsequenz der Ausschaltung von Vernunft und Menschlichkeit zugunsten purer Macht ist Verlust des Verstandes, ja ist der Wahnsinn. »Jeder Deutsche, dem sein Leben lieb war, stellte sich schwachsinnig oder verlor den Verstand« (*Zeitalter*, S. 96). Schwachsinnig stellen sich die »klugen Deutschen« (*Lidice*, S. 111/86), die Funktionäre, Beamten, Befehlsvollstrecker. Der von Emotionen beherrschte Deutschböhme Franticek Eger verliert tatsächlich den Verstand (*Lidice*, S. 65 f./50 f., 116 f./89 f., 290 f./ 223 f.). In Franticek Eger äußert sich Emotionalität als dehumanisierende Irrationalität. »Unbändig schreiend«, bestätigt er, er hasse »fanatisch wie nur Untermenschen« (*Lidice*, S. 57/44). Als Deutschböhme weder den Tschechen noch den Deutschen zugehörig und von diesen sich betrogen fühlend (*Lidice*, S. 58/44), stellt sich auch ihm die Identitätsfrage (*Lidice*, S. 116/89 f.). Er wird geradezu triebhaft von der fixen Idee beherrscht, er könne in

Pavel Ondracek den Protektor Heydrich ermorden (*Lidice*, S. 116/90; 141/109). Seine in ekstatischen Haß sich steigernde Geisteskrankheit (*Lidice*, S. 290 f./223 f.) bietet den extremen Gegenpol zu der Rolle Heydrichs, der dieser allerdings nicht gewachsen ist. Auch von ihm heißt es abschließend:»Heydrich war wahnsinnig. Der ihm die tschechische Legion zumutete [Hitler], ist es auch« (*Lidice*, S. 327/251). Seiner Rolle entspräche eine emotionslose Intellektualität, die sich ausschließlich in Gefühllosigkeit zu manifestieren hätte:»Gefühle sind abzustellen« (*Lidice*, S. 108/83); ein Gefühlsausbruch ist gleichbedeutend mit einem »Aussetzen des Protektors«, von ihm erwartet man »die Nüchternheit im Überschwang der geschichtlichen Handlung« (*Lidice*, S. 168/129). Reinhard Heydrich und Franticek Eger entsprechen jenen »zwei Menschenklassen«, die der Autor im Essay *Der Haß* als Repräsentanten »der Partei, die Deutschland besiegt hat, [...] deutlich« unterschied: Der eine ist der »abtrünnige Zivilisierte«, der andere »war überhaupt nicht vorgeschritten bis zur menschlichen Einsicht und zum Zweifel, und war gar nicht richtig zivilisert«. Diesen Typ nennt Heinrich Mann »die Bestie«.[69] Geisteskrankheit ist ein grassierendes Übel:»Die meisten sind jetzt geneigt überzuschnappen. Das tun die Unsicherheit, die Wut, und weil so viele hergelaufene Lumpen bei uns die Herren sind. Ihre Rolle ist zu dankbar, wenigstens jetzt noch« (*Lidice*, S. 66/51).

Diese dankbare Rolle spielen die »klugen Deutschen«, die Funktionäre des Faschismus. Mit ihren unausgesetzten Kämpfen aller gegen alle liefern sie das adäquate Schauspiel der permanenten Machtkämpfe in und zwischen den Organisationen des NS-Staates. Diese Machtkämpfe sind die unmittelbare Konsequenz des Prinzips von Macht durch Terror und Unwahrhaftigkeit. Im Roman *Lidice* ist das Kernstück dieser Machenschaften eine Verschwörung Himmlers – der selbst nicht auftritt – mit Blumentopf und der Gestapo gegen Heydrich.[70] Da Pavel Ondraceks Aktion den Zwecken der Verschwörer nur dienlich zu sein scheint, lassen die faschistischen Verschwörer die antifaschistischen Verschwörer, die sie durchschauen, gewähren und schließlich unbehelligt fliehen (*Lidice*, S. 281 – 296/216 – 227): Wenn Blumentopf die »Wahrheit« »unverstellt bekennt«, er sei »aus diesen und jenen Gründen euch zwei beiden gefällig gewesen« (*Lidice*, S. 295 f./227), wird fraglich, wer eigentlich für oder gegen wen agierte.

Den geplanten Massenmord, bei dem auch Heydrich umgebracht werden soll, vergleicht Blumentopf mit dem sog. »Röhm-Putsch« vom 30. Juni 1934 (*Lidice*, S. 249/191); die Ermordung des wehrlosen Ziegensack vergleicht er mit dem – von Heinrich Mann vermuteten – Mord an General von Fritsch (*Lidice*, S. 288/221). Der »Röhm-Putsch« war ein von der SS durchgeführter Massenmord zwecks Entmachtung der SA; die Entlassung des Oberbefehlshabers des Heeres Fritsch am 4. Februar 1938 war Gipfel einer Verleumdungskampagne Hitlers, Himmlers und Görings gegen Fritsch mit dem Ziel der Gleichschaltung der Wehrmacht, deren Generalität sich den Kriegsvorbereitungen widersetzt hatte. Am 11. Februar 1938 schrieb Heinrich Mann an Klaus Pinkus: »Ich gestehe, daß mich der 4. Februar nicht mehr derart aufgeregt hat, wie einst der 30. Juni. Alles geht den vorgeschriebenen Weg [...] Die Offiziere haben sich, neben den Pfarrern, am charaktervollsten erwiesen. Man weiß jetzt, daß viele dem General von Fritsch freiwillig gefolgt sind«.[71] Über Werner Freiherr von Fritsch, gefallen am 22. September 1939 bei Warschau, erklärt Heinrich Mann im *Zeitalter*, Hitler habe ihn »an der polnischen Front erschießen« lassen (*Zeitalter*, S. 323, vgl. auch S. 44). Entsprechend sind diese – für Heinrich Mann: unbezweifelbaren – Vorgänge Leitbilder des Intriganten und Doppelmörders Blumentopf. Analog zu der Darstellung im Brief vom 11. Februar wählt der Kaplan des Dorfes Lidice angesichts der Ermordung Ziegensacks einen Weg der »Offenheit und Wahrheit« (*Lidice*, S. 134/103, 298/229), der ihn schließlich in den Tod führt (vgl. *Lidice*, S. 312/240). Während die Gruppe um Pavel nach Jugoslawien flieht, sind er und Hauptmann Krach die einzigen, die zurückbleiben, um auf ihre Weise für ihr Volk da zu sein, sich für die Freiheit ihres Volkes einzusetzen (vgl. *Lidice*, S. 143/110, 298/229).

Die historischen Hinweise geben dem verwirrenden Bild der Besatzer in Prag die Konturen. Heinrich Mann zeichnet im Roman *Lidice* aus seiner Sicht die korrumpierte Struktur Deutschlands anhand der Figuren Oberst Schalk (Militär), Geheimrat Rumfutsch (Beamter) und Geheimkommissar Blumentopf (Partei, Gestapo). Ihr Verhalten entspricht den von ihnen repräsentierten Gruppierungen, wie sie Heinrich Mann in seinen politischen Schriften dargestellt hatte. Es mag hier genügen, diese Romanfiguren kurz zu skizzieren und entsprechende politische Äußerungen des Autors mitzuteilen.

Oberst Schalk fühlt sich weder einer Staats- oder Führeridee, noch dem Volk, seinen Soldaten, verpflichtet, sondern in scheinbar überlegener, ironischer Distanz gegenüber politischen Kräften (vgl. *Lidice*, S. 16/12 f., 19/15, 20/16, 43/33 u. ö.) betrachtet er es lediglich als seine Aufgabe, die Disziplin der Truppe, unter wessen Oberbefehl auch immer, zu wahren (*Lidice*, S. 256/197). Im *Zeitalter* stellt Heinrich Mann fest, die Offiziere haben Hitler »immer verachtet« (*Zeitalter*, S. 323); dennoch haben sie seiner Machtergreifung »unbeteiligt« zugesehen, denn »das Schicksal Deutschlands berührte die Generäle nicht: ihre Selbstherrlichkeit oberhalb des Staates interessierte sie allein« (*Zeitalter*, S. 322).

Rumfutsch bietet das Bild eines permanent beflissenen und anpassungsfähigen Beamten, der als gehorsamer Untertan politische und moralische Bedenken bestimmten Aufträgen und Verhaltensweisen gegenüber bewußt unterdrückt. Da er »schon lange nichts mehr« glaubt (*Lidice*, S. 151/116), bzw. da er sich mit keiner politischen Struktur oder Richtung identifiziert, hält er sich in verwirrenden Situationen als »Unbeteiligter« (*Lidice*, S. 263/202) zurück, wartet sich anbahnende Entwicklungen ab und beobachtet, auf welche neue Lage er sich einzustellen hat. In ihm spiegelt sich die in entscheidenden Fragen der Staatsführung indifferente Haltung der Mehrheit des deutschen Volkes, die Heinrich Mann im *Zeitalter* bündig umschrieb: »Die Sache ist die, daß alle Verantwortlichen neutral waren; daß die Deutschen in tiefster Brust neutral sind, sobald es ihre eigenen Angelegenheiten angeht«. – »Als die Republik stürzte, verhielt die Nation sich neutral« (*Zeitalter*, S. 322, 325).

Blumentopf ist »groteske« (*Lidice*, S. 296/228) Untertanennatur. In »unbändigem Diensteifer« (*Lidice*, S. 211/162) »kriecht [er] auf allen Vieren«, »krümmt« er sich wie ein »Wurm« (*Lidice*, S. 212/163). Analog zum kaiserlichen *Untertan* gleicht er sich in Wortwahl und Physiognomie dem Machthaber an (*Lidice*, S. 123/ 94), und nachdem er Heydrich, seinen Prototyp, erschossen hat, erscheint er hilflos und »allein« (*Lidice*, S. 292/225). Die Beflissenheit dieses Faschisten nimmt schizophrene Züge an: Offiziell Atheist und Kulturverächter, bekreuzigt er sich heimlich (*Lidice*, S. 166/128) und zitiert er Goethe, – dies allerdings aus Berechnung und mit dem Hinweis: »Der Führer darf uns nicht hören. Goethe ist ihm unsympathisch. Uns auch« (*Lidice*, S. 287/221). Dieser »Fachmann […] in unserem psychologischen Laboratorium« versucht, seinen »rachsüchtigen« Gegenspieler Hauptmann Krach mit »allem, was Sie in Ihrem Unterbewußtsein erhofft haben« (*Lidice*, S. 286/220), zu verführen, den Intellektuellen, der »denn doch grausamer als wir« ist, für den Faschismus, für die Gestapo zu gewinnen (*Lidice*, S. 294/227). Um ihn herauszufordern, verspottet Blumentopf Krachs »Moral«, die ihn gehindert habe, Heydrich zu erschießen; er selbst, »ohne Moral [,…] drücke [den

47

Revolver] ab und habe den Erfolg« (*Lidice*, S. 296/228). Seine Erfolgsmoral entspricht exakt dem Ausspruch jenes im *Zeitalter* skizzierten Faschisten, der »vor dem Antritt Hitlers« erklärte: »Wir haben vor euch eines voraus, wir können töten« (*Zeitalter*, S. 399 f.).

Den Spott und Blumentopfs Appell an sein Rechtsempfinden – »Sie haben kein Recht mehr zu schießen« – beantwortet Hauptmann Krach eindeutig: Er erschießt Blumentopf[72], seinen »ersten. Lohnen soll es – mit der Zeit« (*Lidice*, S. 296 f./228). Er befolgt damit gewissermaßen die Empfehlung des Autors: »Das Recht zu töten, die Gewissenspflicht zu rächen, ist heute auf der Seite der Freiheit, das erst ändert den Zustand von Grund her. Vorbei die Zeiten, als ein Neugieriger von Nazis dies zu hören bekam: ›Wir haben eines vor euch voraus, wir können töten.‹ In dem Augenblick, da sie es nicht mehr voraushaben, sind sie geliefert« (*Zeitalter*, S. 419, vgl. 399 f.). Wenn Faschismus entschlossen, auch unter Anwendung seiner eigenen Mittel, bekämpft wird, besteht Aussicht, daß die Macht des Idols gebrochen wird.

3. Die Legende von der menschlichen Verwandlung
a) Das Primat des Lebens

Wenn ein Faschist sich in erster Linie dadurch auszeichnet, daß er »töten kann«, so muß die Gegenposition die Verteidigung des Lebens selbst sein. Entsprechend kontrastieren die beiden Protektordarsteller Pavel und Heydrich. Verleiht der »Führer« dem Protektor »Gewalt über Leben und Tod« (*Lidice*, S. 185/142), so heißt dies für Blumentopf, der »Allgewaltige« habe diesem »sein Recht auf jeden erwünschten Todesfall übertragen« (*Lidice*, S. 203/156), und für Pavel: »Ich bin euer Protektor, damit ich euer Leben schütze« (*Lidice*, S. 262/202). Blumentopf und Oberst Schalk erkennen: »›Ondracek hat uns das Leben geschenkt.‹ – ›Heydrich will uns kalt machen‹« (*Lidice*, S. 237/182).

Pavel selbst erklärt: »Keinen Gedanken an Töten hatte ich. Einer, der als Heydrich ginge, müßte darum nicht töten. Viel eher, wer weiß, könnte er – retten« (*Lidice*, S. 67/51). Seine Aktion spitzt sich auf die Rettung von fünfzig willkürlich zum Tode verurteilten Deutschen und Tschechen zu; selbst ein von deutschen Verschwörern geplantes Attentat auf Heydrich wird von Pavels Freunden vereitelt (*Lidice*, S. 235 ff./181 ff.). In einer der Schlußszenen mahnt der tschechische Arzt Holar nachdrücklich, »seine

Worte kommen einzeln: ›All und jedes klärt sich auf, nur leben muß man. Das Leben erhalten – ist wichtig‹« (*Lidice*, S. 314/242). Daß »Leben« mehr als pure Existenz, daß hier Leben in Freiheit gemeint ist, erhellt aus Milos Pavels erstes Auftreten in Prag zusammenfassend anerkennenden Worten: »Heute hast du uns die Gestapo vom Halse geschafft. Ein Tag Leben gewonnen durch dich!« (*Lidice*, S. 109/84).

Dieser Kampf um Erhaltung menschenwürdigen Lebens wird im Schlußteil in den Kontext des weltweiten antifaschistischen Kampfes gestellt. Die Gruppe um Pavel flieht nach Jugoslawien und unterstellt sich der Führung eines Partisanengenerals, dessen gütige, tapfere, bescheidene und erfahrene Führernatur das konträre Gegenbild zum Führeridol des Feindes darstellt (*Lidice*, S. 301 ff./231 ff.). Dieser Partisanengeneral erklärt: »Wie wenig ein alter Offizier vom Leben erfahren hätte, soviel weiß ich jetzt. Anziehend und allen Armen ein Trost sind die Besiegten, die auferstehen sollen«. Die sich erhebenden Freiheitskämpfer üben in der Tat eine Anziehungskraft auf unterdrückte Völker aus: Kroaten, Slowenen, Tschechen und »bulgarische Besatzungstruppen« schließen sich ihnen an (*Lidice*, S. 303/233); das »ärmste« der unterdrückten Völker jedoch ist das deutsche (*Lidice*, S. 297/ 229). Die gemeinsame »Herkunft« der »dreihunderttausend Kämpfer im Lande« und »der Ursprung unserer Siege« ist die Menschlichkeit, die Güte des Partisanenführers, der »nach allem, was dieser Feind vernichtet hat, [...] noch heute mit einem kleinen Dorf« fühlt (*Lidice*, S. 302/232). Sein Widerstandskampf entspricht nicht jener »heldenhaft«-irrationalen Auflehnung der Studenten in Prag; in ihm steckt strategische Planung (vgl. *Lidice*, S. 323 f./249) und das Wissen um die eigentliche Schwäche des Feindes: »In Köpfen geht mehr vor als je in Schlachten.« (*Lidice*, S. 304/234) »Der Feind herrscht auf den Trümmern dieses Landes, das er nicht erniedrigen kann. [...] Er fürchtet die künftigen Sieger. Aber vor den Besiegten hat er Angst. [...] Seine Angst erschafft unsere Legende« (*Lidice*, S. 302 f./233). Aufgrund von Zeitungsnotizen über Heydrichs Tod und das Massaker von Lidice: »Ihre Legende bekommen jetzt auch die Tschechen. [...] Alles verweist darauf, daß sie [die Deutschen] ihren Heydrich selbst getötet haben. [...] unsere Besiegten-Legende bildet sich so oder sonstwie« (*Lidice*, S. 304/234).

Der alte Offizier macht die Erfahrung, daß sich eine internationale Solidarität der »falschen Besiegten« bildet – das heißt: der in Wahrheit nicht Besiegten – , »die überall ihre Stunde erwarten«

(*Lidice*, S. 302/233). Pavel erklärt: »Überall wird für unser Land gekämpft. Wir hier kämpfen für alle Länder« (*Lidice*, S. 319/245): Dieses Bewußtsein von einem solidarischen Freiheitskampf setzt sie mit jenen alliierten Armeen der Freiheit gleich, deren Aufgabe Heinrich Mann im *Zeitalter* definiert: »Da es nicht nur um die Wiederherstellung von Nationen, sondern um die Lage des Menschen geht, hat die Freiheit ihre Armeen überall« (*Zeitalter*, S. 499). Dieser Krieg »wurde ein Vorgang der streitbaren Moral«, ein Kampf »um Gut und Böse«, um den künftigen »Inhalt des allgemeinen Bewußtseins«. Heinrich Mann äußert das »Vertrauen«, »den Krieg gewinne die Menschheit, ihre Lage solle davon den Vorteil haben, eine hohe Zeit des besser verstandenen Lebens beginne« (*Zeitalter*, S. 163 f.). Die einzige Legitimation von »Taten, auch wenn sie unerhört wären«, besteht für Heinrich Mann in »der gedachten Verbesserung der menschlichen Lage« (*Zeitalter*, S. 150).

Im *Zeitalter* führt Heinrich Mann im 18. Kapitel (Titel: »Die menschliche Verwandlung«) aus, »von den noch unfreien Völkern« – wie etwa den Tschechen – sei womöglich »mehr« als von den kämpfenden und siegenden Alliierten zu erwarten. »Sie haben gekannt, was die freien zu beendigen denken, die Knechtschaft. Sie sind belehrt. Erfahrungen bestärken auch einen schwachen Glauben. Sie erwecken den Glauben, wo er ganz vergessen schien, bei dem mißbrauchten, sehr schuldigen Volk, das verzweifelt weiterkämpft für die Knechtschaft aller und seine eigene« (*Zeitalter*, S. 499). Dieser Funktion, bei den Deutschen den scheinbar »vergessenen« Glauben wieder zu erwecken, entspricht die Deutung von Pavels Aktion als »Legende«: Doppelbödig, den Irrationalismus der Deutschen parodierend und gleichzeitig die Wirkung von Pavels Auftritt – eines Weges, »den die heiligen Nothelfer gehen« (*Lidice*, S. 139/107) – als die einer Legende, einer nicht nur Glauben heischenden, sondern auch im Glauben bestärkenden Begebenheit, signalisierend, lautet die Wendung, in der Krach und Jellinek sich als Mitakteure Pavels ausweisen: »Ich glaube alles« (*Lidice*, S. 76/58, 79/61); Pavel erklärt, auch Heydrich werde ihm »glauben müssen«, er sei der Protektor (*Lidice*, S. 109/84); zwischen den zwei Gestapobeamten Blumentopf und Ziegensack kommt es in Lidice zum Streit, ob sie tatsächlich die angebliche tschechische Geheimarmee suchen oder »an einen falschen Protektor glauben« (*Lidice*, S. 131/101). Ziegensack, »das beste Gehirn« der Gestapo (*Lidice*, S. 161/124), entwickelt sich dabei zum »Wahrheitsfanatiker, der sich um den Kopf redet«, indem er, den Gegensatz zwischen tschechischem Volk und deutschen Faschisten prägnant definierend, erklärt: »Diese Tschechen sind hinter uns Deutschen zurück, sie sind gläubige Christen geblieben. Oder wenn nicht gläubig, dann intellektuell. In beiden Fällen ist man der Gefangene seines Wortes, und hat Gewissen. Uns – hat der Führer erzogen. Wir – sind frei von allem, was wir gesagt und beschworen haben« (*Lidice*, S. 132/102). Als eine Art Nachruf auf den daraufhin unvermittelt von Blumentopf Erschossenen heißt es später, der »andere«, d. h. Heydrichs Doppelgänger »lebt nicht, oder allenfalls in der Legende, wie jetzt auch Ziegensack« (*Lidice*, S. 162/125). Sein Wahrheitsfanatismus entspricht jenem »Ausbruch von Wahrheitsliebe«, den Heinrich Mann als wesentliches Charakteristikum der »menschlichen Verwandlung« darstellt (*Zeitalter*, S. 488). »Die menschliche Verwandlung, das sicherste Zeichen für den Übergang eines Zeitalters in ein nächstes, vollzieht sich offen oder heimlich, in Sieg oder Demut« (*Zeitalter*, S. 501).

Die Wirkung von Pavels Verwandlung auf deutsche Soldaten, die sich zu »gutwilligen […] Individuen« wandeln, auf Jellinek und Hauptmann Krach: ihre »menschliche Verwandlung« wurde bereits dargestellt. Milo Schatzova erklärt, ihre Teilnahme an Pavels Aktion impliziere für sie einen Lernprozeß: »Mein Land in seiner Not und Größe, jetzt erst lerne ich, wie ein Land unser Schicksal wird« (*Lidice*, S. 245/188). Heydrich, von den Mitakteuren seines Doppelgängers zur Freigabe seiner zur Exekution bestimmten Opfer gebracht, fühlt sich durch seinen Gnadenakt »erlöst« (*Lidice*, S. 235/180) und erinnert sich, ein »Pastorensohn« zu sein (*Lidice*, S. 244/187); die »heimlich« sich vollziehende menschliche Verwandlung ergreift – vorübergehend – auch ihn: Sie ist es, die Pavels Aktion zur »Legende« werden läßt. Im Verlauf dieser Legende vollzieht sich in einer ganzen Skala von Ausprägungen die »menschliche Verwandlung«. Als ihre Quintessenz formuliert Heinrich Mann: »Gegen Ende des Zeitalters findet das sittliche Bewußtsein sich zur Regierung berufen« (*Zeitalter*, S. 488). Dieser Hoffnung sollte die ursprüngliche Romanidee – »Die große Konspiration« – dichterischen Ausdruck geben; sie wurde als Utopie und als Denk-Möglichkeit in *Lidice* gestaltet.

Der »Sendling der geschändeten Nation« Pavel Ondracek, der volksverbundene Intellektuelle, dessen Rede als eine erbauliche Predigt empfunden wird, entspricht der im 18. Kapitel des *Zeitalter*-Buches bündig formulierten Definition eines Intellektuellen: Er wird zur »Waffe einer Gesamtheit in dem Kampf um das

Leben« (*Zeitalter*, S. 493), und zwar um ein Leben, dessen »Sinn und Sein« in der Wahrung und Erhaltung der Menschenrechte besteht (*Zeitalter*, S. 491).

Dieser Lebensbegriff entspricht jenem, den Heinrich Mann 1932 wie folgt umschrieb: »Die ganze Demokratie, als genaues Abbild des Lebens [...] fängt an mit dem Gebot, das Leben der anderen zu achten, und endet mit dem Anspruch an jeden einzelnen, zu denken, die Gesellschaft zu begreifen und verantwortungsvoll an ihr mitzuarbeiten. Die Demokratie ist eine Schule [...] wie das Leben selbst«.[73]

Seinen Lebensbegriff entwickelt Heinrich Mann als klare Gegenposition zum Begriff des Lebens bei Nietzsche. Durch die Auseinandersetzung mit Nietzsche als dem geistigen Wegbereiter der progressiven Intelligenz des beginnenden zwanzigsten Jahrhunderts einerseits und des Faschismus andererseits kam es in Heinrich Manns Denken zur entschiedenen Trennung zweier Begriffe von Leben, die jeweils für Faschismus und Antifaschismus stehen.[74] Im Roman *Lidice* erscheint der faschistoide Begriff von Leben in der ironischen Bemerkung des Oberst Schalk: »Das gefährliche Leben, wie der Deutsche es sich wünscht« (*Lidice*, S. 206/159). Das »gefährliche Leben« entspricht dem Lebensprinzip des Faschismus, dem »Kriegsglück des nackten Lebens [...], entkleidet [...] von den sozialen Rechten« (*Zeitalter*, S. 481). Nach Heinrich Manns Darstellung allerdings war Nietzsches Ideal nicht ein gefährliches Leben, sondern – und dies ist der entscheidende Unterschied zum Faschisten – »er verlangt von sich, ›gefährlich zu denken‹, und meint: ohne Gott, mit der Wahrheit als Moral« (*Nietzsche*, S. 288). Dennoch aber habe Nietzsche dazu »beigetragen«, daß man »die Kultur [...] billig verkauft, um lieber barbarisch zu leben, als sich aufzuopfern für das Gut der Gesittung«. Er habe gelehrt, »seine Sache wichtig genug zu nehmen, um die Menschen nicht zu schonen«, sein »Jasagen zum Leben« richte sich »gegen die ›sozialistischen Systematiker‹«, die nach Nietzsches Verständnis »das Leben verurteilen«. Heinrich Mann zeichnet als Gegenbild zu Cesare Borgia, der dem »Erdichter des Übermenschen [...] das Jasagen zum Leben« verkörperte, den Renaissancefürsten Henri Quatre, dessen Gutsein volkstümlich gewesen sei, den »unmittelbaren Schüler und Freund« Montaignes, »Demokrat, der er schon war, und neigte zum Sozialismus schon hin«. Resümee des Vergleichs der beiden Renaissancegestalten: »Das Jasagen zum Leben kann auch [...] zeugen von einem Geist, der einig mit dem Herzen ist. Nietzsche vergewaltigte sein Herz, sein Ja klingt schrill« (*Nietzsche*, S. 292 ff.).

Dem amoralischen, von sozialen Empfindungen entblößten Gesetz »nackten Lebens« unterworfen, kämpfen Pavel und seine Freunde um Erhaltung menschlichen, menschenwürdigen Lebens; sie handeln »außer der Reihe wie ein Mensch« und doch in dem Bewußtsein, »die erbarmungslose Logik der Dinge keineswegs [zu] durchbrechen« (*Lidice*, S. 193/148). Prägnant beschreibt Professor Napil die Aussichtslosigkeit und zugleich die Würde eines Lebens, das Kampf gegen die Entwürdigung des Menschen ist: »Nackt sich der Ungeheuer erwehren, dieses unser beständiges Leben und ganzer Beruf geben sogar dem flüchtigsten Entschluß, Mensch zu sein, das Ansehen eines freien Verdienstes« (ebd.). Dieses Verdienst innerer Freiheit und Menschenwürde verleiht den »Besiegten« die Kraft, die »den Feind in Angst« erhält: »Seine Angst erschafft unsere Legende« (*Lidice*, S. 302 ff./ 232 ff.). Die Schwachen, die »Besiegten«, erweisen sich als die in Wahrheit Stärkeren; Schwäche, Furcht, Angst findet sich de facto beim Unterdrücker. Zumal wenn sich »Besiegte« ihre »menschliche Schwäche« (so der Kaplan, *Lidice*, S. 143/110), die Nachgiebigkeit ihres Herzens gegen das Böse (so Pavel, *Lidice*, S. 191/ 147) eingestehen und sie überwinden, finden sie die Kraft zur geistig bestimmten, mitmenschlich motivierten Tat, setzen sie ihr Leben aufs Spiel um der Erhaltung von Leben willen. Bewundernd resümiert Milo Schatzova den Vorgang, wie sie ihn bei Pavel beobachtet hat: »Es war ein außerordentlicher Ausbruch der Phantasie [...] Ein Wesen, mit Mut und Tatkraft nicht geboren, greift weit über sich hinaus durch den Antrieb des Geistes allein« (*Lidice*, S. 316/243 f.).

Auch diese Umwertung von Stärke in Schwäche und umgekehrt ist in der Auseinandersetzung mit Nietzsche begründet: »Der Sieg des Menschensohnes gelang, nach diesem Denker, vermittels der Instinkte von Kranken und Schwachen, schlechte Instinkte, wenn man ihm glaubt: lebensfeindlich, unterwarfen sich aber das Leben [...] Unerklärt, wenn nicht beiseite gelassen bleibt fortwährend, durch welches Wunder ein Sieg der Schwäche zwei Jahrtausende nicht nur vorhalten, sondern Taten zeitigen konnte, Taten des Geistes, unvergleichlich stärkere als die geschichtlichen Strecken vorher. Ferner: da sogenannte Schwache und Kranke allerdings gesiegt haben, waren sie in Wirklichkeit krank und schwach? Den sogenannten Starken, die untergingen oder sich umbildeten, muß zu ihrer Erhaltung mehreres gefehlt haben« (*Nietzsche*, S. 288 f.).[75]

b) Die Verwandlung

So ist es denn auch Schwäche, die zunächst die »Verwandlung« des Pavel Ondracek bewirkt. Er ist »kein gelegentlicher Vertreter« (*Lidice*, S. 191/147), »kein Schauspieler« (*Lidice*, S. 58/45), der die Stimme Heydrichs so beliebig nachahmen könnte wie der Komiker Wokurka die Stimme Hitlers (*Lidice*, S. 243/186 f.); vielmehr ist seine Verstellungskunst eine ihm selbst zunächst unbekannte, völlig neue (*Lidice*, S. 32/25, 35/27) und vorübergehende (*Lidice*, S. 325/250) Erscheinung.[76] Der »tüchtige« und »gütige« Mediziner (*Lidice*, S. 61/47) Pavel Ondracek, dem Napil Glauben an »die ewige Güte« (*Lidice*, S. 191/146) und Wissen um die Vielschichtigkeit der menschlichen Natur vermittelt hatte (*Lidice*, S. 193/148), hält sich selbst zu Beginn des Romans für verachtungswürdig, da er, statt mit seinen Freunden gegen den Faschismus zu demonstrieren und statt mit ihnen als Widerstandskämpfer zu sterben, aus Prag nach Lidice geflohen ist (*Lidice*, S. 9 f./7). In dieser Krise seines Selbstgefühls sieht er sich in Lidice dem Machthaber und Prototypen des Faschisten Heydrich, dem »Schauspieler« (*Lidice*, S. 58/45), dem Darsteller personifizierter Macht konfrontiert. In diesem Moment drängt sich in die Oberfläche der Äußerungsformen des Pavel Ondracek ein Wesenszug, der bislang unbekannt geblieben war, verborgen in den tieferen Schichten des Unbewußten. Er imitiert die Stimme des Protektors, wobei sich – ihm unbewußt – sein Gesicht zum Gesicht des Faschisten, zur »Fratze« verzerrt. Seiner Braut versucht er, den Vorgang, dem er anfangs ausgeliefert zu sein scheint, zu erläutern: »es kommt von selbst [...] Das Talent bricht aus. Aber lassen wir's! Vom Reden fühl ich wieder den – inneren Befehl«. Sie selbst fühlt sich machtlos gegen diesen »inneren Befehl«, gegen das, »was du unbekannt noch in dir trägst« (*Lidice*, S. 66 f./51 f.).

Die Schilderung dieses Vorgangs lautet: Sein Gesicht »ist durchaus verwandelt ins Furchtbare und Böse« (*Lidice*, S. 35/27), die »schneidende Stimme« bekommt er »in der Rolle von selbst« (*Lidice*, S. 68/53); er erklärt: »Das sind Anfälle – nicht gerade epileptoider Art, von dem Typ bin ich nicht, fehlen auch die meisten Symptome. Aber das erste Mal, als du mich dabei ertapptest, hab ich wirklich nichts gewußt«. Hier wird anhand des klinischen

Befundes die psychisch bedingte Abnormität, der Vorgang der Imitation, abgegrenzt gegen die Abnormität des Imitierten selbst. Pavel erklärt ausdrücklich, nicht jener epileptoide Typ zu sein, dessen Symptome Hitler dem Mediziner darbot. Da ihn seine Braut ein zweites Mal beobachtet und meint, er mache »die Fratze mit Fleiß«, erläutert er: »Nicht eigentlich. Der Anfang ist unbewußt, muß es auch sein. Folgt eine Strecke der Beobachtung und Kritik. Man vergleicht und vertieft. [...] Im späteren Zustand scheint man sich selbst zu vergessen. Soweit bin ich noch nicht« (*Lidice*, S. 35/27). Hier skizziert Pavel den Vorgang der Angleichung an den Führer seitens des Ge- oder Verführten, der zum Parteigänger, zum Funktionär wird und sich selbst vergißt: Unter dem Einfluß nicht rationalisierbarer Machtausstrahlung und ohne sich zunächst über den eigenen psychischen Zustand im klaren zu sein, d. h. unbewußt, übernimmt der Geführte Äußerungsformen des Führers, dem er alsdann auch die bewußten Kräfte unterordnet: Mit »Beobachtung und Kritik« gleicht er sich nunmehr in Gehabe und Sprachduktus dem Machthaber bis zur Selbstaufgabe und Selbstvergessenheit an.

Die Konfrontation mit dem Faschisten legt die Janusgesichtigkeit auch eines imgrunde gütigen Menschen bloß. Diese Begegnung demonstriert die »hypnotisierende«[77] Kraft, das Faszinosum, das von der Verkörperung purer Macht, der Erscheinung des »Furchtbaren« und des »Bösen« ausgeht und das in unbewußten Schichten der Persönlichkeit den »inneren Befehl« auslöst, sich der Erscheinungsform dieser Macht anzuverwandeln und »kalt und genußsüchtig« (Autorenkommentar über Pavel als Heydrich-Darsteller, *Lidice*, S. 57/44) grausame Befehle zu artikulieren. Diese »Verwandlung« macht »den Vorgang geistig klar«[78], die Bewegung des Nationalsozialismus, der Menschen sozusagen psychosomatisch veränderte. Die Tatsache, daß dieser Vorgang ausgerechnet an einem tschechischen Medizinstudenten vorgeführt wird, der immerhin einen Professor Napil zu seinen Lehrern zählt, besagt, daß grundsätzlich jeder Mensch der Verführung, dem Faszinosum von Machtdemonstrationen, erliegen kann: Faschismus war nicht eo ipso deutsch, und er gehört keineswegs der Vergangenheit an.

Entscheidend ist, daß der Mensch sich diese Verführung bewußt macht und sich ihr eigenverantwortlich geistig und moralisch entzieht. Der tschechische Intellektuelle Pavel objektiviert den Vorgang (*Lidice*, S. 35/27), bezweifelt, ob er sich selbst noch trauen könne (*Lidice*, S. 32/25) und erklärt dennoch – oder besser:

gerade darum – , er bleibe »Pavel unter jedem Gesicht« (*Lidice*, S. 35/27). So wird aus der »Fratze« die »Maske«. Die Waffe des Faschisten wird einsetzbar gegen diesen selbst; und nach seinen ersten Erfolgen in Prag erklärt Pavels Braut: »Du bist der Pavel geblieben. Warst alle die Zeit der Pavel [...] Was du unbekannt in dir trugst, ist nun gebüßt« (*Lidice*, S. 113/87).

Doch auch die vorgetäuschte Maske, die Rolle, erlangt Macht über den, der sie spielt: »Bald fürchtet man sich, wie echt man ist«, gesteht Pavel seinem Vater (*Lidice*, S. 116/89). Tatsächlich droht ihm die Gefahr, seine Individualität an die Rolle zu verlieren. Da er sich aber dieser Gefahr bewußt bleibt, kann er sie meistern: »Ich büße es, daß ich mir das Gehirn eines Unmenschen aneigne [...] bei der Bühne sagt ihr wohl: in einer Rolle aufgehen, und versteht euch selbst nicht« (*Lidice*, S. 186/143). Die fünfzig Todeskandidaten will er »auch« retten, »das mit der linken Hand« (*Lidice*, ebd.). Wesentlich aber ist ihm zu diesem Zeitpunkt die Rettung seiner selbst, seiner Identität, zumal er vermutet, »übergeschnappt« zu sein: »Mein Erfolg hat mich [...] verrückt gemacht« (*Lidice*, S. 185/142). Unmittelbar bevor er Professor Napil zur sicheren Flucht in die Emigration verhilft, durchsteht Pavel den Höhepunkt seiner Identitätskrise. Er gesteht seinem Lehrer »schwach und stürmisch [...]: ›Ich bin der Protektor – bin nicht er, aber jede Stunde, die vorbeigeht, verwandelt ihn und mich, bis wir derselbe sind‹«. Napil, der sich zunächst weigerte, mit Pavel als Pavel zu sprechen, wiewohl er ihn erkannte, honoriert das Geständnis; er bestätigt die Identität des Schülers: »Jetzt höre ich dich sprechen, Pavel Ondracek« (*Lidice*, S. 191/146). Pavel gesteht, nicht nur »einen sehr schuldigen Kopf« zu haben, auch »das Herz unter dieser Uniform wird nachgiebiger gegen das Böse. Mich freuen meine Erfolge« (*Lidice*, S.191/147). Obwohl Napil voraussieht, daß diese Erfolge ungeheuerliche Massenmorde nach sich ziehen werden, erklärt er auf Pavels »angstvoll« gestellte Frage: »›Meister! Hätte ich es nicht beginnen sollen?‹ [...] fest: ›Du mußtest, Pavel Ondracek‹« (*Lidice*, S. 192/147). Er mußte, denn er ist »kein gelegentlicher Vertreter« des Protektors, und sein Haß auf diesen ist »Selbsthaß« (*Lidice*, S. 191 f./147). Seine Aktion ist in seiner Identität begründet, in der Zwiegesichtigkeit des Menschen überhaupt. Die »Menschheit [...] hat Dulder und Henker, verbunden durch Personalunion« (*Zeitalter*, S. 454). Da Pavel der Schwäche gegen das Böse letztlich nicht nachgibt und sich den Glauben »an die ewige Güte« (*Lidice*, S. 191/146) bewahrt, besteht seine Überlegenheit gegenüber Heydrich in der Verteidigung des Lebens, metaphorisch und ganz konkret: »Ich kann Sie in Sicherheit bringen, er [Heydrich] nicht« (*Lidice*, S. 192/148).

Da er durch Selbsterkenntnis das Selbstgefühl, das Gefühl seines Eigenwertes, wiedererlangt hat, ist er nun auch zur adäquaten Deutung der Situation fähig. Hatte er soeben noch »geraunt«, er habe »die unbemessene Macht« errungen (*Lidice*, S. 192/147), ist ihm nunmehr die Begrenztheit seiner Möglichkeiten bewußt, »daß ich die erbarmungslose Logik der Dinge keineswegs durchbreche, weil ich außer der Reihe wie ein Mensch handele«. Und was dies Mensch-Sein zur Zeit bedeutet, erläutert Napil: »Nackt sich der Ungeheuer erwehren, dieses unser beständiges Leben und ganzer Beruf geben sogar dem flüchtigsten Entschluß, Mensch zu sein, das Ansehen eines freien Verdienstes. Sei bedankt!« Befreit vom »Gehirn eines Unmenschen«, reflektiert Pavel, worauf er sich eingelassen hat. Napils »Philosophie« zusammenfassend: »Mit Wesen, vielfältig wie ihr Schöpfer, von ihrer Schöpfung bestimmt wie er von seiner, und auch unsichtbar im Grunde – hab ich es aufgenommen« (*Lidice*, S. 193/148). Diese Philosophie behauptet, der Schöpfergott sei genauso von seinen Schöpfungen – den Menschen – »bestimmt«, determiniert, wie die Menschen von ihren jeweiligen Schöpfungen bestimmt seien. Mensch und Schöpfer seien determiniert durch ihre je eigene Schöpfung. Der Mensch – »unsichtbar im Grunde«: in seiner Abgründigkeit – determiniert sich die Gottheit als den seinem Glaubensbedürfnis entsprechenden, als den ihm gemäßen Gott – und sei es als Fetisch, als Idol, als Völker- und Weltenführer, »als den Antichrist, als ein wahres Anathem« (*Zeitalter*, S. 151). Einen »Führer« gibt es nur, wo es »Geführte« gibt; ein Gott hört auf, ein solcher zu sein, wo der Glaube an ihn endet: Er wird alsbald tradierter Mythos. Die Gottheit selbst aber, der »Schöpfer«, ist in Napils Philosophie unbezweifelbar, wie immer seine Bestimmungen durch die von ihm geschaffenen Wesen ausfallen mögen. Der Roman *Lidice* führt drei Bestimmungen geglaubter Macht vor: den Glauben an den »Führer«, dessen Attribut »die echte Hand des Gottes Wotan« ist – »Er glaubt es, ich glaub es, wir glauben es« (*Lidice*, S. 156/120) – ; den Glauben an Christus, dessen Barmherzigkeit mit »menschlicher Schwäche« sich durch »die segnende Hand« kundtut (*Lidice*, S. 143/110); und den Glauben »an die ewige Güte«, eine nicht minder verpflichtende Konfession, die Pavel seinem Lehrer kniend bekennt. Napil zögert, das Bekenntnis zu honorieren, »will den gesenkten Scheitel Pavels berühren, zieht die Hand zurück« (*Lidice*, S. 191/147).

Mit dem Glaubensbekenntnis »an die ewige Güte« hat Pavel den Sieg über das »Böse« errungen. Dieser Glaube rettet Pavel in seiner Identität, er bewahrt ihm das, was Lyda in ihm liebt: Dieser Glaube ist der Kern, die conditio sine qua non der menschlichen Verwandlung. Pavels »Verwandlung« macht ihn zum Exponenten jener »menschlichen Verwandlung«, deren Heraufkunft Heinrich Mann im *Zeitalter* beschwor. Da er die Schwäche gegen das Böse in ihm selbst überwunden hat, ist er von nun an der seiner selbst gewisse, Leben schützende »Protektor«, die legendäre Gestalt, der »Sendling der geschändeten Nation« (*Zeitalter*, S. 537): Er gibt sich souverän als Doppelgänger zu erkennen, deckt die Verschwörung Himmlers mit der Gestapo gegen Heydrich auf und zwingt Blumentopf, die fünfzig Todesurteile zu annullieren, ja selbst vom Attentat auf Heydrich abzusehen (*Lidice*, S. 201–206/154–159). Schließlich kehrt sich das Determinationsverhältnis zwischen Heydrich und Pavel um, die Glaubwürdigkeit Heydrichs als Protektor geht mehr und mehr auf Pavel über. In Ansätzen zeichnet sich dieser Vorgang bereits ab, sobald Heydrich von der Existenz eines Doppelgängers erfährt und sich infolge des Telefonats Pavels mit Hitler gezwungen sieht, dessen Aktionen für seine eigenen zu erklären: »Der Falsche – wäre meinem Führer willkommener als ein Echter, der den Anschluß verpaßt. Verwandlungen sind immer denkbar. Meine verkrachte Doktorarbeit handelte von verwandelten Eseln. [...] Eins ist sicher: der Esel merkt es nicht. [...] Die Identität verschiebt sich, wenn einer nicht aufpaßt. [...] Der Falsche redet aus mir, er muß ein Intellektueller sein. Genug, die Identität des Protektors entzieht sich dem Zugriff« (*Lidice*, S. 173/133). Die Identität verschiebt sich im Verlauf des Romans tatsächlich. Nicht allein geht die Glaubwürdigkeit des Protektor-Darstellers von Heydrich auf Pavel über, auch die Qualität des »Protektors« wandelt sich.

Heydrich selbst gerät in eine tiefe Identitätskrise. Sie macht ihn – freilich nur allzu kurzfristig – bereit zum Gnadenakt, zu einer Begnadigung, die er als eine Erlösung seiner selbst empfindet (*Lidice*, S. 235/180). »Erlöst« von der Zwangsvorstellung, der »Henker Heydrich« sein zu müssen, besinnt er sich auf seine Herkunft, sein Elternhaus, wird sich so seiner Nichtigkeit bewußt und bittet selbst um seinen Tod: »Heydrich, ernst: ›Gemeiner Soldat Krach! Der Pastorensohn Heydrich bittet Sie, erschießen Sie ihn!‹« (*Lidice*, S.244/187). Diese allerdings durchaus vorüberge-

hende (An-)Wandlung des Reinhard Heydrich läßt ihn Krach als
einen rettbaren armen Sünder erscheinen:»Wer will sagen, ob er
nicht nach Amerika und in eine führende Stellung bei der Heilsar-
mee gelangt. Die Menschen sind wandlungsfähig. Dieser könnte
in die Klasse der reumütigen Verbrecher gehören« (*Lidice*, S. 244
f./188).

Die deutschen Verschwörer hingegen erkennen in Heydrichs
Identitätskrise ihren Vorteil, denn:»Man hat sie immer erst, wenn
sie sich selbst schon verloren geben« (*Lidice*, S. 238/183). In unge-
wohnter »Ehrlichkeit« äußern die deutschen Verschwörer, »der
andere hat den armen Heydrich bis zur Vernichtung geschlagen.
[...] Ondracek hat uns das Leben geschenkt. Heydrich will uns
kaltmachen. [...] der wirkliche Heydrich [...] existiert nicht
mehr«, er ist nun »der falsche, früher echte Protektor« (*Lidice*, S.
236 f./181 f.). Höhepunkt dieser Entwicklung ist die Begegnung
der beiden »Protektoren« im Burghof: »Pavel, auf der obersten
Stufe des Portals, hat die Arme verschränkt. Sein unerbittlicher
Blick hält Heydrich fest [... Heydrich] ist unfähig, den Hals nach
Beistand umzudrehen, weiß übrigens, daß er keinen fände. Heydrich verfällt zusehends in Ausdruck und Haltung des schlechten
Gewissens. Sein fürchterliches Gesicht von ehedem ist bei seinem
Gegner allein. Er fühlt es« (*Lidice*, S. 257/197 f.)

Durchaus nicht »erlöst« und ein keineswegs »reumütiger Verbrecher«, versucht er, sich bei seiner Ankunft auf der Burg durch
den Befehl einer »Hinrichtung« (*Lidice*, S. 253/195), einer »Mas-
senerschießung« (*Lidice*, S. 255/196) – allerdings vergeblich –
Respekt zu verschaffen. Durch die Begegnung mit seinem Doppelgänger wiederum um seine Rolle und um jeden Beistand
gebracht, wird er das Opfer seines »schlechten Gewissens«, gibt
sich selbst auf, verschwindet im »dunkelsten Winkel« (*Lidice*, S.
258/198) und entschließt sich zu »türmen« (*Lidice*, S. 261/201) –
doch einer »Wandlung«, einer »Erlösung« ist er denkbar fern.
Trotz seiner Todesahnung und obwohl er sich nach Milo Schatzova
sehnt, bedauert er, »vom Nichthängen. Leider« zu kommen,
bedauert er, daß es ihm nicht gelungen ist, das ihr gegebene Versprechen zu brechen und die Anwandlung von Menschlichkeit in
brutale Grausamkeit umschlagen zu lassen (*Lidice*, S. 271/209).

Im Burghof aber, wo die fünfzig Todeskandidaten hatten hinge-
richtet werden sollen, wird der Begriff des »Protektors« neu definiert. Hatte Heydrich die Szene mit einem Hinrichtungsbefehl
betreten, so beginnt – für den Leser – Pavels öffentliche Rede mit
der Erklärung: »Ich bin euer Protektor, damit ich euer Leben

schütze« (*Lidice*, S. 262/202). Während dieser Rede wandeln sich Pavels Gesicht und Stimme. »Pavel, klangvolle Stimme, daraus verschwunden sind Drohung und Schrecken: ›Ich zeig euch mein Gesicht‹«. »Das Gesicht Pavels verändert sich wesentlich. Aus bloßer Furchtbarkeit geht es ins Erhabene über. Seine Absicht ist nicht mehr das Grauen, sondern, schwer zu glauben, ein strenges Wohlwollen. Es bleibt das Gesicht des Protektors; umso erstaunlicher wendet es sich zum Guten, ja, falls hier jemand das Wort kennt: zur Güte«(*Lidice*, S. 264/203).[79]

Von Pavels Rede will sich eine Tschechin »rühren und erbauen lassen, wie in der Predigt« (*Lidice*, ebd.), ein deutscher Verschwörer hält sie eher für »bolschewistisch« (*Lidice*, S. 265/204), und einem Tschechen kommt es vor, »als habe euer Führer schon ähnlich geredet«, allerdings sei es nach dessen revolutionären Reden »entgegengesetzt« weitergegangen; »wird noch lange so gehen« (*Lidice*, S. 266/204): Auch Pavel löst das Gegenteil seiner Intention aus, nämlich das Attentat auf Heydrich und das Massaker von Lidice (*Lidice*, S. 303 f./234).[80] Pavels Vortrag: »Ich zeig euch mein Gesicht, ihr seht es nicht wieder. Ihr hört mich das letzte Mal. Ich verlasse euch, über mich ist höchsten Ortes anders beschlossen. Der Führer macht mich zum Zweiten nach ihm. Unter mir soll die Geheime Staatspolizei ein Werkzeug des Friedens werden. Glaubt es oder glaubt es nicht! Vor mir besteht kein Herren-, kein Schutzvolk. Lauter Herrenvölker! Das Reich, das ich meine, ist nicht von hier [...] Diese Erde wird übernational sein« (*Lidice*, S. 264 f./203). Anschließend hält Pavel eine tschechisch und deutsch vorgetragene Rede für die Arbeiter und Soldaten. Pavels Auftritt enthält christliche, marxistische und – des Kontexts wegen – nationalsozialistische Vorstellungen und Metaphern. Er entzieht sich zwar einer eindeutigen »Bestimmung« im oben erörterten Sinne, die christlichen und die marxistischen Prägungen aber lassen sich ohne weiteres dem Idealismus der Aufklärung subsumieren.[81] Es dominiert das Prinzip der Güte.

Pavels Verwandlung ist letztlich die Wandlung des unbesonnen den Feind reizenden Studenten im Widerstand (vgl. *Lidice*, S. 316/243) zu einem Kämpfer, der nunmehr ein Bewußtsein von dem hat, was er bekämpft, und ein Bewußtsein vom Wesen dessen, was es zu erkämpfen gilt. Der Ausspruch »diese Erde wird übernational sein« ist ein die Zielvorstellung verdeutlichendes Selbstzitat Heinrich Manns. Im *Bekenntnis zum Übernationalen* von 1932 erläutert er: »Die Idee des Übernationalen, die allein lebensfähige, hat zur Voraussetzung die wiedereingesetzte, die

verjüngte Vernunft, ein ganzes System des Lebens in Vernunft und
Wahrheit. Ja, das Bekenntnis zu der Idee des Übernationalen
eröffnet selbst schon das neue Zeitalter. Das Bekenntnis ist Handlung und unter den Taten dieses Augenblicks die einzige nicht ganz
vergebliche«.[82]

Heydrichs Wandlung vom Selbstsicherheit und Grausamkeit
demonstrierenden Machthaber zum verunsicherten, sich selbst
preisgebenden (*Lidice*, S. 278/214), zu keiner Eigeninitiative
mehr fähigen Opfer, das die Gestapo erlegen kann – und »erlegt«
– wie ein Wild (*Lidice*, S. 259/199, 274/211), widerspricht Pavels
Intention. Er glaubt, Heydrich tatsächlich zu seinem »Imitator«
(*Lidice*, S. 259/199) machen zu können, er meint – wie zunächst
auch Hauptmann Krach – , er hätte Heydrich verwandeln, die
auch in ihm schlummernden menschlichen Regungen wecken, ihn
zu gütigem Handeln bewegen können. Pavel ist davon überzeugt,
Blumentopfs Attentat auf Heydrich, sein »ungeschickter« Tod,
habe verhindert, das Land mit Hilfe eines verwandelten Protektors zu befreien, »von oben her die Revolution sich ausbreiten« zu
lassen (*Lidice*, S. 267/206): »Vor meinem Abschied sprach ich zu
Arbeitern und Soldaten – tschechischen Arbeitern, deutschen
Soldaten, aber es war kein Unterschied mehr. Vereint hätten sie
die Revolution gemacht. [... Heydrich] durfte nicht sterben [...]
ungeschickt war sein Tod, als wär ich selbst ums Leben gekom-
men. [...] Das [...] erfährt niemand leicht, leicht schon gar nicht,
wie man ein anderer wird. Ich – und der verhaßte Feind waren
derselbe geworden [...] Er – ich, er – hätte eines Tages das Zeichen
gegeben, die Waffen auszugraben. Die Befreiung! Unser Land
war aufgebrochen nach der Befreiung« (*Lidice*, S. 308/237).[83]

In dieser utopischen Vorstellung, die als »ohne Sinn«, aber mit
»sinnreichen Fehlern« (ebd.) apostrophiert wird, scheint die
ursprüngliche Konzeption der »Großen Konspiration« durch,
steckt Heinrich Manns Verständnis der menschlichen Natur, die
»ebenso gut – wie bösartig« sei, »Dulder und Henker, verbunden
durch Personalunion« (*Zeitalter*, S. 454). Da im Menschen Güte
und Bestialität potentiell angelegt, dialektisch in eins gesetzt sind,
scheint die Vorstellung berechtigt, auch der »Henker« (*Lidice*, S.
308/237 u. ö.) und »Pastorensohn Heydrich« (*Lidice*, S. 244/187)
könne sich zum reumütigen Verbrecher und Revolutionär wandeln: »Wer über Menschen Macht haben wollte, hat billig damit
gerechnet, daß es veränderliche Menschen waren – ebensowohl in
Richtung der Güte zu verändern, falls einer sich die Mühe gäbe.
Es kostet auch nur die Anstrengung wie sonst, um sie bösartiger

zu machen« (*Zeitalter*, S. 456).[84] Andererseits erklärt Heinrich Mann mit Voltaire, »daß Gott in die Angelegenheiten seiner Geschöpfe nicht eingreife. Er habe sie geschaffen mitsamt ihrer Verantwortlichkeit: von da an überlasse er sie ihren Neigungen, ihren Verbrechen, Lastern, Todsünden, einbegriffen den Widerstand gegen sie. Die Hauptsache bleibt: Widerstand, die Nötigung, ihn zu leisten [...] Gott [...] überließ den Menschen seinem Gewissen [...] das Gewissen, die Vernunft sind Gottes genug. Immer darf unbekannt bleiben, wo er noch weilt, wenn nicht in uns« (*Zeitalter*, S. 201 f.).[85] Heydrich aber, »ein Nichts« (*Lidice*, S. 190/146), ist – im Gegensatz zu Pavel – außerstande, diese Nötigung zu empfinden. Lediglich in Ansätzen bewirkt Pavels Einfluß, daß die Grundlage für eine solche Nötigung, ein Sich-Erinnern an intellektuelle und an christliche Prägungen, allerdings durchaus vorübergehend, zum Durchbruch kommt. Gerade weil diese Grundlagen stets aufs neue verdrängt werden, erweist sich Heydrich als »verstockt« und ist Pavels Vorhaben utopisch, ohne Sinn.

Doch die »Ondracek-Legende« (*Lidice*, S. 329/253), die »Geschichte« (*Lidice*, S. 328/252), in der Pavel als Protektor auftrat und das Böse überwand, hat in zweifacher Weise »Sinn«: Die Faschisten erhalten den Vorwand, Heydrich umzubringen, Massaker zu entfesseln und zugleich Hitlers »wahnsinnigen« Befehl zu torpedieren, »eine tschechische Legion gegen die Sowjet-Union aufzustellen« (*Lidice*, S. 326/251). Den Partisanen beweist diese Legende, die zwar »ungeglaubt – aber doch nicht schlecht erdichtet« ist: »Unser Volk kann niemals unterliegen« (*Lidice*, S. 329/253); sie erweist die Angst des Feindes und die moralische Überlegenheit der Freiheitskämpfer.

Wenn Heinrich Mann zum Schluß des Romans betont, die Romanhandlung sei erdichtete Legende, so setzt er all jene Kritiker ins Unrecht, die diesem Roman mangelnden Sinn für die Realität vorwerfen. Es wird ihm bekannt gewesen sein, daß Pavel Ondracek »als tschechischer Volksheld [...] untypisch« ist und nicht als »Vertreter der breiten Widerstandsbewegung« gelten kann.[86] Mit der Legende von der Verwandlung des Pavel Ondracek, eines »Fragwürdigen [...], dessen Herz nicht sicher ist« (*Zeitalter*, S. 508), gestaltet er ein Gleichnis für die »menschliche Fähigkeit der Verwandlung [..., der] eine sittliche Welt ohne Vorgang und Vergleich entsteigt« (*Zeitalter*, S. 509), – von der Heinrich Mann hoffte, sie verbürge die Überwindung des Faschismus und leite den Beginn eines neuen Zeitalters ein.

Anmerkungen:

1 Verlagsprospekt: Herbst '84, Brücken Verlag GmbH Düsseldorf, S. 21.
2 Heinrich Mann, *Lidice*. Roman, Mexico: Editorial »El Libro Libre« 1943. Jetzt
auch: Heinrich Mann, *Lidice*. Roman, Berlin/Weimar 1984 (= Heinrich Mann.
Gesammelte Werke. Bd. 13, hg. v. d. Deutschen Akademie der Künste der
Deutschen Demokratischen Republik. Redaktion Sigrid Anger). Da sich die
bisherige Forschung auf die Erstausgabe stützt, wird hier nach beiden Ausga-
ben zitiert, und zwar bezeichnet die jeweils erste Seitenzahl die Ausgabe
Mexiko 1943, die zweite die Ausgabe Berlin/Weimar 1984, im Folgenden mithin
z. B. *Lidice*, S. 7/5. – Zur Rezeption des Werkes vgl. Uwe Naumann, *Faschis-
mus als Groteske*. *Heinrich Manns Roman »Lidice«*, Worms: Heintz 1980
(=Deutsches Exil Bd. 16), S. 25 ff.; zu weiteren, nicht deutschsprachigen Aus-
gaben vgl. hier S. 32 f.; vgl. zu diesem Buch die Rez. von Verf. in: Arbeitskreis
Heinrich Mann. *Mitteilungsblatt*, Nr. 16 (1982), S. 62 – 74. – Vgl. auch Uwe
Naumann, *Zwischen Tränen und Gelächter. Satirische Faschismuskritik 1933 bis
1945*, Köln: Pahl-Rugenstein 1983 (=Pahl-Rugenstein-Hochschulschriften
Gesellschafts-und Naturwissenschaften 139; Serie: Faschismusstudien), S. 107.
3. Heinrich Mann, *Briefe an Karl Lemke und Klaus Pinkus*, Hamburg: Claassen o.
J., S. 99.
4. Vgl. Sigrid Anger, *Untersuchungen zum Gesellschaftsbild in Heinrich Manns
Romanen »Empfang bei der Welt«, »Lidice« und »Der Atem«*, Diss. masch. Berlin: Humbold-Univ. 1979, S. 104 und S. 184, Anm. 240; dies., *Nachbemerkung,*
in: Heinrich Mann, *Lidice*. Roman, Berlin/Weimar 1984, S. 255 – 277, S. 270.
Diese *Nachbemerkung* ist eine gekürzte Neufassung des *Lidice*-Kapitels in der
Dissertation (S. 67 – 108).
5. Brief an Karl Lemke vom 30. Mai 1949, a. a. O., S. 105.
6. Heinrich Mann, *Ein Zeitalter wird besichtigt*, Düsseldorf 1974, S. 434 – 437, im
Folgenden *Zeitalter*. – Zu Heinrich Manns vielfältigen Beziehungen zur Tschechoslowakei vgl. Naumann 1980, S. 22 ff. mit weiterer Literatur.
7. *L'entrée à Prague*, nachgedruckt in: Heinrich Mann, Georg Bernhard, Theodor
Lessing, Alfred Kerr, Thomas Mann, Theodor Wolff, Hermann Rauschning:
Propos d'exil. Articles publiés dans »La Dépêche« par les émigrés du III. Reich,
Copyright »La Dépêche du Midi« 1983 (Vorwort: Erhard Stadtler, Goethe Insti-
tut Toulouse; Einleitung: Adolf Wild, Gutenberg Museum Mainz), S. 88 – 90.
– Zu Heinrich Manns Artikeln in der *Dépêche de Toulouse* vgl. E. Dreher, *Les
Editoriaux de Heinrich Mann dans »La Dépêche de Toulouse« (1933–1939)*, in:
Etudes Germaniques 26 (1971), S. 349 – 351; ders., *Quelques aspects concernant
les éditoriaux de Heinrich Mann parus dans »La Dépêche de Toulouse« entre
1933 et 1939*, in: Orbis Litterarum 26 (1971), S. 122 – 144.
8. Vgl. Heinrich Mann, *Verteidigung der Kultur. Antifaschistische Streitschriften
und Essays*, Hamburg 1960, S. 546; im Folgenden: *VdK*.
9. Vgl. *VdK*, S. 307 – 379 und S. 541 – 546, bes. S. 344 ff. und 544 f.; Textbeispiele:
»Deutsche Arbeiter! Ihr seid die Hoffnung! [...] Ihr habt euren gesunden Verstand, ihr wißt Bescheid, ohne daß man euch lange aufklären muß, über den
Hitler und seine internationalen Freunde. Ihr habt begriffen, daß eine faschistische Verschwörung gegen die Völker im Gange ist [...] Ihr, deutsche Arbeiter,
durchschaut alles. Der Friede von München ist kein Friede. Beweis: allseits
wird weiter gerüstet«, etc., S. 344 f.; »Die Annexion der Tschechoslowakei hat
dem deutschen Volke das Gewissen gerührt. Sie hat Abscheu erregt; das deutsche Volk hat auf einmal gefühlt, wie sehr es mitverantwortlich ist für das
Unheil, das andere trifft. Die anderen wären nicht in Knechtschaft geraten,

hätte es selbst nicht zugesehen, wie es knechtisch wurde. Hier machen wir halt. Europa oder die ganze Erde der Furcht erlegen – das ist mehr, als wir annehmen wollen. Wehrt euch endlich! Die Reihe ist an Maßnahmen«, etc., S. 378.

10. A. a. O. (Anm. 7), S. 90 – 93.

11. Und zwar nicht, indem er »in die Ortschaft Lidice eindringt«, wie Frithjof Trapp, *»Kunst« als Gesellschaftsanalyse und Gesellschaftskritik bei Heinrich Mann*, Berlin/New York 1975 (= Quellen und Forschungen zur Sprach- und Kulturgeschichte der germanischen Völker: N. F.; 64 = 188), S. 93 irrtümlich schreibt, sondern: »Der Hund des Wirtshauses stürzt, die Stimme machtvoll erhoben, aus dem Gebäude und wirft sich dem ersten der Motorräder entgegen« (*Lidice*, S. 13/10). Vgl. im übrigen zu Trapps *Lidice*-Darstellung Verf., *Vorstufen zu Heinrich Manns Roman »Lidice«*, in: Arbeitskreis Heinrich Mann. *Mitteilungsblatt*, Nr. 17 (1982), S. 2 – 38, Anm. 10 – 17: S. 33 – 35.

12. *VdK*, S. 373, in: *Die Geburtstagsrede*; geschrieben aus Anlaß des 20. April 1939.

13. Vgl. in *L'entrée à Prague*: *»Plus tard, se promenant par petits groupes, ces jeunes paysans et ouvriers, vêtus de l'uniforme, firent connaissance avec la nation tchèque.* [...] *Ainsi, ils n'avaient pas sauvé ce pays du bolchevisme juif?* A causer et à regarder, ils se convainquirent qu'ici le monde avait joui de plus de liberté et de bien-être qu'on n'en osait imaginer chez eux«, a. a. O., S. 89 f.

14. In: Heinrich Mann, *Der Haß. Deutsche Zeitgeschichte*, Amsterdam 1933, S. 195 – 235. Im Folgenden: *Haß*.

15. *VdK*, S. 76 – 83; vgl. hierzu ebd., S. 530: Brecht apostrophierte diesen Beitrag als »ein erstaunliches Werk« und als einen »der einleuchtendsten Aufsätze des Buches ›Mut‹«.

16. *Der große Mann*; in: *Haß*, a. a. O., S. 79 – 103, S. 99 f.

17. Auch Trapp vermutet, »›Der falsche Nero‹ sei von Mann beeinflußt«, a. a. O., S. 111, Anm. 30.

18. Lion Feuchtwanger, *Der falsche Nero*. Roman, Frankfurt a. M. 1984 (Fischer Taschenbuch 5364); im Folgenden: *Nero*.

19. Vgl. *Nero*, a. a. O., S. 34, 62 u. ö.

20. Vgl. hierzu: Uwe Naumann, *Ein Gleichnis von gestern. Über Lion Feuchtwangers antifaschistische Satire »Der falsche Nero«*, in: Text + Kritik. Lion Feuchtwanger, H. 79/80, 1983, S. 61 – 72, S. 68 ff. – Naumann weist darauf hin, *Der falsche Nero* und *Lidice* seien »Variante[n] einer antifaschistischen Motivik, die unter den zeitgenössischen Künstlern weit verbreitet war«, ebd., S. 64. – Vgl. auch Gudrun Müller, *Der Geschichtsroman deutscher Autoren im Exil* (1978), in: Rudolf Wolff (Hg.), *Lion Feuchtwanger – Werk und Wirkung*, Bonn 1984 (= Sammlung Profile Bd. 6), S. 121 – 144, S. 132 f.

21. In: Heinrich Mann, *Essays. Dritter Band*. Ausgewählte Werke in Einzelausgaben, Bd. XIII, Berlin-DDR 1962, S. 497 – 508, S. 497.

22. *VdK*, S. 348, aus der Rede an die deutschen Arbeiter aus Anlaß des Münchener Abkommens (vgl. Anm. 9); vgl. auch *Die Rede*, in: *VdK*, S. 76 – 83, S. 80 f.: »Ihm ist gegeben, darzustellen, was er nicht ist, und läßt es die anderen etwas kosten. Wer ungestraft mit der Welt umspringen durfte, als wäre er Napoleon, ist aber im Grunde seiner Seele noch nicht einmal der Hauptmann von Köpenick [... Hitler ist] ohne Beziehung zum Leben und in seiner Vorstellung, auf seiner Bühne, schlechthin der einzige«. Vgl. auch Naumann 1980, S. 74.

23. *VdK*, S. 84 – 88. – *Die Neue Weltbühne* erschien bis zum 2. 6. 1938 in Prag, danach, dank Heinrich Manns Vermittlungsbemühungen, in Paris; in den sieben Jahren ihres Bestehens publizierte sie 81 Beiträge von Heinrich Mann, vgl. *VdK*, S. 531.

24. Einzelheiten vgl. Verf., *Vorstufen*, a. a. O. (Anm. 11), bes. S. 14 ff.

25. Vgl. ebd., S. 20 ff. – Sigrid Anger erklärt in ihrer *Nachbemerkung* zu *Lidice*, die »ersten sechs dieser Notizseiten« seien von 1 bis 6 beziffert (S. 261); in der Dissertation spricht sie von »einigen der Notizseiten«, und zwar sechs, die numeriert seien (S. 95). Als die Notizenblätter unter der Findbuchnummer 117 registriert und auf Mikrofilmstreifen – die Vorder- und Rückseiten alternierend – festgehalten worden waren, hatten weder diese Ordnung noch die Bezifferung vorgelegen. Aufgrund meiner um möglichste Exaktheit bemühten Aufzeichnungen stellte ich 1975 fest: »Die Blätter sind nicht numeriert, ich numeriere sie daher nach den Filmstreifen: So ist z. B. 6/3 das dritte Diapositiv auf dem sechsten Filmstreifen in der Mappe 121. Die Reihenfolge, in der die Blätter auf Mikrofilm festgehalten wurden, mag den Zustand, in dem die Blätter vorgefunden wurden, dokumentieren; ein Ordnungsprinzip ist nicht erkennbar« (*Vorstufen*, S. 14): Numerierung und Neuordnung der Blätter dürften auf einen Rekonstruktionsversuch zurückgehen, der von der Vorstellung getragen war, die Romanidee sei jedenfalls von dem Attentat auf Heydrich und dem Massaker von Lidice ausgegangen. Die nach Anger numerierten Blätter 1, 2, 3, 4, 5, 6 entsprechen den nach obigem Prinzip von mir wie folgt numerierten Mikrofilmaufnahmen: 9/5, 10/2, 7/1, 7/3, 4/2 und 10/4. 10/4 ist die letzte der in Frage stehenden Aufnahmen. 10/2 und 10/4 repräsentieren nach meiner Deutung die ersten Versuche Heinrich Manns, die ursprüngliche Romanidee so abzuwandeln, daß darin das Attentat auf Heydrich und das Massaker von Lidice eine Motivationsgrundlage erhalten. – Bedauerlicherweise wurde darauf verzichtet, in der Neuausgabe die 18 Notizenblätter (faksimiliert!) abzudrucken.
26. Vgl. Verf., *Vorstufen*, S. 22 und 29 ff.
27. Ebd., S. 25.
28. Vgl. hierzu Bertolt Brecht, *Arbeitsjournal*. Erster Band 1938 bis 1942, hg. v. Werner Hecht, Frankfurt a. M. 1973, S. 325.
29. Ebd., S. 379 f.; Brecht betont, »daß hitler mir als großer mann durchaus willkommen ist« (S. 380); vgl. den Titel von Heinrich Manns Essay *Der große Mann* (Anm. 16). – Trapp hat erstmals auf diese Zusammenhänge aufmerksam gemacht, a. a. O., S. 110 f., Anm. 30.
30. Vgl. Verf., *Vorstufen*, a. a. O., S. 22 und 16.
31. In den Entwürfen: Pavel bzw. Pavel Wondracek.
32. Vgl. hierzu Verf., *Heinrich Manns Roman »Lidice«: eine verschlüsselte Demaskierung faschistischer Strukturen*, in: Amsterdamer Beiträge zur Neueren Germanistik 4 (1975), S. 55 – 112, S. 63 ff. – Die hier folgenden Ausführungen sind eine überarbeitete Fassung dieses Aufsatzes, bes. von S. 65 – 104.
33. Vgl. Anger, a. a. O., 1984, S. 261; Naumann, a. a. O., 1980, S. 18.
34. Der Literarische Beirat des Verlages El Libro Libre legte Heinrich Mann im Februar 1943 nahe, den Titel – in unverkennbarer Anspielung auf *Der falsche Nero* – in *Der falsche Protektor* umzuwandeln und »die lokale Beziehung zu Lidice zu lockern«. So entschloß sich Heinrich Mann am 17. Februar 1943, den Roman umzuarbeiten, »einen neutralen Titel zu wählen und die Handlung abzulösen von der Lokalität und Wirklichkeit«. Am 11. März schreibt er nach Mexikon: »›Der Protektor‹ wird eifrig umgearbeitet«, und im April kündigt der Verlag an, im Mai werde *Der Protektor. Eine Satire* von Heinrich Mann erscheinen (vgl. Anger, *Nachbemerkung*, S. 269 f. und 272). Daß der Roman dennoch unter dem ursprünglichen Titel herausgebracht wurde, mag auf eine verlagsinterne Entscheidung, vielleicht gar auf ein Mißverständnis zurückgehen: Hatte Walter Janka vom Verlag El Libro Libre am 18. November 1942 Heinrich Mann dringend um Übersendung des Manuskripts »Lidice« gebeten, so teilte er am 9. September 1943 dem Autor mit, »daß Ihr Manuskript ›Lidice‹ nunmehr in

Druck gegangen ist«. Dagegen verständigt Heinrich Mann am 26. September 1943 Alexander Abusch darüber, »er sei einverstanden, daß ›Der Protektor‹ in Mexiko korrigiert werde« (vgl. Naumann, *Faschismus als Groteske*, S. 25 f. u. S. 20 sowie Anger, a. a. O., S. 273).

35. Die erste Fassung ist (z. T.) rekonstruierbar auf der Grundlage der in der Neuausgabe von Anger mitgeteilten *Paralipomena* (Neuausgabe S. 278 – 293).

36. Hier zitiert nach der Erstausgabe; in der Neuausgabe steht statt »aller« »alle«.

37. Brief an K. Lemke vom 30. Mai 1949, a. a. O.; zu Heinrich Manns Auseinandersetzung mit Nietzsche und deren Niederschlag in *Lidice* vgl. weiter unten in diesem Abschnitt.

38. Aus den Paralipomena geht hervor, daß die Anspielungen auf die nationale Identitätsfigur Schwejk (vgl. z. B. *Lidice*, S. 223/171: Pavel »ist ein Spaßvogel […] Ein Volksheld. Aber spaßig ist gerade der brave Soldat Schwejk«; S. 320/ 246: »Ich bin der brave Soldat Wokurka«; S. 230 f./176 f. gibt sich Wokurka als skurriler Geschichtenerzähler) in der ersten Fassung motovisch stärker entfaltet waren.

39. Heinrich Mann schildert im *Zeitalter* einen Vorfall in einer Prager Straßenbahn, der ihm für die Intellektuellenverehrung tschechischer Kleinbürger typisch schien, und fährt fort:»Denn ihr Präsident – Befreier Masaryk, Professor und Schriftsteller, – hatte mit tapferen und erfolgreichen Handlungen den nationalen Glauben an die Macht des Denkenden bestärkt, wenn er ihn nicht geschaffen hatte« (*Zeitalter*, S. 32).

40. Hanno König, *Heinrich Mann. Dichter und Moralist*, Tübingen 1972. – Vgl. zu Königs Buch: Hugo Dittberner, *Heinrich Mann. Eine kritische Einführung in die Forschung*, Frankfurt a. M. 1974 (=FAT 2053), S. 48 – 64.

41. König, a. a. O., S. 11; das Zitat stammt aus dem Essay *Das große Beispiel*, in: *VdK*, S. 126 – 131.

42. König, a. a. O., S. 130.

43. Heinrich Mann, *Nietzsche*, in: *Maß und Wert. Zweimonatsschrift für freie deutsche Kultur* 2 (1938/39), S. 277 – 304, S. 296 (im Folgenden *Nietzsche*); zu Heinrich Manns Auseinandersetzung mit Nietzsche vgl. König, a. a. O., S. 120 – 132; Renate Werner, *Skeptizismus, Ästhetizismus, Aktivismus. Der frühe Heinrich Mann*, Düsseldorf 1972 (Literatur in der Gesellschaft, Bd. 11); Verf., *Macht und Geist im Werk Heinrich Manns. Eine Überwindung Nietzsches aus dem Geist Voltaires*, Berlin/New York 1981 (=Quellen und Forschungen zur Sprach- und Kulturgeschichte der germanischen Völker; N. F., 77 = 201); Henk Harbers, *Ironie. Ambivalenz. Liebe. Zur Bedeutung von Geist und Leben im Werk Heinrich Manns*, Frankfurt a. M. 1984 (=Europäische Hochschulschriften I/ 768), bes. S. 56 ff.

44. König, a. a. O., S. 130.

45. Vgl. König, a. a. O., S. 442 ff.

46. Die Szene im »Tschechischen Löwen« endet damit, daß Heydrich durch ein Fenster steigt und erschossen wird.

47. *Deutschland – ein Volksstaat*, in: *VdK*, a. a. O., S. 203 – 206.

48. *Auch eine Revolution*, in: *Haß*, a. a. O., S. 63 – 68, S. 63.

49. *Die Bücherverbrennung*, in: *VdK*, a. a. O., S. 124 – 133, S. 126.

50. *Das geistige Erbe*, ebd., S. 164 – 171, S. 166.

51. *Ihr ordinärer Antisemitismus*, in: *Haß*, a. a. O., S. 124 – 133, S. 126.

52. *Kultur*, in: *VdK*, a. a. O., S. 172 – 174, S. 172.

53. *Das Bekenntnis zum Übernationalen*, in: *Haß*, a. a. O., S. 11 – 59, S. 24 und S. 18 f.; vgl. auch *Zeitalter*, S. 191; zu Heinrich Manns Analyse der Zeitgeschichte

vgl. K. Schröter, *Ein Zeitalter wird besichtigt. Zu Heinrich Manns Memoiren*, in: Akzente 16 (1969), S. 416 – 433.

54. *Die erniedrigte Intelligenz*, in: *Haß*, a. a. O., S. 177 – 194, S. 191 f. Auch in: *VdK*, a. a. O., S. 307 – 320.
55. *Im Reich der Verkrachten*, in: *Haß*, a. a. O., S. 104 – 114, S. 107 f.
56. Ebd., S. 107.
57. *Kultur*, in: *VdK*, a. a. O., S. 173 f.
58. *Der Haß*, in: *Haß*, a. a. O., S. 69 – 78, S. 69 – 72. Zum Stellenwert von Jugendlichkeit in Heinrich Manns Faschismusanalyse vgl. K. Thoenelt, *Heinrich Manns Psychologie des Faschismus*, Monatshefte (Madison, Wisc.) 63 (1971), S. 220 – 234, S. 224 f.
59. Dies trifft, wie mir scheint (vgl. weiter unten), auch auf das Personal der deutschen Besatzung zu; verschlüsselt ins Bild gebrachte Zeitkritik ist ein Charakteristikum der Werke Heinrich Manns. Vgl. hierzu Verf., *Macht und Geist im Werk Heinrich Manns* (Anm. 40), passim, bes. S. 124 ff. und 311 ff.; vgl. auch Verf., *Heinrich Manns Novelle »Kobes« oder die »bis ans logische Ende« geführte deutsche Geistesgeschichte*, in: Helmut Koopmann und Peter-Paul Schneider (Hgg.), *Heinrich Mann. Sein Werk in der Weimarer Republik. Zweites Internationales Symposion Lübeck 1981*, Frankfurt a. M. 1983, S. 155 – 167.
60. Harbers Darstellung, Heydrich spreche aus Liebe zu Milo »die fünfzig zum Tode Verurteilten frei«, seine Liebe mache »einen anderen Menschen aus ihm« (a. a. O., S. 375), übersieht, daß Heydrich sich durchaus nicht auf Milos »Zerreiß die Liste, ich werde dein sein« (*Lidice*, S. 233/179) hin die Todesurteile abhandeln läßt, sondern erst nach seinem Zusammenbruch, erst nachdem sie den »anderen« verleugnet und ihm versichert hat, sie »kenne keinen anderen« Protektor (S. 235/180). Daß Heydrich durchaus kein »anderer Mensch« geworden ist, beweist sein mit »kalter Wollust« wenig später in Milos Garderobe vorgebrachter Widerruf: »Die fünfzig werden heute nacht noch hängen« (S. 242/186). – Zu Heydrichs »Verwandlung« vgl. weiter unten (Abschnitt 3 b).
61. *Der große Mann*, in: *Haß*, a. a. O., S. 79 – 103, S. 100; vgl. hierzu auch die Ausführungen im 1. Kapitel dieses Beitrags.
62. *Die erniedrigte Intelligenz*, in: *Haß*, a. a. O., S. 191; ebenfalls in: *VdK*, a. a. O., S. 318.
63. Im Romanzusammenhang: Pavel über Hauptmann Krach, ein durchaus doppelbödiger Ausspruch, vgl. hierzu weiter unten die Ausführungen zu Hauptmann Krach (mit Anm. 65).
64. Heinrich Mann, *Die Jugend des Königs Henri Quatre*, Ausgewählte Werke in Einzelausgaben Bd. 6, hg. v. Alfred Kantorowicz, Berlin-DDR 1964, S. 293 ff.; Rowohlt-Tb. Nr. 689, S. 190 f.; vgl. hierzu Ulrich Weisstein, *Heinrich Mann*, Tübingen 1962, S. 163; Michael Nerlich, *Kunst, Politik und Schelmerei. Die Rückkehr des Künstlers und des Intellektuellen in die Gesellschaft des zwanzigsten Jahrhunderts, dargestellt an Werken von Charles de Coster, Romain Rolland, André Gide, Heinrich Mann und Thomas Mann*, Frankfurt a. M. und Bonn 1969, S. 197 f.; König, a. a. O., S. 392.
65. Vgl. Verf., Rez. (Anm. 2), S. 70. – An ihm ließe sich überzeugender »die Rolle, die die Liebe in diesem Roman spielt«, darstellen, als dies Harbers (a. a. O., S. 373 ff.) ausgerechnet an der Heydrich-Figur gelungen ist.
66. König, a. a. O., S. 268.
67. König, a. a. O., S. 238 f.
68. Vgl. Harbers Versuch, das Thema der Liebe im Werk Heinrich Manns zu analysieren.
69. *Haß*, a. a. O., S. 69.

70. Vgl. *Lidice*, S. 204 ff./156 ff. – Die mitverschworenen deutschen Industriellen Meyer und Labyrinth sind im Paralipomenon zur Szene 71 (S. 280 f.) deutlicher profiliert als im Roman (*Lidice*, S. 236 ff./181 ff.).
71. *Briefe an Karl Lemke und Klaus Pinkus*, a. a. O., S. 132.
72. Harbers versucht, die »Ambivalenz im Handeln« ausgerechnet mit dieser Szene zu belegen. Seine Argumentation läßt das elementarste Textverständnis vermissen (vgl. Harbers, a. a. O., S. 371 mit *Lidice*, S. 293 ff./226 ff.). Wie sich antifaschistisches Handeln mit *ironischer* Ambivalenz verträgt, bleibt unerörtert.
73. *Die Demokratie bleibt unbesiegbar*, in: *Essays*, 2. Band. Ausgewählte Werke in Einzelausgaben Band XII, hg. v. A. Kantorowicz, Berlin-DDR 1956, S. 493 – 495, S. 494.
74. Zu Nietzsche äußert sich Heinrich Mann vor allem im *Nietzsche*-Essay (vgl. Anm. 43), im Essay *Kaiserreich und Republik*, in: *Essays*, 2. Band, a. a. O., S. 31 – 68, S. 46 f., und im *Zeitalter*, a. a. O., S. 168 – 171. – Zu seinem Lebensbegriff vgl. vor allem H. König, a. a. O., passim; für die Spätzeit K. Schröter, *Der Atem. Anmerkungen zu Heinrich Manns letztem Roman*, in: Ders., *Literatur und Zeitgeschichte*. Fünf Aufsätze …, Mainz 1970, S. 141 – 152, S. 147; Harbers, a. a. O., S. 97 ff.
75. Vgl. König, a. a. O., S. 131: Am Phänomen der »Schwäche und ihrer Euphorien […] entzündet sich Heinrich Manns eigene, entlarvende, Nietzsche implizit »rückgängig« machende Tendenz, statt des Heroismus wieder die Schwäche, d. h. das Menschliche einzusetzen, dessen Stärke aber nunmehr im Geist, der Tat wird, gesehen wird«. – Harbers bestreitet eine »Rückgängigmachung« (a. a. O., S. 60), gar eine geistige Überwindung Nietzsches durch Heinrich Mann (ebd., S. 64). Seine Kritik an Königs hier zitierter Formulierung, sie sei »vage und ungenau«, ja »logisch widersprüchlich« (a. a. O., S. 60), entbehrt der Einsicht, daß in der »Schwäche« eine spezifische, eine geistig-moralische Stärke und daß in den Machtmitteln des »Starken« seine geistig-moralische Schwäche, seine Überwindbarkeit beschlossen liegen kann.
76. Die Tatsache, daß Pavel gerade *nicht* als Schauspieler apostrophiert wird, ja daß die Schauspielerin Milo rückblickend betont, von Pavels Verwandlung, von dem, was mit ihm vorging, durchaus nichts zu begreifen – »auch ich habe Theater gespielt […] Das erlaubt mir noch keinen Vergleich mit seiner – Verwandlung, wenn es eine war. Meine Einsicht reicht nicht da hinein. Ich bewundere, ohne zu begreifen« (*Lidice*, S. 316 f./244) – , wird in der Forschung vielfach übersehen, vgl. Trapp, a. a. O., S. 114, 119; Anger, a. a. O., S. 258; Naumann 1980, a. a. O., S. 96, 101, 104 u. ö.; vgl. dagegen Harbers, a. a. O., S. 372 f. – Zum Theater der Macht (Heydrich und Blumentopf) und zur Macht des Theaters (Milo und Wokurka) vgl. Verf. 1975, a. a. O., S. 104 – 112.
77. Vgl. *Im Reich der Verkrachten*, in: *Haß*, a. a. O., S. 107: »Die Massen waren hypnotisiert von dieser Propaganda«.
78. Brief an Karl Lemke, a. a. O., S. 105.
79. Den diametralen Gegensatz zwischen Pavel und Heydrich, nicht ironisch-ambivalet, sondern dialektisch in *ein* Gesicht gebannt, hat Harbers völlig verkannt. (a. a. O., S. 372).
80. Dieser tragische Ausgang hat nichts mit »ironischer Ambivalenz« (Harbers) zu tun, sondern ist Ausdruck der dialektisch-tragischen Schuldverstrickung des Geistes, der Tat wird: Der »Lehrer«, der Pavel »wissend« machte, mißt sich einen Teil der »Schuld« an dem »Unheil oder Heil« bei, den der Schüler verbreiten werde (*Lidice*, S. 193/148).
81. Vgl. hierzu König, a. a. O., S. 216 ff.; Verf. *Macht und Geist* (1981), passim.
82. A. a. O., S. 55; daß dies Bekenntnis auch im amerikanischen Exil für den Autor

Gültigkeit behielt, beweist die Tatsache, daß er es großenteils wörtlich ins *Zeitalter* (S. 189 – 192) übernahm.

83. In der Erstausgabe: »... zu *den* Arbeitern und Soldaten [...] Das erfährt er nie, *uns* erfährt niemand leicht [...] Ich und der [...].« (S. 308)

84. Vgl. König, a. a. O., S. 267: »Diese Überzeugung, daß der Mensch weder gut noch böse an sich ist, daß er aber jederzeit böse sein kann, wie er jederzeit gut zu sein hat, daß er insbesondere zum Bösen verführt, aber auch zum Guten bekehrt werden kann, daß das Gute mit dem praktischen Gebrauch der Vernunft identisch ist und das Böse mit Selbstsucht, mit bloßer Gewalt, mit pessimistischer Leugnung der Vernunft – : diese Überzeugung prägt das Menschenbild Heinrich Manns nahezu unverändert bis zuletzt«.

85. Dieser Appell an das Gewissen, Widerstand gegen das Böse zu leisten, ist jeglicher »ironischen Ambivalenz« diametral entgegengesetzt und steht in merkwürdigem Kontrast zu Königs Darstellung: »Milder wiederum und abschließend gleichsam heißt es dann im ZEITALTER: ›Der Böse ist auch nur unzulänglich wie der Träge‹« (a. a. O., S. 268): Hier vernachlässigt er den Kontext und die Begriffsbestimmung von Trägheit als sträfliche Indifferenz. Kurz nach diesem Satz heißt es über das Zeitalter: »Der Ursprung seines Ungemachs keimte in unser aller gleichgültigen Herzen. Die Vernachlässigung der menschlichen Lage über jede noch erlaubte Frist hinaus hat endlich Katastrophen entladen. [...] das Zeitalter bestimmte die Indifferenz« (*Zeitalter*, S. 504 f.), sie war Vorbedingung für die nun alles beherrschende »Technik des Bösen«: »Versäumt hat die Republik«, ihre »Todsünde« war »Trägheit« (*Zeitalter*, S. 302). Ganz offenbar hat der späte Heinrich Mann nichts von der Schärfe seiner moralischen und politischen Urteile eingebüßt.

86. Vgl. Jiri Vesely, *Über Heinrich Manns Roman »Lidice«*, in: *Heinrich Mann am Wendepunkt der deutschen Geschichte*. Internationale wissenschaftliche Konferenz aus Anlaß des 100. Geburtstages von Heinrich Mann März 1971, Berlin-DDR 1971 (= Arbeitshefte der Deutschen Akademie der Künste zu Berlin 8), S. 163 f., 164.

Bernd M. Kraske
Die traurige Geschichte von Friedrich dem Großen
Anmerkungen zu einem Fragment Heinrich Manns

In einem als Nachruf auf den verstorbenen Bruder Heinrich Mann formulierten Brief an die Zeitschrift *Germanic Review*, dem Organ des German Department der Columbia University in New York, behandelt Thomas Mann die Lebensleistung des Bruders und kommt schließlich auf dessen Alterswerk zu sprechen:

> Mit der Produktivität ist es sonderbar: wird man schließlich zu müde für sie, so vermißt man sie auch nicht; ich habe ihn nie über das Versagen seiner Arbeitskraft klagen hören, sie ließ ihn scheinbar ganz gleichgültig. Auch wußte er wohl, daß sein Werk – ein gewaltiges Werk! – getan war, wenn auch sein letztes ganz großes Unternehmen, die in eigentümlichen Emaille-Glanz historischen Kolorits leuchtenden episch-dramatischen Szenen, welche (überraschende Stoffwahl!) dialogisch das Leben des preußischen Friedrich erzählen, unvollendet liegen blieb. Was liegt daran, daß diese Fragmente Fragment blieben![1]

Ähnlich äußert sich Heinrich Mann selbst in einem Brief an Maximilian Brantl am 31. Oktober 1947: »Was ich mir vornehme, ein ›Friedrich‹, kann schwerlich fertig werden. Es wäre das Gegenstück zum ›Henri‹, aber an ihn wendete ich sechs Jahre. Nun, Fragmente sind auch etwas. An ein Ende gelangt man doch nie, so wenig mit den eigenen Bemühungen wie mit der Betrachtung der Welt.«[2]

Etwa seit 1940 hat sich Heinrich Mann mit der Gestalt Friedrich des Großen eingehend beschäftigt, wie seine Tagebuchaufzeichnungen bezeugen. Es ist der Versuch, sich dem Preußenkönig in kurzen, dramatischen Einzelszenen zu nähern. Der Plan des Werkes liegt vor. Davon ausgeführt sind 21 Szenen; etwa ein Fünftel des geplanten Ganzen. Sie beginnen mit der Jugendzeit Friedrichs in Potsdam und enden mit einem Besuch am Hof August des Starken in Dresden. Weitere Handlungs-Skizzen, sogenannte Outlines, blieben erhalten und wurden zusammen mit der bereits ausgeführten Szenenfolge unter dem Titel *Die traurige Geschichte von Friedrich dem Großen* erstmals im 10. Jahrgang der Literaturzeitschrift *Sinn und Form* im 2. und 3. Heft des Jahres 1958 aus Heinrich Manns Nachlaß veröffentlicht. Der Essay *Der König von Preußen*, der neben den Friedrich-Szenen entstand, war noch zu Heinrich Manns Lebzeiten in der *Neuen Rundschau* des Jahres 1949 erschienen.

Die Resonanz auf beide Publikationen blieb gering. Selbst die Heinrich-Mann-Forschung ließ das Friedrich-Fragment und den dazugehörenden Aufsatz beinahe unbeachtet. Es finden sich kaum ein halbes Dutzend Arbeiten zu diesem Thema. Eine umfassende und detaillierte Einzeluntersuchung der Friedrich-Bearbeitungen Heinrich Manns fehlt bislang völlig. In einer Bühnenfassung von Alexander Lang wurde *Friedrich* im Jahr 1982 am »Deutschen Theater« in Berlin inszeniert. Vorangegangen war im Jahr zuvor eine Inszenierung der Westberliner Vagantenbühne und eine Hörspielsendung des DDR-Hörfunks von 1979.

Entgegen seiner eigenen brieflichen Aussage, hielt Thomas Mann nicht sehr viel von der Unternehmung des Bruders. Er kannte die Friedrich-Szenen von wiederholten Lesungen in seinem Haus in Pacific Palisades. So notierte er am 2. Juli 1943 in seinem Tagebuch: »Vorlesung [...] aus den Friedrich-Szenen, grotesk-historische Bilder, denen es an Idee zu mangeln scheint, Europa des 18. Jahrhunderts, oft konzis, oft leer.«[3]

In einer Tagebuchnotiz vom 25. November 1950 macht sich Thomas Mann Gedanken darüber, was er nach Abschluß des *Erwählten* wohl als nächstes Werk in Angriff nehmen sollte. »Etwas wie der einst geplante ›Friedrich‹ ist undenkbar«[4], notiert er ausdrücklich.

Dieser einstige Plan geht bis ins Jahr 1905 zurück. Damals hatte ihn Thomas Mann seinem Bruder Heinrich entwickelt:

> Was sagst Du z. B. zu diesem: einen historischen Roman namens »Friedrich« zu schreiben? Seit ich zweimal in Potsdam und Sanssouci war, ist die Gestalt mir aufregend nahegekommen. [...]
> Einen Helden menschlich-allzumenschlich darstellen, mit Skepsis, mit Gehässigkeit, mit psychologischem Radicalismus und dennoch positiv, lyrisch, aus eigenem Erleben: mir scheint, das ist überhaupt noch nicht geschehen.[5]

Näher wird der Plan in einem Brief an Heinrich Mann vom 17. Januar 1906 vorgestellt:

>>Friedrich ...<< Mir zappelt das Herz, wenn ich nur daran denke. Ja, ja, es ist nun so gut wie sicher, daß es mein nächster Roman werden soll. Ich bin noch nicht frei dafür. >>Kgl. Hoheit<< will noch gemacht sein. [...] Was ich in historischer Hinsicht vermag, ist, wie ich in >>Fiorenza<< gezeigt zu haben glaube, der Ton. [...] Aber der Ton ist fast schon der Geist und jedenfalls die Atmosphäre. Er macht die Musik, er macht, künstlerisch gesprochen, auch die Geschichte, und objektiv-historische Psychologie ohne subjektive Beseelung ist, scheint mir, ein ledernes Unding, – besonders, wenn es sich um einen großen Mann handelt, bei dem die Hauptsache eben seine – zeitlose – Größe ist. Das eigentlich Anmaßende meines Unterfangens scheint mir denn auch weniger darin zu liegen, daß ich, der historisch Subjektive, einen historischen Roman schreiben will, als vielmehr darin, daß ich, der Lyriker, die Größe darzustellen unternehme.[6]

Es gehe ihm darum, schließt Thomas Mann diesen Gedanken ab, >>Größe fühlbar zu machen, intim und lebendig darzustellen.<<[7]
Der Plan des Friedrich-Romans wurde jedoch zugunsten anderer Arbeitsvorhaben, wie zum Beispiel des Romans *Königliche Hoheit*, zurückgestellt und in der 1912 erschienenen Erzählung *Der Tod in Venedig* an deren Hauptfigur, den Schriftsteller Gustav von Aschenbach, zur Durchführung abgetreten.
Als Thomas Mann im Jahr 1914 seinen Plan, Friedrich von Preußen literarisch abzuhandeln, erneut aufnimmt, geschieht das allerdings nicht mehr in der geplanten Form des Romans. *Friedrich und die große Koalition* ist als Aufsatz konzipiert und als solcher auch in die Aufsatzsammlungen Thomas Manns, *Rede und Antwort* (1922) und *Altes und Neues* (1953), aufgenommen worden. Dennoch läßt der Friedrich-Essay stilistisch die Romankonzeption des Stoffes noch deutlich erkennen, was den Aufsatz in einem Bereich ansiedelt, in welchem es sich nicht mehr nur um essayistische Durchdringung und Abhandlung eines Themas handelt und noch nicht ausschließlich um dichterische Darstellung in den Gattungen Erzählung oder Roman.
Der Friedrich Thomas Manns ist in eine Reihe zu stellen mit den Künstlertypen Gustav von Aschenbach und Friedrich Schiller, wie sie uns in den Novellen *Der Tod in Venedig* bzw. *Schwere*

Stunde begegnen. Friedrich der Große ist ihr königlicher Bruder. Es ist eine Brüderlichkeit, die in der Anerkennung der unbedingten Leistung begründet ist. Der Wille zur Leistung, zum Leben, zum tätigen Einsatz für die Gemeinschaft, dieses bürgerliche Ethos der Leistung ist es, mit dessen Hilfe Thomas Mann die Verfalls- und Untergangsstimmung der Décadence um die Jahrhundertwende überwinden zu können glaubt.

In Schopenhauers Schule hatte er es gelernt und bei Nietzsche bestätigt gefunden, daß der Mensch nicht von Natur aus gut ist, daß es nicht die Aufgabe des Künstlers sein darf, dessen Bild zu harmonisieren und als ein Ideal zu errichten.

Thomas Manns Friedrich-Gestalt ist bei aller Wertschätzung durch ihren Autor nach diesem Muster gebaut. Die negativen Vokabeln bei der Charakterisierung des Preußenkönigs überwiegen in Manns Darstellung. Friedrich erscheint z. B. als bösartig, hinterhältig, gefährlich, despotisch, zynisch und abscheulich. Friedrich der Große ist in Thomas Manns Darstellung kein strahlender Sieger, kein Erwählter und Ausgezeichneter. Seine Größe verdankt er einem unaufhörlichen, zähen, beinahe übermenschlichen Arbeitsdrang. Sie liegt in jenem Trotzdem begründet, das die Abseitigkeiten seines Charakters mit dem Einsatz für das Gemeinwohl verbindet. Die Abschaffung der Folter in Preußen, die Einführung des Allgemeinen Landrechts, die Förderung von Industrie und Landwirtschaft, die Kolonisation der neuerworbenen Gebiete an der Oder etwa, lassen an den alten Faust in Goethes Darstellung denken.

Das so entstandene Bild Friedrichs geht auf Thomas Manns ursprüngliches Vorhaben zurück, das Leben des Preußenkönigs in einem Roman zu behandeln. Im Aufsatz von 1914 geht Thomas Mann allerdings einen Schritt weiter, indem er nämlich die historische Situation des Siebenjährigen Krieges mit derjenigen des kaiserlichen Deutschlands zu Beginn des Ersten Weltkriegs parallel setzt. Die einsame, aussichtslos scheinende Situation Friedrichs angesichts einer übermächtigen Gegnerschaft, der großen Koalition, wird mit dem Deutschland von 1914 verglichen, das sich, wie ehedem Friedrich, von gerüsteten Feinden umkreist sieht. Der Bruch der belgischen Neutralität durch das Deutsche Reich im ersten Weltkriegsjahr wird gleichgesetzt mit dem Einfall Friedrichs in das neutrale Sachsen, und indem Thomas Mann diesen Einfall zu rechtfertigen sucht, zeigt er sich einverstanden mit den Ereignissen in Belgien.

Er [Friedrich] war nicht im Recht, sofern Recht eine Konvention, das Urteil der Majorität, der Stimme der »Menschheit« ist. Sein Recht war das Recht der aufsteigenden Macht, ein problematisches, noch illegitimes, noch unerhärtetes Recht, das erst zu erkämpfen, zu schaffen war. Unterlag er, so war er der elendste Abenteurer, »un fou«, wie Ludwig von Frankreich gesagt hätte. Nur wenn sich durch den Erfolg herausstellte, daß er der Beauftragte des Schicksals war, nur dann war er im Recht und immer im Recht gewesen.[8]

Da Thomas Mann die geschichtlichen Ereignisse derart miteinander in Verbindung setzt, gelingt es ihm, den zeitlichen Abstand zweier unterschiedlicher historischer Epochen aufzuheben und sie in eins zu setzen. Durch diesen Kunstgriff aber schafft er es, die Figur des Preußenkönigs für die Gegenwart des Ersten Weltkriegs aktuell zu erhalten und sie für seine Interpretation der Ereignisse nutzbar zu machen.

Wenn Thomas Mann einen Brief Friedrichs an seine Schwester in Bayreuth zitiert – »Deutschland ist gegenwärtig in einer furchtbaren Krisis. Ich muß alle seine Freiheiten, seine Privilegien und seine Religion verteidigen. Wenn ich diesmal unterliege, wird es darum geschehen sein«[9] –, so macht er den preußischen König zu seinem Sprachrohr, läßt diesen seine Einschätzung der Lage Deutschlands zu Beginn des Ersten Weltkriegs aussprechen. Dabei scheint diese Einschätzung nicht so sehr dem Enthusiasmus des Patrioten zu entspringen, viel eher ist wohl eine Verteidigungsstellung des Künstlers gegen eine vermeintliche geistige Feindschaft des westlichen Auslands dafür verantwortlich zu machen.

In seinem Aufsatz *Gedanken im Kriege* setzt Thomas Mann Friedrich den Großen mit Deutschland gleich und zwar mit dem Deutschland von 1914:

Deutschland ist heute Friedrich der Große. Es ist sein Kampf, den wir zu Ende führen, den wir noch einmal zu führen haben. Die Koalition hat sich ein wenig verändert, aber es ist sein Europa, das in Haß verbündete Europa, das uns nicht dulden, das ihn, den König, noch immer nicht dulden will, und dem noch einmal in zäher Ausführlichkeit, in einer Ausführlichkeit von sieben Jahren, vielleicht bewiesen werden muß, daß es nicht angängig ist, ihn zu beseitigen. Es ist auch seine Seele, die in uns aufgewacht ist [...].[10]

Wenn aber Friedrich mit Deutschland gleichzusetzen ist, dann sind alle seine Eigenschaften und Merkmale deutsche Eigenschaften und deutsche Merkmale. Die Biographie des Preußenkönigs wird somit zu einem patriotischen Instrument ihres Autors. Sie dient nach dessen Willen als Orientierungshilfe und zur Standortbestimmung einer ganzen Nation, entwickelt neben dieser pädagogischen noch eine kämpferische Absicht, indem sie den Deutschen von der Notwendigkeit des Krieges überzeugt und ihn zum Durchhalten auffordert und ermutigt. Sie ist dabei optimistisch und zukunftsorientiert und handelt, indem sie Vergangenes in die Gegenwart projiziert, auch immer schon vom Zukünftigen, von dem, was es noch zu schaffen gilt.

Thomas Mann steht mit seinen Auffassungen nicht alleine. Beinahe alle deutschen Intellektuellen haben den Ausbruch des Ersten Weltkriegs mit patriotischen Artikeln und Aufrufen begleitet. Dabei wurde Friedrich von Preußen immer wieder zum Vorbild und Eideshelfer auserkoren. Jakob Wassermann sei stellvertretend dafür zitiert:

In preußischer Zucht und Schule wächst das neue Deutschland zur Erkenntnis und zur Erfüllung seiner Aufgaben heran. [...] Friedrich der Große war dann der Gestalter, wenn auch nicht Vollender, die Verkörperung wesentlicher politischer und organisatorischer Eigenschaften, mit denen die neue Zeit ihre Arbeit beginnen konnte. Vielleicht war ihm am Ende seiner unvergleichlichen Laufbahn noch nicht einmal bewußt, wie sehr er Bürger war, indem er König war. Und da seine Taten ihn zum Helden machten, schuf er eben dadurch, daß er König und Bürger zugleich war, einen neuen Begriff des Heroischen, der durch seine Einfachheit und Menschlichkeit vorbildlich wurde. In ihm hat das deutsche Gesicht seine krönende Gültigkeit erhalten und seinen beredtesten Ausdruck.[11]

Heinrich Manns Position zu Beginn des Ersten Weltkriegs ist hinreichend bekannt. Wie nur wenige deutsche Schriftsteller verurteilt er den Krieg von Anfang an mit Entschiedenheit und prophezeit den Herrschenden die unausweichliche Niederlage. In der pazifistischen Monatsschrift *Die weißen Blätter* publiziert er im November 1915 seinen berühmten Aufsatz über Emile Zola, eine leidenschaftliche Kampfschrift, in der er mit den deutschen Intellektuellen scharf ins Gericht geht. Der Aufsatz war insbesondere als Anklage gegen den Bruder Thomas Mann gedacht und von diesem auch so verstanden worden. In den *Betrachtungen eines Unpolitischen* hat er seinerseits darauf reagiert. Es ist hier nicht der Platz, auf die weltanschaulich-politischen Differenzen der Brüder Mann einzugehen. Ganz sicher scheint es indes, daß Heinrich Manns Interesse für Friedrich den Großen durch Thomas Manns Darstellung in *Friedrich und die große Koalition* geweckt wurde, ihn zum Widerspruch reizte und anstachelte. Es war weniger die Darstellung der Figur des Preußenkönigs, als vielmehr deren Funktion im historischen Kontext ihres Erscheinens, die Heinrich Mann abstoßen mußte. In seinen Abhandlungen über den Preußenkönig hat er dreißig Jahre später vor allem auch darauf reagiert.

Thomas Mann begann schon während der letzten Kriegsjahre, die Irrtümer in seinen angeblich unpolitischen Anschauungen einzusehen. Im gemeinsamen Einsatz für die Demokratie der jungen Republik fanden die Brüder schließlich wieder zusammen.

Nicht alle Intellektuelle haben die Kehrtwendung Thomas Manns mitgemacht. Gerade in der Beschäftigung mit der Figur des Preußenkönigs wird dies deutlich. Eine Fülle von Darstellungen des großen Friedrich sind zwischen den beiden Weltkriegen entstanden. Fast alle Autoren nehmen den Faden dort wieder auf, wo ihn Thomas Mann nach seiner Friedrich-Bearbeitung hatte liegen lassen, ohne allerdings dessen Doppelbödigkeit in der Zeichnung der Figur des Helden zu erreichen.

Walter von Molos Roman *Fridericus* von 1918 ist ein Musterbeispiel für eine patriotische und nationalistisch-chauvinistische Interpretation deutscher Geschichte mit Hilfe der Friedrich-Figur. Der Preußenkönig wird zum tragischen Held stilisiert, der hoch über der Zeit und allen Menschen thront, ein gekrönter Trotzkopf, der sich gegen die Häme der Welt behauptet. In seinem Schauspiel *Ordnung im Chaos* (1928) wiederholt von Molo weitgehend diese Anschauung. Ebenfalls wären in diesem Zusammenhang zu nennen: Paul Burgs *Fridericus. Seines Staates erster Diener* (1932) und Reinhold Schneiders *Die Hohenzollern* (1932/33), die eine ähnliche Strategie verfolgen.

Populär wurde auch die Friedrich-Bearbeitung, die Eckart von Naso in *Seydlitz. Roman eines Reiters* (1932) vorlegte, wie auch Bruno Franks *Tage des Königs* (1924) und *Trenck. Roman eines Günstlings* (1926). Beide Autoren enthalten sich in ihren Darstellungen weitgehend jeder politischen Tendenz. Bruno Franks Friedrich-Szenen sind meisterhaft gestaltete psychologische

Miniaturen, die sich in der Erfassung, Durchdringung und Darstellung der Person Friedrichs ebenbürtig neben die Friedrich-Studie Thomas Manns stellen lassen. Besonders die *Tage des Königs* können weder diese verwandtschaftliche Nähe zu Thomas Mann leugnen, noch die Sympathie ihres Autors für die behandelte Person.

Die Vielzahl der Friedrich-Bearbeitungen haben eine Legendenbildung konstituiert, der sich das neue Medium Film in den zwanziger Jahren bedienen konnte, um der idealisierten Figur des Preußenkönigs eine bis dahin ungekannte Popularität zu verleihen.

Schon in den Jahren 1921 und 1922 verfilmte Arzen von Cserépy das Leben Friedrichs von Preußen in einer vierteiligen Folge. *Fridericus Rex*, mit Otto Gebühr in der Titelrolle, basiert auf den Molos Erfolgsroman von 1918. Die vier Teile »Sturm und Drang«, »Vater und Sohn«, »Sanssouci« und »Schicksalswende« begründeten den Mythos vom großen, tragischen Heldenkönig und Bezwinger aller Feinde im Inneren wie auch außerhalb seines Landes, der sich als Identifikationsfigur den Deutschen des verlorenen Weltkriegs geradezu aufdrängte. An seiner ungeliebten Größe und Unbeirrbarkeit konnte sich das geschlagene Volk wieder aufrichten. Die Abseitigkeiten und Verfehlungen seines Charakters und seiner Regierungsführung, die trotz aller patriotischen Funktionszuweisung gerade bei Thomas Mann klar herausgestellt worden waren, kamen im neuen Medium nicht zur Darstellung oder wurden als Schrullen verniedlicht, wie sie der Größe ohnedies eigen seien. Das Grundmuster dieser frühen Verfilmungen wurde in immer neuen Versionen unangetastet beibehalten und schließlich auch der Propagandaindustrie der Nazis verfügbar gemacht.

Heinrich Mann kannte die Möglichkeiten des Films. Doch angesichts solcher und ähnlicher Filme wuchs in ihm die Erkenntnis, daß von der suggestiven Kraft der Bilder auch Gefahren ausgehen. In einer Rede, die er im Februar 1928 auf einer Veranstaltung des Volksverbandes für Filmkunst hält, kommt er, in deutlicher Anspielung auf die Fridericus- Filme, darauf zu sprechen:

> Die Fabeln und Geschichten sind kindisch erdacht, sie gehen vorbei an unseren Lebenstatsachen. Die Bilder und die durch sie vermittelten Gedanken wollen von allem, was unser Dasein bewegt, ablenken, nicht aber hinweisen, klären und weiterhelfen.

Bestenfalls geschieht dies alles nicht bewußt, sondern aus allgemeiner Unzulänglichkeit. Oft aber heißt es geradezu: Sand in die Augen, und dient als Menschenbetrug, noch mehr, als Verführung. Wenn nämlich die Zeiten vorbei sind, als man dem Volk einfach befehlen durfte: So ist euer Leben, so habt ihr es hinzunehmen, – kann man es immer noch verführen, statt es zu vergewaltigen; kann es dazu verführen, das Leben als Parade, Heldenverehrung und als Kriechen der Herde im Staub aufzufassen. Man kann sich an seine historisch gewordene Geistesgewohnheit wenden, dann hat man von dem Volk wenigstens einzelne Teile und von jedem aus dem Volk vielleicht doch eine gewisse Seite. Man begeistert es in Ermangelung lebender Könige für einen toten. Man spielt auf der Volksseele die romantischen Flötentöne. Man macht ihm etwas vor. [...] Man bringt ihn [den einfachen Menschen] dahin, einer Vergangenheit, die er doch, käme sie wieder, nie mehr wirklich ertragen würde, im Bilde und in der Idee den Vorzug zu geben.[12]

Als Heinrich Mann in den vierziger Jahren im amerikanischen Exil darangeht, seine Sicht und Einschätzung Friedrichs von Preußen zu Papier zu bringen, geschieht dies in der Form, die er bereits an *Lidice* im Sommer 1942 erprobt hatte. Dieser Roman ähnelt in seinem formalen Bau einem Filmdrehbuch. »Jetzt mache ich mich wieder an meinen Filmroman; das ist vorläufig eine erlaubte, ja, gebotene Gattung«[13], schreibt er im Februar 1941 an den Bruder Thomas.

Es sei an dieser Stelle daran erinnert, daß sich Heinrich Mann während der Zeit des amerikanischen Exils mit seiner Tätigkeit als Scriptwriter für die dortige Filmindustrie finanziell über Wasser hielt. Diese Erfahrung mag mit dazu beigetragen haben, in *Lidice* eine neue künstlerische Form zu erproben. In der Konzeption des Friedrich-Stoffes geht Heinrich Mann in formaler Hinsicht über den Dialog-Roman hinaus und verzichtet von vornherein auf jede auch noch so schmale epische Schilderung, sondern reduziert die Ausführung seines Stoffes auf die rasche und unmittelbar aufeinander bezogene Abfolge von wörtlichen Reden, die lediglich durch knappe, stichwortartige Regieanweisungen und Einführungen ins jeweilige Szenarium unterbrochen bzw. ergänzt werden. Der so entstandene Text ist nicht als literarisches Kunstwerk gedacht und zu bewerten, sondern als Drehbuch, das es zu verfilmen gilt. Dem verfilmten Mythos von Friedrich dem Großen wollte Heinrich Mann offensichtlich mit dem Medium Film entgegentreten, die suggestive Kraft der Propagandabilder durch Gegenbilder brechen. Als Heinrich Mann erkennen mußte, daß an eine Realisierung des Filmvorhabens unter den gegebenen amerikanischen Möglichkeiten nicht zu denken war, ließ er das begonnene Drehbuch liegen und wandte sich anderen, literarischen Aufgaben zu. So erklärt sich, daß die Friedrich-Szenen Fragmente geblieben sind. Der Essay *Der König von Preußen* spiegelt in konzentrierter Form die Absicht, die Heinrich Mann mit seiner Zeichnung der Figur des Preußenkönigs für eine mögliche Verfilmung verfolgt hatte. In der Outline zu den Friedrich-Szenen wird diese Absicht ebenfalls deutlich. Es heißt dort über Friedrich:

> Er endet als der letzte bedeutende Vertreter seiner Gattung: das »gekrönte Haupt« mit dem einzigen Beruf, sich auszuleben, und das ist geschehen, sonst nichts. Späte Folgen für Deutschland, Europa und die Welt können vorausgesehen werden und müssen von selbst hervorgehen aus den Bildern und Scenen dieser »Traurigen Geschichte von Friedrich dem Großen«.[14]

Genau wie Thomas Manns *Friedrich*-Essay von 1914, ist auch Heinrich Manns Filmdrehbuch »für den Tag und die Stunde« geschrieben. Es geht ihm nicht um eine historisch exakte Aufarbeitung und Darstellung dieses Preußen, sondern vielmehr um die Analyse eines verhängnisvollen Beispiels, um die Genese des autoritären Charakters schlechthin, die er von den aktuellen Folgen des Hitler-Faschismus aus betreibt. Wer Heinrich Mann historische Unstimmigkeiten und Verzerrungen vorwirft, läßt dies unberücksichtigt.

Friedrich von Preußen dient ihm als Musterfall des negativen Helden, den er mit Adolf Hitler vergleichen kann und will. Heinrich Mann ist seinem Friedrich gegenüber voreingenommen. Er will nicht der historischen Person gerecht werden, sondern ihrer Glorifizierung, die von jeher eine Erziehung zur Demokratie bei den Deutschen unmöglich gemacht hat, entgegentreten. Die Aufklärung und Zerschlagung der Friedrich-Legende ist die Hauptabsicht, die Heinrich Mann verfolgt. Entsprechend schroff und herablassend zeichnet er den Friedrich im Fragment und mehr noch im Essay *Der König von Preußen*. An Friedrich werden »Roheit, Rachsucht und Falschheit«[15] festgestellt und als »ererbter Besitz«

gekennzeichnet. Er erscheint als »Vabanque-Spieler. Sein Beruf ist der Ruhm, und zwar der militärische.«[16] Einzig darum ist es ihm zu tun, nur dafür lebt und handelt er: »Um seine Krone hat er wenig gezittert, aber heftig um seinen Ruhm, um die Zukunft, die einen Ruhm erst wahr macht.«[17]

Heinrich Mann bestreitet, daß dieser Ruhm gerechtfertigt ist, er will ihn nicht bei ihm belassen: »Friedrich hat unverstanden gelebt, und vollends unzutreffend ist sein Nachruhm.«[18] Die Gier nach Ruhm treibt Friedrich immer wieder in den Krieg. Der Blutzoll, den sein eigenes Volk bringen muß, interessiert ihn ebensowenig, wie derjenige seiner Feinde. Er überzieht Europa mit Krieg und Elend, einzig darauf bedacht, seinen Namen als unauslöschlichen Abdruck in der Geschichte der Menschheit zu hinterlassen.

> Sein Staat wird ein verschanztes Lager sein, mit der einzigen Bestimmung, mehr Land zu erobern. Ebensowenig wie die Menschenrechte seiner Untertanen achtet König Friedrich das Völkerrecht. Er wird während zweier Jahrzehnte das ganze Europa in einen Krieg aller gegen alle stürzen: dies einzig für seinen persönlichen Ruhm und die Vergrößerung des Hauses Brandenburg.[19]

So wie Friedrich, so auch sein selbsternannter Nachfolger: Adolf Hitler. Dessen Person und der Wurzelgrund seiner Gewaltpolitik werden hinter der Figur des Preußenkönigs deutlich sichtbar.

> Friedrich ist allerdings in seiner Person das vorweggenommene Preußen-Deutschland wie es eines späten Endes werden sollte. Die Überspannung der Kräfte, das ist er. »Das gefährliche Leben« für alle Tage, die herausgeforderte Entzweiung des einzelnen Landes mit der europäischen Ordnung, man erkennt ihn.[20]

Im Rückgriff auf eine historische Figur und die von ihr geprägte Epoche, sucht Heinrich Mann nach den Gründen für die Misere seiner Lebensgegenwart. Er räumt radikal auf mit der pseudoromantischen Vorstellung eines Mythos der Größe und zeigt, was daraus Deutschland und der Welt erwachsen ist. Durch Lächerlichmachung und bewußte Herabsetzung einer historischen Figur, will er die nachahmende Wiederholung ihrer subjektiven und unmenschlichen Machtausübung verhindern. Dabei geht es ihm einzig, wie Alfred Kantorowicz schreibt, um die »vernünftige Anwendung der Macht, die Vernunft als Macht, die erkennende und ausgleichende und planende Vernunft als Herrscherin nicht nur im abstrakten Reich des Geistes, sondern in den konkreten Bereichen des sozialen Zusammenlebens der Menschen.«[21]

Im großen Romanwerk von der Jugend und der Vollendung des guten Königs Henri IV, hat Heinrich Mann ein Beispiel dafür gegeben, wie menschliche Größe sich einzig im vernünftigen und sozialen Handeln beweist.

Die Darstellung des Preußenkönigs, wie sie dem Leser in der *Traurigen Geschichte von Friedrich dem Großen* begegnet, blieb nicht das letzte Wort in der Beschäftigung und Auseinandersetzung Heinrich Manns mit Friedrich. In seiner Autobiographie *Ein Zeitalter wird besichtigt*, die gleichfalls im amerikanischen Exil entstanden ist, bemüht sich Heinrich Mann um eine genauere und gerechtere Zeichnung des historischen Friedrich. Zwar wiederholt er ausdrücklich, daß es Friedrich von Preußen in allen seinen Handlungen nur um den Nachruhm zu tun war und daß dieser zu Unrecht besteht, nimmt ihn aber gegen eine unrichtige Vereinnahmung durch Nazideutschland und seinen Führer ausdrücklich in Schutz:

> Wenn Deutschland ein Großpreußen wäre und die preußische Geschichte fortsetzte, dann haben die Deutschen jedenfalls ihren neuesten Führer von draußen geholt, aus demselben Österreich, das Friedrich haßte, dessen Herrscher er der Kaiserwürde entkleiden und das er zerstückeln wollte. Der neue Auserwählte der Deutschen hat mit Preußen-Deutschland das geringste nicht gemein, weder Vergangenes, das man im Blut trägt, noch auch nur das Schulwissen.[22]

Heinrich Mann verschweigt keineswegs die humanitären Errungenschaften, die Friedrich in seinem Staat durchgesetzt hat. Er nennt ausdrücklich die Abschaffung der Folter wie auch eine menschliche Auslegung und Anwendung der Gesetze durch Friedrich, sieht in ihm einen Sonderling und nicht einen Missetäter, dessen vereinsamte Stellung in seinem Staate und in der Welt auf die Unfähigkeit Friedrichs zu lieben zurückzuführen ist. Der so gezeichnete Friedrich korrespondiert stark mit der Darstellung, wie man sie in Bruno Franks Novelle *Tage des Königs* vorfindet. Für die Verliebtheit Friedrichs in die französische Sprache und Kultur und für dessen Anerkennung Frankreichs als Mutterland europäischer Sittigung und der Wiege europäischer Zivilisation, bringt Heinrich Mann dem Preußenkönig unverholene Sympathie entgegen. Schaut man von dieser Einschätzung Heinrich Manns auf seine Friedrich-Szenen zurück, so wird ihr oben beschriebener funktionaler Charakter überdeutlich.

Die exilierten Zeitgenossen haben diese Haltung Heinrich Manns verstanden und akzeptiert. So schreibt Berthold Viertel, etwas pathetisch überhöht, unter dem Eindruck einer Lesung aus den Friedrich-Szenen in einem Dankgedicht:

[...]
Nein! den Ankläger suchen wir im Dichter,
Der nach den Gründen unseres Falles gräbt;
Den von uns anerkannten strengen Richter,
der unsre Wahrheit – sei's auch gegen uns – erhebt.

Suchen in ihm den Dichter der Geschichte,
Den Kronzeugen, der, was sie donnert, weist –
Und im Zusammenhang unbeugsamer Geschichte
Den unbestechlich-unbestochenen Menschengeist;

Die Stimme, die nicht brach in eitler Klage,
Die sich geschärft und doch geläutert hat;
Und Antwort, Antwort der Gewissensfrage,
Als fände hier der Spruch des Urteils statt.
[...]^[23]

Anmerkungen:

1. Thomas Mann, *Briefe 1948 – 1955 und Nachlese*. Hrsg. v. Erika Mann. Frankfurt a. M. 1965, S. 142.
2. *Heinrich Mann 1871 – 1950. Werk und Leben in Dokumenten und Bildern*. Hrsg. v. Sigrid Anger. Berlin/Weimar² 1977, S. 339. (nachfolgend: *Dokumente*).
3. Thomas Mann, *Tagebücher 1940 – 1943*. Hrsg. v. Peter de Mendelssohn. Frankfurt a. M. 1982, S. 595.
4. Tagebuchnotiz Thomas Mann, hier zit. n.: Hans Wysling, *Thomas Manns Plan zu einem Schauspiel »Luthers Hochzeit«*. In: *Hefte der Deutschen Thomas-Mann-Gesellschaft*, H. 4, Lübeck 1984, S. 4.
5. Brief Thomas Manns an Heinrich Mann vom 5. 12. 1905. In: *Thomas Mann – Heinrich Mann. Briefwechsel 1900 – 1949*. Frankfurt a. M. 1975, S. 43 f. (nachfolgend: *Briefwechsel*).

6. Ebd., S. 47 ff.
7. Ebd., S. 49.
8. Thomas Mann, *Friedrich und die große Koalition*. In: Th. Mann, *Gesammelte Werke in dreizehn Bänden*. Frankfurt a. M. 1974, Bd. X, S. 122. (nachfolgend: *GW*).
9. Ebd., S. 126.
10. Thomas Mann, *Gedanken im Kriege*. In: *GW*, a. a. O., Bd. XIII, S. 533 f.
11. Jakob Wassermann, *Das deutsche Wesen*. In: *Die neue Rundschau*, 26, 1915, S. 240 – 246.
12. Heinrich Mann, *Der Film*. In: H. Mann, *Sieben Jahre. Chronik der Gedanken und Vorgänge*. Berlin/Wien/Leipzig 1929, S. 464 f.
13. Brief Heinrich Manns an Thomas Mann vom 28. 2. 1941. In: *Briefwechsel*, a. a. O., S. 205.
14. Heinrich Mann, *Die traurige Geschichte von Friedrich dem Großen. Ein Fragment*. Hamburg 1962, S. 131. (nachfolgend: *Fragment*)
15. Ebd., S. 138 f.
16. Ebd., S. 134.
17. Heinrich Mann, *Der König von Preußen*. In: *Fragment*, a. a. O., S. 151.
18. Ebd., S. 157.
19. *Fragment*, a. a. O., S. 130.
20. *Fragment*, a. a. O., S. 152.
21. Alfred Kantorowicz, *Heinrich Mann*. In: A. Kantorowicz, *Porträts. Deutsche Schicksale*. Berlin-DDR 1947, S. 90.
22. Heinrich Mann, *Ein Zeitalter wird besichtigt*. Reinbek 1976, S. 10.
23. Berthold Viertel, *Vorlesung eines Dichter im Exil. In: Dokumente*, a. a. O., S. 314.

Helmut Koopmann
Von der Nachtseite des Zeitalters und vom Fluch des Glückes.
Heinrich Manns Auseinandersetzung mit Hitler in *Ein Zeitalter wird besichtigt*

In Heinrich Manns Memoiren ist Hitler nur ein Kapitel zugeschrieben – das zwölfte. Hätte Thomas Mann dieses Erinnerungs-
buch verfaßt, könnten wir davon ausgehen, daß hier eine geheime
Symbolik mit im Spiele sei, möglicherweise aufgeladen mit Asso-
ziationen von »zwölfter Stunde« oder »zwölf Jahre nationalsozia-
listischer Herrschaft«. Heinrich Mann freilich hat mit keinem
Wort zu erkennen gegeben, daß er derartiges mit im Sinne gehabt
habe, wenngleich das Kapitel über Hitler nicht irgendwo steht:
mit dem elften, vorangegangenen Kapitel endet seine Existenz in
Deutschland, mit dem dreizehnten Kapitel beginnt die Zeit seiner
Emigration in Frankreich – ein Unglückskapitel. Für ihn war dieses Land zwar nicht die Fremde, hatte er sich doch geistig, moralisch und intellektuell hier längst domiliziert. Dennoch war seine
Reise dorthin eine Reise in die Verbannung. Die Grenze, die er zu
überschreiten hatte, war keine andere als der Rubikon, und am
Ende des elften Kapitels hat er unmißverständlich notiert: »Hinter dem verhängnisvollen Fluß, den ich wähle, liegt das Exil«.[1]
Eben hier nun, zwischen dem Verlassen der alten Heimat und der
Ankunft in einer neuen, die dennoch alle Zeichen einer »vorläufi-
gen Tatsache« an sich hatte[2], ist das Kapitel über Hitler eingescho-
ben – »Hitler oder der Fluch des Glückes«. Es ist, freilich auffällig
genug, das einzige Kapitel in seinem Memoirenwerk, in dem es
keine erklärenden, gliedernden, den Stoff thematisch strukturie-
renden Unterkapitel gibt. Und wenn es trotz allem Zufall sein
mag, daß es ausgerechnet das zwölfte Kapitel ist, in dem Heinrich
Mann die Auseinandersetzung mit Hitler nun zum ausdrücklichen
Thema seiner Darstellung macht, so ist es doch der geheime Wendepunkt seines Lebens, der mit der Flucht aus Deutschland markiert ist; und daher ist es in einem höheren Sinne dennoch folgerichtig, daß das Hitler-Kapitel hier eingeschaltet ist, also eben
dort, wo die radikalste Existenzveränderung für Heinrich Mann
beginnt, die er je erfahren mußte.

Freilich wird hier nur manifest, was die Memoiren schon längst
durchtränkte, da bereits im ersten Unterkapitel des ersten Kapi-

tels von Hitler die Rede ist, von seiner wahnwitzigen politischen Strategie, die ihn in seiner frevelhaften Naivität bis nach Stalingrad führte und ihn dann mit tödlicher Sicherheit ins zertrümmerte Deutschland zurückgeleitete. Hitler ist zwar in Überschriften nicht erwähnt, aber das besagt nichts. Als Heinrich Mann in einer ersten Register-Liste Stichwörter herausschrieb, stand dort auch »Hitler« mit dem bezeichnenden Zusatz: »351 – und überall«. In der Tat ist er als bedeutungsvollste, zerstörerischste Macht in der Zeit Heinrich Manns überall anwesend in diesem Memoirenbuch, anwesend freilich in einer Art, die eine zweite Liste dann präzisierte, in der, alphabetisch geordnet, Hitler dann doch noch einmal separat erschien mit dem Zusatz »307 – 312. 351 – 371, und zu oft.« So ist aus der thematischen Ubiquität Hitlers eine bedrängende Allzeitigkeit geworden, mit der Heinrich Mann sich natürlich nicht nur in seinem Kapitel über das Glückskind Hitler auseinandersetzt, sondern, assoziativ oder Hintergründe ausleuchtend, eigentlich permanent. Aber andererseits ist doch nun jenes zwölfte Kapitel eingeschaltet, das über Heinrich Manns Hitlerbild Entscheidendes aussagt, zumal es nicht in Widerspruch zu jenen Äußerungen steht, die in *Ein Zeitalter wird besichtigt* überall ausgestreut sind. Hitler erscheint dort also unter der merkwürdigen Kategorie des Glückes oder vielmehr: unter der des Glücksfluches, und es fragt sich, wie eben dieses zu verstehen ist.

Heinrich Mann hat seine Memoiren mit dem Anspruch ausgestattet, Augenzeugenbericht zu sein – und so ist es in der Tat ein Memoirenwerk, keine Autobiographie, in der das Ich im Zentrum der Welt stünde. Sein Anspruch an die Repräsentativität von Memoiren ist hoch: von ihrem Urheber sei am besten abzusehen, stellt er gelegentlich fest[3], das Andere, eben die Zeit, soll dominieren. So hat er sich selbst ironisch und doch in einem tieferen Sinne richtig hinter einer Allerweltsfigur und einem Herrn Jedermann, jenem fabulösen »Jx«, versteckt, der hier schreibt, was den (wie also alle anderen) nach den Worten seines Autors auszeichnet; ist denn auch nur etwas sehr Generelles, nämlich eine allgemeine Lebensliebe, nicht mehr. Nun kann der Autor, der in seinem Bericht gerne sein möchte wie alle, freilich dennoch nicht von seiner schreibenden Individualität absehen; aber das führt nicht zu ungewollten Widersprüchen, sondern zu bewußt paradoxen Feststellungen, ja zum Paradox als Stilfigur, als Denk- und

Schreibverhalten. Hinweise auf diese eigentümliche Struktur des Memoirenberichtes eröffnen das sechste Kapitel, in dem sich der Autor als »ebenso gewöhnlich wie auserlesen« begreift[4]: »Meinesgleichen kommt überall vor, aber jeder bleibt das einmalige Phänomen«. In diesem Sinne sind seine Aufzeichnungen einmalig, zugleich aber mit einem Allgemeinheitsausspruch versehen, der zu eben jener paradoxen Berichterstattung führt, die die höhere Gerechtigkeit der Darstellung erfordert. Das Grundmuster der Darstellung seines Memoirenwerkes entspricht der wissentlich polyvalenten Haltung des Autors zu seinem Stoff, seinem nicht abzuschüttelnden persönlichen Interesse bei gleichzeitig vom Schreibprozeß her auferlegter Distanzierung. Ein Augenzeuge wie er ist in den Sog der Ereignisse mit hineingerissen und muß doch ständig bemüht sein, sich daraus zu befreien. Aber paradox ist nicht nur die Situation des zugleich individuellen wie ins Ganze einbezogenen Berichterstatters; ebenso paradox ist das Zeitalter selbst, das er beschreiben will: ein zerstörtes Jahrhundert, das sich auch nur in Widersprüchen erleben und begreifen kann. Heinrich Mann hat zahlreiche Beispiele dafür gesammelt, und einige lauten: »Ein Zeitalter tötet, tötet – um endlich zu bemerken, daß es das Leben liebte«[5]; »Was ist ganz ernst? Das Spiel der Kinder«; »Hunderttausende lassen sich töten [...] Aber erstens will keiner sterben [...].«[6] Das alles ist für Heinrich Mann freilich weniger Sache eines zerrissenen Bewußtseins als vielmehr Ausdruck eines zerstörten, aus den Fugen geratenen Lebensgefühls – und das macht verständlich, warum »Lebensgefühl« eine so große Rolle in den Memoiren spielt. »Notgedrungen ehrlich ist das Lebensgefühl«, heißt es bereits im ersten Kapitel[7], aber dieses ist zersplittert, disparat, dissonant geworden. Heinrich Manns Begriff des »Lebensgefühls« hat mit oberflächlichen Zeitempfindungen nichts zu tun, auch nichts mit Arationalität. »Unwiderstehlich ist allein das entfesselte Lebensgefühl – es begleitet jedes Verhängnis«[8]: Definitionen wie diese zeigen, daß der Begriff des Lebensgefühls zwar weitgehend, aber nicht ausschließlich irrationaler Natur ist, da auch die Vernunft einbezogen sein kann in den Strudel des Welterlebens. Eben dieses nun ist nicht mehr kontrollierbar, verwildert, chaotisch geworden, und ein derart heruntergekommenes Lebensgefühl prägt sein Zeitalter wie dessen paradoxe Reaktion. Wie zügellos es geworden ist, zeigt der Verlust an Moralität: diese ist von einem ausgeuferten, losgebändigten Lebensgefühl radikal hinweggeschwemmt worden. Alles das nun, die wachsende Entfesselung dieses Lebensgefühls, seine Erniedrigung und gleichzeitig der tiefreichende Verlust an Moralität versucht Heinrich Mann zu beschreiben, bis hin zu seiner widersinnigen, abstrusen, unbegreiflichen Ausformung in der Hitler-Zeit.

Natürlich kann es nicht Sache des Memoirenschreibers sein, nur dem Lebensgefühl seiner eigenen Zeit nachzuspüren und dieses darzustellen – was ihn über die Masse der »Jx« hinaushebt, ist seine Intellektualität, und das heißt für Heinrich Mann: sein mit Moral verbundenes Einsichtsvermögen in die Gründe dieses Niederganges. Intellektualität ist das Gegenteil »geistiger Blindheit«[9], so wie umgekehrt ein Aufgeben der Moral in eben diese geistige Blindheit hineinführt. Allein Intellektualität, mit Moral verbundene Intellektualität befreit aus dem gefährlichen Sog eines entfesselten »Lebensgefühls«. An der geistigen, moralischen Geschichte Deutschlands hat Heinrich Mann die Genese dieses fatalen, abgewirtschafteten und zügellos gewordenen Lebensgefühls und deren entscheidende Stationen zu beschreiben versucht, zugleich sich aber auch, in der Niederschrift, davon zu distanzieren gewußt. »Augenzeuge« zu sein bedeutet für Heinrich Mann also nicht, daß er sich auf die Reportage des unmittelbar Erlebten beschränkte. Heinrich Mann sieht das »Lebensgefühl« nicht als isoliertes Phänomen oder als plötzlich über sein Zeitalter hereingebrochenes Jahrhundertverhängnis, sondern als Folge historischer Entwicklungen und, einmal losgebändigt, zugleich als Ursache weiterer Verhängnisse. Eine historische Komponente ist seinem Buch von Anfang an miteingegeben, und es sind Jahrhunderte, nicht Jahrzehnte, die nicht nur zur Vorgeschichte des von ihm selbst Erlebten gehören, sondern deren Erbschaft die eigene Zeit mitbestimmt hat. Gerade die scheinbar so unscharf konturierte, dem Augenblick verhaftete Kategorie des »Lebensgefühls« ist für Heinrich Mann das Ergebnis eines bestimmten Geschichtsprozesses, den er zurückverfolgt – auch für den Augenzeugen gibt es keine Gegenwart ohne Vergangenheit. Das Lebensgefühl der Moderne hat für ihn seine Wurzeln in der Französischen Revolution und dem, was in den europäischen Ländern, vor allem in Frankreich und Deutschland, darauf folgte – das war in Deutschland ein auf groteske Weise fehlgeleitetes Nationalgefühl, Ausdruck einer Gegenwirkung auf das Dasein des »kaiserlichen Revolutionärs«, Napoleon.[10] Zur weiteren Geschichte dieses deutschen Lebensgefühls gehört die fatale Weltflucht der deutschen Romantiker – Heinrich Manns ganzes Mißtrauen einer nationalen Mystik gegenüber wird hier wieder wach, die Skepsis des am französischen Rationalismus Geschulten den Liebhabern der »Ungestalt« und des »Unterbewußten« gegenüber[11], und sein Urteil ist vernichtend: »Das Lebensgefühl der deutschen Romantiker ist das niedrigste, das eine Literatur haben kann«.[12] Die Gründe dafür liegen für Heinrich Mann auf der Hand. Die versäumte deutsche Freiheit, die hierzulande nicht stattgefundene Revolution ist umgeschlagen in Weltherrschaftsgelüste, die in der Zeit unmittelbar nach Napoleon aufkamen – ein ausgelassenes Deutschtum war die Folge[13], ein ausschweifender Patriotismus, ein natürliches Rachegefühl brach sich Bahn, obwohl Napoleons Sturz es eigentlich hätte befriedigen müssen. Am Ende des immer tiefer sinkenden Lebensgefühls, seiner Entfesselung und Erniedrigung steht für Heinrich Mann Hitler, der nicht hätte kommen können, wenn nicht die Entwicklung in Deutschland jenem so nachhaltig vorgearbeitet hätte – Hitler also als spätes Ergebnis eines Deutschland »ohne Napoleon«.[14] Heinrich Mann sieht also verhängnisvolle Kontinuitäten in der deutschen Geschichte, einen unausweichlichen Kausalismus am Werk, die Weltgeschichte gemacht nicht als Ergebnis augenblicklicher sozialer oder wirtschaftlicher Faktoren, sondern ausschließlich als tief zurückreichende Gefühlsgeschichte, deren Zwänge kein Entkommen erlaubten. Was sich in Deutschland seit dem Beginn des 19. Jahrhunderts abgespielt hatte, war für Heinrich Mann in die Realität umgesetzte Seelenhistorie, Wirklichkeit gewordenes Völkerressentiment, in dem Irrationales eine zunehmend größere Rolle spielte als die Vernunft. So kommt es zum Befund Heinrich Manns, in dem das Aufkommen Hitlers mit jener Entwicklung in Beziehung gesetzt wird, die im 18. Jahrhundert begann:

Herrenvolk, Lebensraum, Geopolitik und jeder andere Schwindel sind verspätete Antworten auf das eine machtvolle Wort, das Europa einst wirklich erobert hat: Freiheit. Alles ist, wie je, die Nachahmung Napoleons, eine Nachahmung, tiefer von Stufe zu Stufe, nunmehr angelangt bei der Hefe.

Welch ein Unglück, in die neuere Geschichte falsch eingetreten zu sein! Welch ein Unglück – und welch eine Schuld!

Das Lebensgefühl hatte in Deutschland seinen niedrigsten Stand gehabt sogleich nach dem Sturz des Kaisers Napoleon. Es steht niedriger als damals seit diesem Krieg, seit seinem Anfang, seit den Siegen. Mit Recht. Solange Hitler siegte, unterlag Deutschland.[15]

Alle diese Hinweise bereits des ersten Kapitels seiner Memoiren zeigen, in welchem Ausmaß Hitler von Heinrich Mann als Exponent einer seit mehr als 130 Jahren angelegten Entwicklung, als Endpunkt eines immer stärker herabgesunkenen »Lebensgefühls« gesehen wird. So enthält das Memoirenbuch eine Geschichtsanalyse der Moderne, exemplifiziert am Verfall Deutschlands, dem Aufstieg Rußlands, der Unbeirrbarkeit Englands und an der Hoffnung auf das gute Frankreich, die Heinrich Mann hier, immer wieder sein Zeitalter, das Zeitalter seit der Französischen Revolution durchlaufend, geschrieben hat; und, was Deutschland angeht, die Geschichte einer immer weniger intellektuell beherrschten, immer stärker verunsicherten, losgebundenen und am Schluß wildlaufenden Irrationalität. Das Bild Deutschlands seit Beginn des 19. Jahrhunderts erscheint als Zerrbild, als Ausdruck einer nationalen Pervertierung und einer zunehmenden Depravation der Vernunft, als Aufkommen eines wachsenden Irrationalismus, dessen Ende freilich im gleichen Maße näherrückt, wie er selbst mächtiger wird. Hitler figuriert als Verkörperung, als letzte Personifikation des Widervernünftigen, als »der leibhaftige Irrationale«.[16] So und auf mancherlei andere Weise vorbereitet, gerät der Leser der Memoiren schließlich an eben jenes zwölfte Kapitel, in dem von Hitler oder vom Fluch des Glückes nun nicht nur im Zusammenhang größerer geschichtlicher Entwicklungen, sondern auch an sich die Rede ist.

Man wird das Psychogramm eines Tyrannen, das Heinrich Mann hier entwirft, allerdings kaum einen normalen Augenzeugenbericht nennen können, auch wenn Heinrich Mann zuvor sich als zeitgenössischer Berichterstatter verstanden wissen wollte. Es ist eher die Analyse eines verborgenen, von Minderwertigkeitsgefühlen und Herrschaftsgelüsten gleichermaßen geplagten Charakters und der Versuch, seinen Erfolg dennoch verständlich zu machen. Dieses »dennoch« ist freilich um so gewichtiger, als damals alles dafür sprach, daß der Aufstieg des »dürftigen Anfängers Hitler«[17] nie stattfinden würde. Heinrich Mann beschreibt die Geschichte, wie sie wirklich hätte verlaufen können, und jene, die dann so ganz anders verlief, weil eben ein bestimmtes »Lebensgefühl« mit im Spiel war und zugleich dieses so fatale wie unwahrscheinliche Glück, das alle Gesetze der Wahrscheinlichkeit außer Kraft setzte. Die Geschichte des Hitlerschen Aufstiegs, die Heinrich Mann auch schon in den 20er Jahren geschrieben hat, wenn er vom Bündnis der Politik mit der Finanzmacht erzählte – in der *Kobes*-Novelle und anderswo. Hitler ist der Schurke, der entgegen aller Erwartung nicht in oder mit einer kleinen Schurkerei endet, sondern der hochgespült wird, nicht zuletzt deswegen, weil er nichts achtet »außer Militär und Geld«.[18] Unter der Flagge des Antibolschewismus ist ihm der Aufstieg geglückt, weil das von ihm erwartet wurde: so entsteht das Seelenportrait eines von Inferioritätsgedanken Geplagten, der eben deswegen zum Größenwahnsinnigen wird. Die »Industrie«, der Heinrich Manns langjähriger Verdacht gilt, ist freilich nicht unschuldig: für ihn eine »inzestuöse Familie von zwei, drei Dutzend Burschen, die unser aller Unglück besorgen«. Hitler paßt in sie nur zu gut hinein, jedenfalls so lange, wie er dem Geschäft nützt; aber auch hier war wider alle Wahrscheinlichkeit, daß er diesen Nutzen perpetuieren konnte, nicht abgedankt wurde nach geleisteten Diensten, sondern an der Macht bleibt: so wie er immer geblieben war, obwohl alles eigentlich gegen ihn sprach.

Eine rationale Erklärung für Hitlers Siege kann Heinrich Mann nicht finden. So sieht er ihn unter der Kategorie des Glückes, des unwahrscheinlichen, aber immer wieder bestätigten Glückes, mit dessen Hilfe er Europa unterwerfen konnte. »Er hatte zu viel Glück gehabt«, und eben deswegen kannte er, so meinte Heinrich Mann, kein »Unmöglich«. Und er zitiert Hitlers Satz: »Wenn ich Reichskanzler werden konnte, ist nichts unmöglich«. »Das ist die Unschuld«, lautet Heinrich Manns Kommentar. So gleicht Hitlers Existenz einer einzigartigen Glücksbahn, die nur dem Unmoralischen, Naiven, Skrupellosen vorgezeichnet sein konnte. »Er hat zu viel Glück gehabt« – Heinrich Mann wiederholt diesen Satz, weil es die Formel ist, auf die er die Existenz Hitlers und dessen Aufstieg allein bringen kann.

Man wird das zunächst einmal kaum eine Faschismus-Analyse nennen können – Heinrich Mann hat das deutsche Verhängnis hier in einem Ausmaß personalisiert, wie es selbst unter radikal denkenden Emigranten ungewöhnlich ist. Er hat Hitler als seinen persönlichen Feind betrachtet, und er hat ihn und seine Laufbahn auf die im Grunde genommen primitiven Mechanismen zu reduzieren gesucht, die ihm charakteristisch zu sein schienen für das Aufkommen des Faschismus. Von differenzierteren wirtschaftlichen oder elaborierten politischen Erklärungsversuchen ist nicht die Rede; wer immer Hitler nachlief, glaubte blind, so meinte Heinrich Mann, an dessen Glückssträhne – und Heinrich Mann sieht hier das Verhängnis einer numinosen Macht, eben den »Fluch des Glückes«. Auf die Frage, warum das Glück, das unverschämte Glück Hitler so lange treu geblieben ist, hat er keine Antwort, ja er stellt die Frage nicht einmal. Es ist nur die Rede vom »schamlosen Glück« – und davon, daß das Glück bekanntlich auf die Seite des Verwöhnten fällt.[19] Und: »Der war er«.

Es ist unschwer zu erkennen, daß Heinrich Mann dort, wo er die Kategorie des Glückes, des schamlosen Glückes einführt, auf eine rationale Erklärung für das Zustandekommen der deutschen Katastrophe bewußt verzichtet; ebenso deutlich ist aber auch, daß er sich, wie das für viele Emigranten charakteristisch war, einer Nomenklatur bedient, die im Grunde genommen von Hitler selbst aufgebracht worden war. Denn wenn hier von »Glück« die Rede ist, so ist dahinter nichts anderes als die Idee von der »Vorsehung« verborgen, die Hitler für sich immer wieder in Anspruch genommen hatte. Hitler sah darin einen sich auf unbegreifliche Weise zu seinem steten Vorteil sich entwickelnden Geschichtsplan, Heinrich Mann in dieser »Vorsehung« freilich nur den Versuch Hitlers, die Einsichtsfähigkeit derer, die ebenfalls auf das »schamlose Glück« hereingefallen waren, immer wieder gründlich zu übertölpeln. Heinrich Mann verfährt mit dieser Benennung gar nicht einmal sonderlich ingeniös, denn wir kennen derartige Umkehrungsphänomene aus der Exilliteratur überhaupt: der Nationalsozialismus wird sehr häufig in Form eines Umkehrschlusses definiert, nämlich mit Hilfe der Vokabeln, die er selbst anbot. Auch Brecht etwa hat sich ihrer bedient, wenn er die Sprache und die Formeln der Nationalsozialisten benutzte, um sie zu entlarven, indem er sie gegenteilig interpretierte. Wenn es in Brechts Gedicht »Erwartung des zweiten Frühjahrsplans« heißt:

> Nicht von der Kraft der Rasse
> Nicht von der Erleuchtung des Führers
> Nicht von besonderen Listen, übermenschlichen Wundern
> Sondern von einem einfachen Plan
> Ausführbar von jedem Volk jedweder Rasse
> Begründet auf schlichte Überlegungen die jeder anstellen
> kann
> Der kein Ausbeuter ist noch ein Unterdrücker
> Erwarten wir alles[20],

dann geht es Brecht zwar in erster Linie um das Ideal jenes Plans, der die Lebensverhältnisse »des ersten kommunistischen

Gemeinwesens« regeln soll – eine kommunistische Utopie in einer »Zeit zunehmender Verwirrung über den ganzen Planeten hin«. Aber symptomatisch für die Mechanik derartiger Definitionen ist die Schilderung der Gegenseite dieses kommunistischen Gemeinwesens, also die Darstellung des Nationalsozialismus mit Hilfe seines eigenen Vokabulars. Wenn Brecht von der »Kraft der Rasse«, von der »Erleuchtung des Führers«, von »besonderen Listen« und von »übermenschlichen Wundern« spricht, so sind diese Epitheta nicht erfunden, sondern entstammen direkt dem nationalsozialistischen Jargon, der zunehmend häufiger verwendet wurde, als übermenschliche Wunder ersetzen sollten, was an politischer und militärischer Potenz fehlte. Natürlich geht es Brecht in seinem Gedicht nicht um die Mythisierung des sogenannten Führers, sondern um seine ironische Entlarvung. Es ist nichts anderes als der Versuch, einen faschistischen Mythos, eben den vom »Führer« und seinen Wundern, umzufunktionieren, wie Thomas Mann diesen Vorgang der Umdeutung einmal genannt hat[21], und diese Umdeutung, wie sie bei Brecht, aber auch bei anderen Exilautoren einsetzte, lief häufig auf eine Entlarvung des Mythos im Sinne einer rationalen Aufklärung und Erklärung der auf der Gegenseite immer wieder behaupteten Wunderkräfte und wunderbaren Ereignisse hinaus. Gelegentlich aber gab es auch eine Umfunktionierung im mythisch-magischen Bereich selbst. Der Führer und seine Gefolgsleute werden dann nicht rational entzaubert, sondern gleichsam mythisch »entlarvt« – aus dem mythisch überhöhten Führer mit seinen Erleuchtungen wird so bei Heinrich Mann schon im *Henri Quatre*-Roman eine dämonische, böse Zauberfigur, wobei nicht wichtig ist, daß Katharina von Medici und ihr Prediger Boucher, wichtigste Symbolfiguren des Totalitarismus, auch historisch verbürgte und beglaubigte Gestalten sind; bedeutsam ist allein die Umformung des mythisch Positiven in ein mythisch Negatives. Was bei Brecht die Umstilisierung des »Führers« in den ausbeuterischen Unterdrücker und die seiner mythisch überhöhten Schar von Gefolgsleuten in die anonyme gesichtslose Masse der »sie« ist, das ist bei Heinrich Mann die Uminterpretation der angeblichen Wundertätigkeit Hitlers in das Wirken eines bösen, unheimlichen und numinosen Schicksals. Da viele Emigranten zu einer eigenen, selbständigen und aus sich heraus begründbaren Darstellung der Vorgänge und Figuren innerhalb Deutschlands nicht imstande waren, beschränkten sie sich notgedrungen nur auf eine Umwertung jener Werte, die die Nationalsozialisten selbst gesetzt hatten. Das waren keine großartigen deuterischen Aktivitäten; die Exegese blieb etwas Reaktives, war eine nur beschränkt produktive Antwort auf die satanische Herausforderung durch den Nationalsozialismus, da alles im Grunde genommen doch nur auf die Umkehrung des dort Gebotenen hinauslief, mit dem Ziel freilich, die Ideologie des Nationalsozialismus auf diese Weise zu dekuvrieren. Heinrich Mann war darin keine Ausnahme. In der Zeit der Emigration waren die meisten Emigranten, so darf man vorsichtig folgern, zu einer wirklich überzeugenden Analyse und Darstellung der Vorgänge, die zum Aufkommen des Nationalsozialismus geführt hatten, nicht in der Lage. Die Definitionen des Nationalsozialismus, die sich in der Exilliteratur finden, waren in der Regel umgekehrte Definitionen der Nationalsozialisten selbst. Das Äußerste war die Umwertung dessen, was in Deutschland selbst zu hören war – sogar ein Thomas Mann hat sich dieser Analysetechnik bedient, wenn er seine Josephsromane einen Versuch nannte, die Mythosvorstellungen der Nationalsozialisten umzupolen und den faschistischen Dunkelmännern den Mythos aus der Hand zu nehmen. Über die derart von der nationalsozialistischen Propaganda abhängige Grundeinstellung kann kein Zweifel bestehen, auch nicht darüber, daß alle diese Analysen ihren Ausgang von Selbstbestimmungen der Nationalsozialisten her oder von Charakteristika ihres »Führers« nehmen. Dazu gehört etwa auch Brechts »Lied vom Anstreicher Hitler«, in dem Hitlers angebliches Künstlertum eben zum Anstreicherverhalten umgedeutet, umgekehrt und damit enthüllt werden soll. Thomas Mann hat sich 1938 in *Bruder Hitler* ebenfalls an der Uminterpretation beteiligt, und zwar überall dort, wo er den angeblichen Künstler Hitler als »extrem faulen, zu keiner Arbeit fähigen Dauer-Asylisten und abgewiesenen Viertelskünstler«[22] entlarvt, dessen Minderwertigkeitsgefühle sich mit denen eines geschlagenen Volkes verbunden hätten. Die reichlich peinliche Verwandtschaft, von der Thomas Mann spricht, ist die Verwandtschaft des Künstlers mit dem nationalsozialistischen Glückspilzen. Thomas Mann sieht den »Bruder«, den freilich sehr unangenehmen Künstler-Bruder in dessen Bohème-Schicksal, in seinem mißgeleiteten und übelverstandenen Künstlertum, und er hat sich bemüht, in dem Phänomen des frühen Hitler, in dessen Wut auf die Welt, in seinen revolutionären Instinkten, in seiner Faulheit und in seinen Schwierigkeiten, in diesem »halb blöden Hinvegetieren« und in den Überwältigungsträumen, in den Wunschbildern, »eine Angst, Liebe, Bewunderung, Scham vergehende Welt zu den Füßen des einst Verschmähten zu sehen«, nichts Geringeres als »eine Erscheinungsform des Künstlertums« wiederzuerkennen.[23] Ein Deutungsmuster bot sich an, das aus der eigenen Welt kam, das aber am Ende auch wieder nur auf eine reaktive Entlarvung des von Hitler selbst propagierten Anspruches hinauslief.

Viele Emigranten kamen von diesem Deutungsmuster nicht mehr los. Nur Brechts Faschismusverständnis hat sich, daran gemessen, erstaunlich stark verändert; wenn seine Beschreibungen des Nationalsozialismus in den ersten beiden Jahren seines Exils immer wieder auf eine Umwertung von Charakteristika des Nationalsozialismus, die der sich selbst gegeben hatte, abzielten, so ist die Entwicklung der folgenden Jahre gekennzeichnet durch die Einsicht in historische Parallelen, die sein Selbstverständnis jetzt entscheidend mitprägen. Doch von 1938 an vermindert sich die Zahl historischer Parallelen und Deutungsversuche wieder. Eine geistesgeschichtliche Diachronie fehlt von da an bei ihm nahezu völlig, synchrone Zusammenhänge sind um so stärker betont, Hitler wird darüber hinaus wieder zum Modellfall der Geschichte.

Heinrich Manns Entwicklung scheint in mancher Hinsicht dazu parallel zu verlaufen. Die Phase der historischen Gleichnisse liegt bei ihm ebenfalls früh, sie reicht allerdings bis zu seinem *Henri Quatre*-Roman. Auf historische Parallelen hat auch Heinrich Mann danach und also auch in *Ein Zeitalter wird besichtigt* auf auffällige Weise verzichtet; wenn von der Französischen Revolution und ihren Folgewirkungen in Deutschland die Rede ist, dann nicht um einer Gleichartigkeit willen, sondern um die Wurzeln jener Entwicklungen bloßzulegen, die eben zu diesem tiefsten Herabsinken des »Lebensgefühls« führten, das er im Hitler-Deutschland sah. Aber während Brecht am Ende immer realistischer dachte, bedient sich Heinrich Mann im *Zeitalter* schließlich anderer Erklärungen, die ihn wieder in die Nähe Thomas Mannscher Betrachtungen führen. Thomas Mann ist seinem Bruder auf jeden Fall dort sogar vorangegangen, wo er eigentümliche Märchenzüge, wenn auch verhunzt, in der Existenz Hitlers erkennt:

Das Thema vom Träumerhans, der die Prinzessin und das ganze Reich gewinnt, vom »häßlichen jungen Entlein«, das sich als Schwan entpuppt, vom Dornröschen, um dessen Schlaf die Brünnhilden-Lohe zu Rosenhecken geworden ist und das unter dem weckenden Kusse des Siegfriedhelden lächelt. »Deutschland erwache!« Es ist abscheulich, aber es stimmt. Dazu der »Jude im Dorn« – und was nicht noch alles an Volksgemüt, vermischt mit schändlicher Pathologie.[24]

Auf ähnliches läuft der Versuch hinaus, Hitler unter der Kategorie des »Glückes« zu sehen. Auch das ist eine Märchenkategorie, und so wie Thomas Mann sich zurückbesonnen hat auf eigene Anfänge des Künstlertums, so reagiert auch Heinrich gewissermaßen aus seiner eigenen Frühzeit heraus, wenn er dem Glück eine so ungeheuerliche Bedeutung zumißt. Wir wissen, wie oft und wie früh schon bei den Brüdern von Glücksmöglichkeiten und dem Glückskind die Rede war – ein spielerisch-märchenhafter Vergleich, den beide durchaus auf sich bezogen. Als Thomas Mann von seiner Begegnung mit Katja Pringsheim berichtet, bedient er sich wie selbstverständlich einer Märchenchiffre, um zu verdeutlichen, was er fühlte: »Ich kann nichts Anderes denken. Klumpe-Dumpe fiel die Treppe hinunter und erhielt dennoch eine Prinzessin zur Frau. Und ich bin, Brust heraus, ich bin mehr, denn Klumpe-Dumpe!«[25] Weit darüber hinaus reichen literarische Glücks-Bezüge. In Heinrich Manns *Schlaraffenland*-Roman ist der Held ein Märchenprinz, ein Glückskind in extenso, eine Pulcinell-Figur, die vom Glück auf unglaubliche Weise begünstigt wird. Jedermann erkennt denn auch das Glückskindhafte, bis hin zum Bankzaren Türkheimer, der dem Schlaraffenland-Prinzen erklärt: »Sie haben so was Glückliches an sich, das gefällt uns allen«.[26] Das naive Glückskind, über viele hundert Seiten hinweg dargestellt: eine glückliche Naivität, der es nicht gutgehen würde, wäre eben nicht jenes unbegreifliche Schicksal von oben, das der lieben Unschuld vom Lande zu einem rauschhaften Dasein im Glückstempel verhilft – der Roman beschreibt nichts anderes als die Geschichte vom Glückskind, seinen fabelhaften Aufstieg und seinen freilich unvermeidbaren Absturz. Auch das eine Klumpe-Dumpe-Geschichte; und es ist schon damals nicht nur die Geschichte eines einzelnen Glückskindes, sondern die Frage nach dem Zustandekommen von Erfolg oder Nichterfolg, nach dem Glück als einer unbegreiflichen Daseinsform, die auch nach außen hin wirkt und Erhöhung schafft. Thomas Mann hat damals mit seinem *Felix Krull* auf dieses Buch seines Bruders Heinrich bewußt reagiert, und es ist sicher kein Zufall, daß auch Thomas das Motiv des Glückskindes weiterverfolgt hat, bis in die *Betrachtungen eines Unpolitischen* hinein, wo von der Familie der jüngsten Söhne und dummen Hänse die Rede ist, die aber dennoch dann die Prinzessinnen gewinnen, und von der Gotteskindschaft, der es der Herr im Schlafe gibt. Glückskategorien spielen für beide Brüder also eine bedeutende Rolle, nicht nur in der Frühzeit, in der Thomas Mann in jenem Brief an Heinrich vom 27. Februar 1904 die ironische Frage stellt: »Trachte ich nach dem Glück?«[27] – eine Frage, die er getrost bejahen durfte, zumal das Selbstbildnerische in seinem *Felix Krull*-Entwurf, der wunderbaren Geschichte eines Glückskindes, unverkennbar ist.

Bruder Heinrich dürfte derart nicht nach dem Glück getrachtet haben, aber er war um so eher in der Lage, die Schamlosigkeit des Glückes, das Fatale dessen, der zuviel Glück gehabt hat, aufzudecken. Daß es im übrigen um eine weitverbreitete Kategorie in der Literatur des 20. Jahrhunderts geht, bedarf kaum einer Erwähnung – Wedekinds *Lulu*-Tragödie lebt ebenso davon wie Brechts Entwurf von den »Reisen des Glücksgottes«. In einer Zeit positivistischer Welterklärungen kam dieser Kategorie offenbar schon früh eine besondere Bedeutung zu, aber es ist hier, bei Heinrich Mann, eben auch der ganz persönliche Blick für die Möglichkeiten und genauer noch die Unmöglichkeiten des Glückskindes.

Natürlich ist die Glückskategorie hier nicht brüderlich ausgenutzt, obwohl das Memoiren-Kapitel über den Bruder Thomas noch etwas von der brüderlichen Rivalität ahnen läßt, die niemals mehr einschlief. Sie mag noch herauszuspüren sein aus jenem Satz, mit dem Heinrich Mann feststellt, daß viele Amerikaner, sein neueres Publikum, übereingekommen sind, »Thomas Mann den ersten Schriftsteller der Welt zu nennen«.[28] Hatte der Bruder hier wieder einmal das große Glück öffentlicher Anerkennung auch im Exil? Ist das die Resignation dessen, der in der Weimarer Republik von vielen der erste Schriftsteller Deutschlands genannt wurde? Aber wie dem auch sei: die Kategorie, unter der Hitler hier, im *Zeitalter*, gesehen wird, ist eine juvenile Lieblingsvorstellung, die Heinrich Mann hier in seiner katastrophalen Wirkung noch einmal evoziert. Auch Bruder Thomas hat sie mit sich herumgetragen, allerdings nie den Fluch des Glückes sehen wollen. Denn wenn er Roosevelt in der Figur seines Lieblings Joseph als merkantilen Glücksbringer beschreibt, dann haftet dem ebenfalls noch etwas von einer positiv verstandenen Glückskategorie an, wie sie bei Heinrich Mann, ins Schmerzliche gewendet, Hitler zugewiesen wird. Auch das Hitler-Kapitel ist eine Legende vom Glückskind, aber eine fatale, und wenn sein Erklärungsversuch des unbegreiflichen Erfolges einer mediokren Figur auch heute unzureichend wirkt, so hat er doch die Kraft einer persönlichen

Antipathie für sich, zugleich aber auch die Integrität des Wissenden, der als Intellektueller zwar seine Ohnmacht gestehen muß, der aber in der Beschreibung des Bösen triumphierend feststellen kann, daß die Kraft der Moralität nicht auf der Seite der Glückskinder ist. Was im Wilhelminismus noch der glückhafte Spekulant war, ist jetzt der Teufel, Erfolg die diabolisierte Form des Glückes, die nur dort möglich ist, wo Infantiles mit im Spiel ist. Heinrich Mann hat das deutlich genug zum Ausdruck gebracht, etwa dort, wo das Beispiel Stalingrad auf »persönliche, infantile Zwecke« zurückgeführt wird[29] oder wo von den infantilen Gesichtern der Gefolgsleute die Rede ist.[30] Glück ist hier gesehen aus der Perspektive dessen, der das Unglück des Exils hat erleiden müssen, der aber deswegen auch für die Fatalität eines übergroßen Glükkes den rechten Blick bekommen hat.

Wenn Heinrich Mann hier vom Fluch des Glückes, von der Gefährlichkeit dessen spricht, der zuviel davon hatte, dann schwingen also Kindheitserinnerungen und literarische Reminiszenzen aus der Frühzeit gleichermaßen mit. Doch seine Analysen gehen weit über die bloße Aktivierung alter Kindheitsmuster hinaus. Heinrich Mann hat versucht, hier einen Schlüssel zur Existenz des Bösen zu finden, und wenn er bewußt verzichtet auf wirtschaftliche Analysen, politische Genesen, soziologische Begründungen, dann deswegen, weil er nicht im Verhalten oder Fehlverhalten anderer die Erklärung für das Zustandekommen der deutschen Katastrophe sieht, sondern in Hitler selbst. Damit weicht er scharf ab von allen Auslegungen, die im Aufkommen des Nationalsozialismus gewissermaßen einen sozialen oder auch wirtschaftlichen Betriebsunfall großen Stils sahen, eine auf Fakten oder Veränderungen in der realen Welt basierende Entgleisung des Bisherigen mit unabsehbaren Folgen, eine Kettenreaktion ursprünglich noch kontrollierbarer Vorgänge. Andere Exilanten haben den Niedergang der Weimarer Republik für die Katastrophe verantwortlich gemacht, den zu schwachen Einfluß der Kirchen, die wirtschaftliche Situation nach 1929, das problematische Erbe der Versailler Verträge, die Ohnmacht der linksorientierten Sammlungsbewegungen, das Versagen der Sozialdemokratie, die unheilvolle Verkettung von Politik und Industriemacht – und wie die Erklärungen auch alle lauten mögen. Heinrich Mann weicht allem dem aus und versucht, darin ein Einzelgänger, den Zusammenbruch von Moral und Ordnung nicht aus externen Faktoren zu erklären, sondern aus der diabolischen Attraktion des »Führers« selbst. Die Kapitelüberschrift »Hitler oder der Fluch des Glückes« enthält, auf die kürzeste Formel gebracht, die Essenz des ganzen Kapitels, das nur im einzelnen noch ausführt, was mit dieser Formel ausgesagt ist. Die Triebkräfte historischer Entwicklungen sind für Heinrich Mann nicht in politischen oder gesellschaftlichen Zuständen zu finden, erst recht nicht in Wirtschaftsprozessen – wo immer Veränderungen sichtbar werden, sind jene nur Sekundärerscheinungen, die die Sache selbst nicht erklären können. Heinrich Mann aber versucht nichts Geringeres als dieses, und so sieht er in Hitler nicht nur das Gegenprinzip zu seiner eigenen Existenz, sondern die Verkörperung des Ungeistes, des Antimenschen, der kommen konnte, weil anderes so gründlich verlorengegangen war: vor allem Moralität, aber nicht weniger der Geist. Das Glück, jene blinde Macht, konnte nur zum Fluch werden, weil die Prinzipien der Aufklärung in Deutschland versagt hatten. Noch vor dem zwölften Kapitel heißt es:

Indessen halte ich bis jetzt bei Deutschland, dem Deutschland vor der Machtergreifung, wo die Macht auf der Straße lag: die Republik hat zugesehen, ob jemand sie aufsammelte. Ich durfte schreiben. Den Verteidigern der Freiheit war die Erlaubnis gewährt. Ebensogut hätte man sie ihnen nehmen können, denn die Angreifer der Freiheit genossen dasselbe Recht. Nun ist kein Zweifel, wer bei einer zerrütteten Öffentlichkeit die besseren Aussichten hat. Der Fürsprecher der Vernunft? Der Weltfreund, Zergliederer herrschender Mächte? Der Moralist? Offenbar eher ein beliebiger Schwätzer, wenn er nur gewalttätig auftritt und verspricht, immer darauf los verspricht, was er nie zu halten gedenkt.[31]

Der beliebige Schwätzer also, der jenes unbegreifliche Glück hatte, jahrelang, von dem das folgende Kapitel dann spricht.
Dennoch: trotz dieser fatalistischen Einsicht in die unerklärliche Gunst, die das Glück dem Verführer gewährt hat, ist Heinrich Manns Memoirenwerk kein fatalistisches Buch. Von den Gegenkräften ist oft genug die Rede. Das eigentliche Gegenprinzip ist das geistige, sind Intellektualität und Moral. Wenn Heinrich Mann die »Nachtseite des Zeitalters« hier in den schwärzesten Farben ausgemalt hat, so gibt es doch auch eine Lichtseite. Heinrich Mann hat an die »Vernünftigkeit« geglaubt[32], und er hat im gleichen Buch, in dem er den Unfug eines unsäglichen Glückes

und seine katastrophalen Folgen so deutlich beschrieben hat, zugleich den Phänotyp des Intellektuellen umrissen. Über das ganze Buch verstreut sind dessen Charakteristika; zuoberst steht: »Der Intellektuelle hält es mit der Wahrheit: mit seiner Erfahrung, die für die Wahrheit einsteht. Er kennt die Vergeblichkeit von Illusionen.«[33] Heinrich Manns Glaube an die Macht der Intellektualität war unbeirrbar und unbesiegbar, und er hat das zur Lichtseite gerechnet: »Das Zeitalter, das auch mich verdüstern könnte, hellt sich auf, sobald ich bedenke: es sind Intellektuelle, es sind Moralisten, die jetzt die Macht haben und den Sieg an sich bringen«.[34] Und:

> Wesen ohne geistig-sittliche Verantwortung sind keine Menschen mehr. Wer sie so haben will, der hat sie in seinem Bewußtsein schon entmenscht. Dem gemäß züchtet oder vernichtet er sie wie Getier, sobald er kann. Dies ist der deutsche Vorgang, gegen den die Welt aufsteht. Europa ist nicht wirklich erobert. Seine wirkliche Eroberung wäre der Anfang vom Ende der Menschheit. Daher ihr Aufstand, der den Sieg verbürgt.

So ist Hitler, auch wenn ihm das Glück so unheilvoll treu ist, Verkörperung des Barbarischen, seine Existenz das Auftreten der Inhumanität und des »sittlichen Fluches«, aber sein aufklärerischer Glaube hat Heinrich Mann dennoch unbeirrbar darauf hoffen lassen, »daß sittliche Bemühungen möglich sind«[35]: sein eigenes Dasein hinge, so hat er hinzugefügt, ganz und gar davon ab. Anschauung und Erkenntnis führen für ihn zum Auffinden der Moral; Moralität ist Geist, Intellektualität, ist unzertrennbar verbunden mit Ethik, und wenn Heinrich Mann auf der einen Seite also den Fluch des Glückes beschreibt und in der Figur Hitlers das in so fatalem Sinne glückliche Aufkommen des Antimenschen, so hat er doch am Glauben an die Macht des Gegenprinzips, an Humanität und Geistigkeit festgehalten. Auch darin war Heinrich Mann nicht allein. Thomas Mann nannte eine Essaysammlung *Adel des Geistes* und gab ihr den Untertitel *Sechzehn Versuche zum Problem der Humanität.* Adel des Geistes und Humanität waren ebenfalls oberste Leitbegriffe für Heinrich Mann, und man muß sehen, in welchem Ausmaß hier eine ideale humanistische Front gegen das Antimenschliche errichtet wurde, die mächtiger war als alle gescheiterten Volksfrontbewegungen. Intellektualismus und Moralität waren ihre Bollwerke. Am Ende hat Heinrich

Mann sogar so etwas wie einen Heilsplan des menschlichen Geistes auch in den Katastrophen und Zerstörungen gesehen – so wie
im *Henri Quatre*-Roman am Schluß die Botschaft vom guten
König ausgesprochen ist, auch wenn er untergeht. In diesem Sinn
hat er schließlich geradezu triumphierend festgestellt, daß »am
Neubau der menschlichen Existenz gearbeitet wird«[36], und er hat
»die bessere Seite« freigelegt gesehen, trotz der »monströsen
Erkrankung« der menschlichen Natur. Und er hat von den »hoff-
nungsvollsten Augenblicken der Zivilisation« gesprochen, auch
wenn er hinzusetzte: »Übrigens steht dahin, inwiefern ihre Hoffnungen erfüllt werden sollen: die Verwilderung jedenfalls mußte
eintreten«. So ist das Zeitalter am Ende dennoch gerechtfertigt,
wenn auch nur durch die Katastrophe. Es ist die Einsicht in die
Zusammenhänge gleichermaßen wie die in die eigentliche
Begründung dieser Katastrophe, die das Buch Heinrich Manns
weit über die bloße Zeitreportage hinausheben. Schon im ersten
Kapitel schrieb er: »Zusammenhänge gibt es, man entziffert sie
wohl, unter der Bedingung, daß man schon dabei war und nachher
lange genug lebt. Sie definieren geht nicht«. So wird man Definitionen vergebens suchen – aber da sie nicht gewollt sind, enthüllt sich das nicht als Mangel, sondern als gewollter Verzicht auf
Erklärungen, die den Kern der Katastrophe für Heinrich Mann
nicht bloßlegen konnten. Er hat, indem er das Irrationale
benannte, die Katastrophe dennoch auf einen ihr inhärenten
Grund zurückgeführt. Hitler, der zum Unglück aller so Glückliche, erscheint als Figuration des bösen Prinzips, als das absolute
Gegenbild alles dessen, was er zur Lichtseite seines Zeitalters
rechnete: Intellektualität und Moral vor allem. An sie hat er, dennoch, geglaubt.

Das Hitler-Kapitel setzt in manchem den großen Essay *Der Haß*
von 1933 fort – bei veränderter Bewertung. Damals, zu Beginn
der nationalsozialistischen Herrschaft, hat Heinrich Mann den
Deutschen ein größeres Maß an Schuld zugemessen:

> Der große Mann ist im günstigen Augenblick erschienen,
> und seine Größe wurde ihm zugesprochen von einer Nation,
> die nichts mehr sah und hörte als nur ihn: Grund genug, ihn
> für den längst Erwarteten zu halten [...]. Die großen Männer
> werden geschaffen von den Völkern; gegen eine solche
> Gesamtentscheidung gibt es keine Berufung.«[37]

Damals hat Heinrich Mann die allzugroße Liberalität der Weimarer Republik für das Aufkommen Hitlers vor allem verantwortlich gemacht: »Die Republik mußte unterliegen, weil sie ihren Feinden alle Freiheiten gelassen hatte, sich selbst aber keine einzige herausgenommen hatte«.[38] Von derartigen Erklärungen ist Heinrich Mann im *Zeitalter* wieder abgerückt, weil es Erklärungen von außen waren und nicht von innen her, weil sie damit sogar von der wahren Erkenntnis der katastrophalen Vorgänge ablenkten, da sie im Grunde nur die Bedingungen der Möglichkeiten aufhellten. Geblieben aber ist für Heinrich Mann der Appell an die Vernunft, ebenso wie der Glaube, daß »ein neues Zeitalter der Vernunft« heraufkommen werde.

Anmerkungen:

1. Heinrich Mann, *Ein Zeitalter wird besichtigt*. Berlin/Weimar ²1982, S. 347.
2. Ebda.
3. Ebda., S. 147.
4. Ebda.
5. Ebda., S. 148.
6. Ebda., S. 147.
7. Ebda., S. 6.
8. Ebda., S. 7.
9. Ebda., S. 103.
10. Ebda., S. 20.
11. Ebda., S. 22.
12. Ebda., S. 23.
13. Ebda., S. 25.
14. Ebda., S. 26.
15. Ebda., S. 29.
16. Ebda., S. 192.
17. Ebda., S. 350.
18. Ebda., S. 353.
19. Ebda., S. 356.
20. Bertolt Brecht, *Gesammelte Werke*. Hrsg. v. Suhrkamp Verlag in Zusammenarbeit mit Elisabeth Hauptmann. Frankfurt a. M. 1967, Bd. 8, Gedichte 1, S. 406.
21. Thomas Mann, *Joseph und seine Brüder*, in: *Neue Studien*. Frankfurt a. M. 1948, S. 164.
22. Thomas Mann, *Altes und Neues*. Frankfurt a. M. 1953, S. 587.
23. Ebda., S. 590.
24. Ebda., S. 589.
25. *Thomas Mann – Heinrich Mann. Briefwechsel 1900 – 1949*. Hrsg. v. Hans Wysling. Frankfurt a. M. ²1984, S. 50.
26. Heinrich Mann, *Im Schlaraffenland*. In: *Werkauswahl in 10 Bänden*. Düsseldorf 1976, S. 739.
27. Ebda.
28. Heinrich Mann, *Ein Zeitalter wird besichtigt*, a. a. O., S. 219.
29. Ebda., S. 361.

30. Ebda., S. 366.
31. Ebda., S. 336 f.
32. Ebda., S. 155.
33. Ebda.
34. Ebda., S. 156. *Gedichte 1*, a. a. O., S. 406.
35. Ebda., S. 158.
36. Ebda., S. 506.
37. Heinrich Mann, *Der Hass. Deutsche Zeitgeschichte*. Berlin/Weimar 1983, S. 77 f.
38. Ebda., S. 82.

II

Gerd Müller
Geschichte, Utopie und Wirklichkeit
Vorstudie zu Heinrich Manns
Henri Quatre-Roman
(1971)

Es ist einigermaßen überraschend, daß Heinrich Manns großer zweibändiger Altersroman *Die Jugend und die Vollendung des Königs Henri Quatre* bisher so wenig Resonanz bei der Forschung gefunden hat.[1] Und das, obgleich sich das Werk, wie die verschiedenen Auflagen andeuten, inzwischen beim Lesepublikum fest etabliert hat.[2]

Der Roman galt – darauf hat Rühle wieder hingewiesen[3] – seit Georg Lukács als eine Art Schlüsselroman für eine antihitlerische, kommunistische Volksfront. Paradoxerweise war es Lukács, der die Bedeutung dieses für die deutsche Literatur so wichtigen Werkes als einer der ersten erkannte, aber in verzerrender Weise formulierte, so daß zugleich mit dem Roman eine Interpretation erschien, die seine Bedeutung zugleich hervorhob und in wichtigen Partien im Dunkeln ließ. Es mag daher angebracht sein, zunächst auf Lukács' Interpretation einzugehen und dann den Roman selbst zur Sprache kommen zu lassen.

Lukács behandelt Manns Roman ausführlich in seinem Aufsatz *Der Kampf zwischen Liberalismus und Demokratie im Spiegel des historischen Romans der deutschen Antifaschisten* von 1938.[4] Er weist dort auf die große Aktualität des Romans gerade für die Gegenwart von ca. 1935 – 1938 hin, wenn er Manns Henri-Gestalt als »Typ eines positiven Helden« und damit als utopisches *Gegenbild* zum nazistischen Führer vom Schlage Hitlers erklärt.[5]

»Und sogar bei Heinrich Mann, [...] begegnen wir Stellen, an denen er die Geschichte der Vergangenheit beiseite schiebt, um den wirklichen, den heutigen Feind, um Hitler frontal anzugreifen.«[6] Nicht unbedenklich vereinfacht wird aber Lukács' Stellungnahme, wenn er im Folgenden dann in der Figur des Herzogs von Guise »*nichts anderes* als ein satirisches Bild des ›Führers‹ und seiner demagogischen Mittel, auf das Volk einzuwirken«[7] sehen will und schließlich in seiner Zusammenfassung die insgesamt wenig »fortschrittliche« Komposition des Romans um eine historische Einzelgestalt bemängelt und beklagt, daß Heinrich Mann sich nicht für ein »sozialistisches« Thema entschieden hat und keine kollektive Handlung zum Gegenstand der Darstellung machte. Der Gestalt Henris werde, so heißt es an der entsprechenden Stelle, zuviel Gewicht beigemessen, dagegen die Wechselbeziehung zwischen »Volk und Führer« zu wenig hervorgehoben.[8] Die humanistische Tendenz des Romans wird somit akzeptiert, seine formale Konzeption jedoch als überholt abgelehnt.

Wie eine Bestätigung von Lukács muß klingen, was man bei Heinrich Mann selbst, vor allem in seiner Autobiographie *Ein Zeitalter wird besichtigt*[9] über die Gegenwartsbezogenheit des Stoffes lesen kann. Da wird ganz unhistorisch eine Art typologisches Verhältnis entwickelt zwischen Vergangenheit und Gegenwart. Und als Glaubensgewißheit zeichnet sich am Horizont die Utopie einer besseren Zukunft ab. »Ich kannte den König Henri von Frankreich; er hatte mit den dominations chrétiennes, Republiken und Königreichen, geistlichen Herrschaften, durchaus das gleiche im Sinn wie zu dieser Zeit Messrs. Churchill und Roosevelt«[10], heißt es dort etwa, oder an anderer Stelle: »Das Frankreich des Königs Henri Quatre und des Generals de Gaulle ist durchaus das gleiche. Beide Male ist seine Vitalität augenscheinlich, sein Lebensgefühl steigt mit seiner Besinnung. Der König und der General haben gegen sich eine tote Masse, damals die Ligue genannt, jetzt der Faschismus [...].«[11] In der Autobiographie viel deutlicher als im Roman selbst bilden die Morde der Bartholomäusnacht die typologische Vorausdeutung der politischen Liquidationen während der Nazizeit[12], und das Bündnis der »heiligen Allianz« wiederholt sich im Bündnis der westlichen Staaten gegen die Sowjetunion der 20er Jahre. Und schließlich ist da die gewichtige Aussage über Heinrich IV.: »Der Befreier Henri Quatre handelte revolutionär, seither wäre er Bolschewik genannt worden. Indessen hieß er Ketzer, und die wirklichen Zusammenhänge blieben im Dunkeln.«[13]

So gewiß der letzten Aussage zuzustimmen ist, so kritisch hat man jedoch die übrigen zu nehmen. Es will mehrfach in der Autobiographie scheinen, als werden dort aus der Distanz des Alters heraus Zusammenhänge glatter und widerspruchsloser hergestellt als sie in Wirklichkeit sind. Der behaupteten Wiederkehr Henri Quatres als Roosevelt, Churchill oder de Gaulle stehen die ganz anderen politischen Absichten entgegen, für die diese eintraten. Man muß schon den Boden historischer Tatsachen verlassen und sich auf ein ähnlich hohes Niveau der Abstraktion wie Heinrich Mann begeben, wenn man zwischen den Genannten und dem Navarreser mehr als nur allgemeinste Parallelen entdecken will.[14]

Aber dennoch will es scheinen, als hätten diese nachträglichen Typologisierungen Heinrich Manns die Deutung seines Romans einseitig auf die Interpretation als eine Art politische Denkschrift festgelegt.

Wer den *Henri Quatre* gelesen hat, wird die Äußerungen Heinrich Manns aus seiner Autobiographie kaum als eine umfassende Interpretation des Romans akzeptieren wollen. Auch als Stützung von Lukács' These können diese Äußerungen nicht in Betracht kommen, da sie sich nur auf den historischen Henri beziehen, nicht aber auf die Gestalt, die im Roman dargestellt wird. Bevor entschieden werden kann, ob der Roman als Stellungnahme zu aktuellen politischen Ereignissen gedacht war, sind einige wichtige Fragen zu klären:

1. Welche Beziehung besteht zwischen dem Autor und seinem historischen Stoff? Gibt es über die rein aktuelle Bedeutung des *Henri*-Stoffes als eines »Gegenbildes« zur Gegenwart hinaus noch andere Anknüpfungspunkte, die eine Behandlung für Heinrich Mann nahelegten? 2. Welche Abweichungen und Freiheiten vom historischen Vorbild erlaubt sich Heinrich Mann in seinem Roman? Erfüllt der *Henri Quatre* die gattungstechnischen Normen der Form des historischen Romans?

Die erste Frage sucht den Motiven auf die Spur zu kommen, die Heinrich Mann zur Auseinandersetzung besonders mit der Gestalt Heinrichs von Navarra angeregt haben. Es gilt, diesen Roman, nachdem Lukács ihn aus seinem auktorialen Zusammenhang gerissen und ihn in ein vorgefaßtes Schema gestellt hat, gleichsam wieder »naiv« und ohne die Lukácssche Interpretation zu lesen. Lukács hat den Roman gewissermaßen von seinem Autor und dessen übrigen Werken gelöst. Uns kommt es vor allem darauf an, den Roman wiederum mit Werk und Entwicklung seines Autors zu verknüpfen. Besonders die kritischen Anmerkungen Lukács' über die »Gesamtkonzeption« des Mannschen Romans deuten nämlich an, daß hier eine kritische Position gewählt wurde, die zur Beurteilung dieses Werkes zu schmal ist. Die vorliegende Studie versucht, dem *Henri Quatre* von einer breiteren Position aus gerechter zu werden. Dabei soll keineswegs Lukács' Verdienst an diesem Roman geschmälert werden. Er war einer der ersten und der bisher zweifellos bedeutendste Kritiker, der die eminente Relevanz gerade dieses Romans für die deutsche Gegenwartsliteratur erkannt hat. Leider aber konnte er sich hier wie an vielen anderen Stellen seines Werkes nicht von dem verhängnisvollen Kurzschluß befreien, nach dem der künstlerische

Rang eines Werkes nach dem Grade seiner Parteilichkeit gemessen wird.

Die zweite Frage zielt auf die fast automatische typenmäßige Klassifizierung des *Henri Quatre* als eines historischen Romans. Gerade an diesem Werk aber wird die gattungsmäßige »Problematik des historischen Romans«[15] erkennbar und wirkt sich negativ auf die Rezeption des *Henri Quatre* aus. Ernsthafter als bisher geschehen, ist an diesem konkreten Beispiel die wechselseitige Beeinflussung von historischer Substanz und schriftstellerischer Gestaltung zu untersuchen.[16] Vor allem ist eine Antwort auf die Frage zu suchen, warum Heinrich Mann bei seiner offensichtlich profunden Quellenkenntnis den historischen Bericht an wichtigen Stellen umakzentuiert hat.

A) Die Aktualisierung des historischen Stoffes

Die bisherige *Henri Quatre*-Forschung ist sich einig über eine Relatierung der dargestellten historischen Vorgänge auf die Gegenwart. Es besteht nur Uneinigkeit darüber, wie weit dieser Gegenwartsbezug geht. Die extremste Position wird hier, wie angedeutet, von Lukács eingenommen, der den ganzen Roman überhaupt als eine Art verschlüsseltes »Gegenbild« zum Nazi-Regime sehen wollte.[17]

Schaut man sich daraufhin den Roman selbst genauer an, so ist der Aktualitätsbezug weniger aufdringlich als man nach den erwähnten kritischen Würdigungen erwarten sollte wenn man einmal von der banalen Tatsache absieht, daß jedes Kunstwerk und ganz besonders natürlich jeder historische Roman immer auf irgendeine Weise etwas über seine eigene Zeit auszusagen hat und somit gegenwartsbezogen ist.

Im *Henri Quatre* wird neben dieser gleichsam naturgemäßen Bezogenheit auf die eigene Zeit allerdings an vielen Stellen auch ein bewußtes Streben des Autors spürbar, bestimmte historische Vorgänge als identisch mit Erscheinungen der Gegenwart zu erweisen. So glaubt man besonders in den Passagen, die sich mit der Aktivität der katholischen Liga gegen Navarra beschäftigen, deutlich die Absicht Heinrich Manns zu spüren, hier eine Art historischen Prototyp der SA zu stilisieren. Guise, der Führer der Liga, wird so zu einer Hitler-Gestalt, deren verführerische Wirkung auf die Weiblichkeit besonders betont wird. Bei Ausritten wird er u. a., ohne daß sich dafür in den historischen Quellen

Belege anführen ließen, »mit der erhobenen rechten Hand« und dem Wort »Heil!« begrüßt.[18] In der Beschreibung des fanatischen Priesters Boucher läßt sich unschwer das Vorbild des nazistischen Propagandaministers Goebbels erkennen: »Denn Boucher war von verkümmerter Gestalt, er ragte nur wenig über den Rand. Dagegen spuckte er weithin. Seine Sprache entartete leicht zum Gebell [...].«[19] Kein Wunder, daß dieser Demagoge Dinge in einer Sprache predigt, die im historischen Kontext etwas fremd anmuten, dem deutschen Leser von 1933 – 45 aber vertraut klingen mußten: »Das Volk und alles Volkhafte wäre in höchster Gefahr, ausgeliefert zu werden an geheime Mächte, die ihren Untergang beschworen hätten.« Da ist von einem »Schmachfrieden« die Rede als handle es sich um den Versailler Vertrag, von »fauler Gesittung« einer »verkommenen« Minderheit, von »Boden und Blut«, die nach »Gewalt, Gewalt, Gewalt, nach einer kraftvollen Reinigung von allem, was ihnen fremd wäre«, riefen und was der schwammigen Formulierungen aus der Sprache des Unmenschen noch mehr sind.[20] Die fanatisierten Gläubigen erhalten die Absolution mit vertrauten Formulierungen aus der Zeit des Tausendjährigen Reiches: »Was man künftig auch beging, niemand verantwortete seine Taten, denn hier schwuren sie im voraus *blinden Gehorsam dem Führer.*«[21] Wie vertraut auch klangen Formulierungen wie die folgende, in der der absolute Machtanspruch der Liga zum Ausdruck kommt: »Weder Bürger noch Bauer werden um ihre Stimme ersucht, sondern wer der Liga nicht beitrat und dem Führer blinden Gehorsam schwor, war verloren. Tu Arbeitsdienst und leist ihm deine Wehrpflicht! Zahl ihm Abgaben, sei tagelang auf den Beinen trotz deinen Krampfadern, bei allen Kundgebungen der Partei, sooft es ihre Massen aufruft! Wo nicht, verlierst du Arbeit und Absatz, du bist geächtet, [...].«[22] An Stellen wie dieser brauchten nur Namen und Bezeichnungen geändert zu werden, um zu erkennen, wer wirklich gemeint war. Die Geschichte wird hier zu einer durchsichtigen Folie, die die nazistische Gegenwart eher klarer als verschlüsselt hervortreten ließ.

Freilich – und das haben die marxistischen Kritiker übersehen, die sich mit diesem Roman Heinrich Manns auseinandersetzten[23] – Stellen wie die eben zitierten, an denen der politische Schriftsteller der 30er Jahre spricht und sich nur notdürftig unter einer historischen Maske verbirgt, sind selten und fast ausschließlich auf den Komplex der spanischen Liga beschränkt und zudem auf einen rein umfangmäßig sehr knappen Teil des Romans. Es dürfte zudem kaum im Interesse des kritischen Aufklärers und militanten Anti-Irrationalisten[24] Heinrich Mann gelegen haben, die im Roman ins Sektiererisch-Dämonische stilisierten politischen Absichten der französischen Liga[25] in allen Punkten auf die Umtriebe der Nazis zu übertragen. Die »ratio militans«[26] pflegt ihre Gegner – und Heinrich Mann hat das ja in seinen Essays deutlich genug gesagt – nicht zu mystifizieren, sondern in ihrer Borniertheit klar zu durchschauen und zu bekämpfen. »Was wirklich ist, ist berechenbar.«[27] Die Gegnerschaft steht hier – der große *Zola*- Essay von 1915 spricht es am deutlichsten aus[28] – gerade zwischen der Vernunft und der durch sie demaskierten Gewalt. »Die Macht ist unnütz und hinfällig, wenn nur für sie gelebt worden ist und nicht für den Geist, der über ihr ist.«[29] Die im *Henri Quatre* deutlich erkennbare Tendenz, die negativen Kräfte und Parteien zu derationalisieren, sie gewissermaßen im mystischen *Unter*-Grund anzusiedeln, deutet vielmehr darauf hin, daß bei der Konzeption dieses Werkes nicht primär an den großen anti-nazistischen Roman gedacht wurde, wie etwa *Der Untertan* der anti-wilhelminische Roman war, sondern daß Heinrich Manns Absichten weitergingen. Der *Henri Quatre* ist als typisches Alterswerk vielsträngiger und in seiner Struktur dichter als es die bisherigen Interpretationen andeuten.

Aber von solchen allgemeinen Überlegungen ganz abgesehen: Wer den *Henri Quatre* ausschließlich als ein exaktes politisches Reaktivum auf zeitgenössische Vorgänge in Deutschland festlegen möchte, muß schon rein äußerlich in der Handlung gewisse Ungereimtheiten in Kauf nehmen. Im Roman hat der Held anfangs die Kräfte der Reaktion nach und nach zu überwinden, während der größere Teil des zweiten Bandes die Taten des Friedenskönigs auf der Höhe seiner Macht schildert. Am Ende des Buches, an vielen Stellen durchschimmernd, wird der »große Plan« entwickelt, Heinrich von Navarras politisches und seines Autors dichterisches Vermächtnis: die Utopie einer großen menschlichen Gemeinschaft für »Freiheit, Vernunft und Menschlichkeit.«[30] Heinrich Mann hat bei der Ausarbeitung des »großen Plans« die Urheberrolle seines Henri stärker betont als dies durch die historischen Quellen belegt ist. Der Nachwelt sind ja bekanntlich die Konzeptionen aus den Aufzeichnungen Sullys bekannt geworden.[31] Bei Heinrich Mann werden sie zum politischen Testament eines Mannes, der damit seinen eigenen Tod überwinden möchte. Henri verkündet feierlich: »Sie [die reaktionären Kräfte Europas; d. Verf.] betreiben aber mit meinem Untergang einen größeren, den der Freiheit, Vernunft und Menschlichkeit [...]

Meine Sache ist, daß die Völker leben sollen, und sollen nicht statt der lebendigen Vernunft an bösen Träumen leiden in dem aufgedunsenen Bauch der universalen Macht, die sie alle verschluckt hat.«[32] Und schließlich fällt an erzählerisch exponierter Stelle ein Synonym für »der große Plan«, das jedem Leser der 30er Jahre die historischen Vorgänge schlagartig aktualisieren mußte: der Völkerbund.

> Mein großer Plan, ihr wohlweisen Herren begreift ihn. Er ist die Rechnung, daß ein Friede, den nur die Rüstungen erzwingen, verschwenderisch bezahlt wird [...] Der Friede ist seinen Preis wert, wenn nicht wir allein ihn tragen, sondern alle christlichen Staaten überein. Ich und meine Verbündeten werden alle überzeugen, wo ihr Vorteil und ihre Sicherheit sind. Nirgends sonst, als in einem Völkerbund.[33]

Schaut man freilich genauer zu, so erscheint die Kongruenz zwischen den Konzeptionen vom Ausgang des 16. Jahrhunderts und der Charta des Völkerbundes aus den 20er Jahren weniger ideal als es die austauschbaren Schlagworte im Roman erwarten lassen.

Die Vorstellungen, die Manns Henri entwickelt, sind zwar teils praktisch-politischer Art (Verteidigungsbündnis, gegenseitige Respektierung der Staatsgrenzen) teils aber rein visionär-philosophisch. Teils werden Gedanken angeschlagen, wie sie in den Entretiens de Pontigny diskutiert werden mochten[34], teilweise aber ein moralisch-ethischer Überbau errichtet, der sich in der luftigen Höhe seiner Abstraktheit immer weiter verflüchtigt. Zugleich ist so vom Kampf gegen die »universale Monarchie«[35] und dem Anspruch auf Weltherrschaft die Rede, doch wiederum auch aus religiöser Verankerung heraus vom Kampf gegen das »Reich der Finsternis«.[36] Es sind Stellen, die eher nach Kants Schrift vom »ewigen Frieden«[37] klingen als nach dem sonst von Heinrich Mann so häufig gefeierten »militanten Humanismus«.[38] Sie zeugen von der moralischen Integrität des Autors eher als von der auf praktische Durchführbarkeit gerichteten politischen Intelligenz der literarischen Hauptgestalt. Ganz offensichtlich hat Heinrich Mann gegenüber den Quellen das moralisch-spekulative Element in der Gestalt des Navarresers herausgearbeitet.

Solchergestalt wird deutlich, daß dieser »große Plan« vom »Völkerbund« Heinrichs von Navarra, wie Heinrich Manns ihn hier entwickelt, viel weniger mit dem tatsächlichen Experiment von Genf zu tun hat – es war ja zudem bereits zur Entstehungszeit des Romans gescheitert – als mit den Wunschträumen und Plänen seines Autors.[39] In merkwürdiger Blindheit gegenüber den tatsächlichen Gegebenheiten eines drohenden Weltkrieges wird hier mit biblischen Wendungen immer noch »die große Staatenrepublik, die im Werden ist«[40] aus den 20er Jahren beschworen. »Großes Erlebnis, die Wiederkehr der Idee! Etwas luftig Ungreifbares über dem Leben, zerteilte Wogen, weil ihr's glaubt, das Schicksal gelenkt wie durch Zauber!«[41] Das ist im Kern, worum es Heinrich Mann auch in diesem Roman geht: die ewige Wiederkehr des Gleichen. »Nichts im Menschen stirbt ab.«[42] Das Beispiel der Geschichte projiziert in die dunkle Gegenwart die Hoffnung einer besseren Zukunft. Der *Henri Quatre* ist, so betrachtet, das *magnum opus* Heinrich Manns, in dem in glücklicher Harmonie alle Züge seines umfangreichen Werkes zusammengefaßt sind. Betrachten wir einige der Hauptkonstituenten.

B) Navarra oder die Menschlichkeit

»Die Auffindung der Moral, ihre überlegte Geburt für das einzelne Gewissen, geschieht durch Anschauung und vermöge Erkenntnis. In Laufbahnen wie meine ist das erste Anschauung. Ich habe gesehen und gestaltet, bevor ich den Sinn der Dinge begriff. Die Treue und hochgespannte Darstellung erwirbt zuletzt auch Geist [...].«

So schreibt Heinrich Mann nach Entstehung des *Henri Quatre* in seinen Memoiren.[43] Diese Sätze könnten vor allem im Hinblick auf den großen Roman geschrieben sein, der wie kaum ein zweites Werk Heinrich Manns eben diese Qualitäten der »hochgespannten Darstellung« und des »Geistes« vereinigt. Worum geht es?

Es geht vor allem um die Gestalt der Menschlichkeit. Der Navarreser ist für Heinrich Mann die personifizierte Menschlichkeit, kein aufklärerisch abstrahiertes Ideengerüst, wie man es noch gelegentlich in Heinrich Manns Romanen der Kaiserzeit[44] antrifft, sondern eine runde und psychologisch überzeugende Gestalt. Der Autor begeht nicht mehr den Fehler früherer Romane, daß er die positiven Kräfte gleichsam als gutes Prinzip am Ende über die aufrührerischen Elemente siegen läßt, sondern er zeigt sich als der größere Realist: »Seht mir in die Augen. Ich bin ein Mensch wie ihr; [...].« Diese Worte aus der Ansprache des ermordeten Henri an die Erdenbewohner geben den Tenor der Schilderung her: Henri als Mit-Mensch und Leidensgenosse, der bewußt die Distanz zwischen seinem absoluten Königstum und dem gemeinen Mann aufhebt, weil auch die Königswürde, obzwar durch Geburt verliehen, durch Leistung erworben werden muß. So kann er von sich sagen: »Ich bin Prinz von Geblüt und bin Volk gewesen. ›Ventre-Saint-Gris!‹ man muß eines und das andere sein, [...].«[45]

Dieser *demokratische Zug* ist eines der Leitmotive, die in dem Roman angeschlagen werden. Heinrich Mann geht hier zweifellos über seine historischen Hauptquellen Ranke und Michelet hinaus, wenn er die überlieferte Leutseligkeit und Popularität des Navarresers umstilisiert zu einer Art sozialreformerischem Königstum. Nicht nur wird von diesem König gesagt, er habe »das Aussehen eines Arbeiters, obwohl seine Arbeit von einer besonderen Art ist«[46], sondern er wird auch als ein früher Vorkämpfer für die Belange der Entrechteten und Armen dargestellt.[47] Die Größe und Vorbildlichkeit dieses Königs liegt, wie der Autor erklärt, in dem Umstand,

> »daß er zuerst einmal leben (muß), und als Armer bezahlt er durch Arbeit. Das bedeutet, daß er die Wirklichkeit als Durchschnittsmensch kennenlernt. Das ist etwas bemerkenswert Neuartiges: der Fürst eines großen Königreiches, das ohne ihn der Auflösung entgegeninge, tut seine Taten, indem er das allgemeine Elend durchlebt [...].«[48]

Selbstverständlich ist sich ein solcher Fürst der Hinfälligkeit alles Strebens über die eigene Lebensdauer hinaus bewußt. Rückblickend auf seine große historische Leistung, die Stabilisierung der religiösen Gegensätze zwischen Katholiken und Protestanten in einem *status quo*, gibt er zu bedenken:

> Ich hätte in meinem Eifer für die Religion vergessen, daß unsere Taten uns kaum überleben. Dann fordert man, hat nie genug und will die Freiheit der Gewissen zum ewigen Gesetz erheben. Sie verfällt aber mit uns selbst, und die nächsten müssen sie neu erobern.[49]

Auf dem Höhepunkt seiner Macht, mißtrauisch und neidisch belauscht von den Großen des Reiches, hat der König nach Heinrich Manns Meinung nur einen wirklich mächtigen Verbündeten – das Volk. »Die gewöhnlichen Leute, Arbeiter, und wer alles auf den Straßen lebte, hatten eine geheime Verbindung nach dem

König Henri [...].«[50] Von ihm erwarten sie die »Veränderung der Gesellschaft«.[51] Er hat sich zum Führer im Kampf um Frankreich gemacht, der von den meisten als Glaubenskrieg, von ihm selbst aber – so behauptet Heinrich Mann – als *Klassenkampf* aufgefaßt wird. Das Kapitel »Der fröhliche Tag« illustriert den Kampf zwischen den Protestanten und Joyeuse als eine Schlacht zwischen arm und reich, Entrechteten und ihren Unterdrückern.[52] Sieg für die »Religion« wird zugleich zum Triumph für das Programm des sozialen Ausgleichs, das Henri verkörpert, und am Edikt von Nantes wird nicht so sehr der religiöse Toleranzgedanke betont als der soziale Aspekt, der dem Dritten Stand erstmalig in einer staatlichen Körperschaft die zahlenmäßige Übermacht über den Adel einräumte. »Vier Edelleute gegen sechs vom Dritten Stand. Bei den Protestanten fängt er an.« »Das ist die Herrschaft der Gemeinen«.[53] Man braucht nicht erst die zweite Replik zu lesen – »Wenn es nicht die Allmacht der Majestät ist« – um zu erkennen, daß es hier nicht um die sozialistische Revolution geht, sondern um ein aufgeklärtes Reformprogramm. Navarra, Begründer des französischen Absolutismus, wäre ein gar zu schlechtes Vorbild gewesen, um daran den Beginn der Diktatur des Proletariats zu demonstrieren.[54]

Das Motiv zu solcher Art von Menschlichkeit ist – weiteres Zeichen für künstlerische und geistige Reife des Autors – vielschichtig gelegentlich bis zur Zweideutigkeit. Neben dem in der Person Henris angelegten persönlichen Ehrgeiz, seinem unbeugsamen Willen zur Macht[55], der ihn im Verein mit seiner hohen Intelligenz zur Mäßigung und Milde gegenüber den Feinden anhält, ist es zweifellos seine *Liebesfähigkeit*, die ihn bewegt, Gegner nachsichtig und gnädig zu behandeln. »Ihm [Henri; d. Verf.] war es natürlich, über den Feind nachzudenken bis nah an die Liebe [...].«[56] Es ist dies eine Liebe, die mit dem Gedanken der christlichen Nächstenliebe sich nur in wenigen Aspekten deckt, nicht demütig und leidend, sondern glänzend ist und leidenschaftlich, lebensbejahend und zupackend. Sie entspringt aus dem Gefühl der Lust am Leben, die gleich im ersten Kapitel des Romans als Leitmotiv anklingt[57], und sie verweist diesen Henri seiner geistigen Herkunft nach in die Renaissance, obgleich er seiner Lebens- und Wirkungszeit nach bereits an der Schwelle zum Barock steht.[58]

Die Liebe des Navarresers wiederum, so human sie ihn im politischen Bereich erscheinen läßt, so bedenklich und diskutabel macht sie ihn charakterlich. Dieser Mann, der seinen ganzen Willen darauf spannt, sein Volk zu einigen und ihm den Frieden zu bringen, erweist sich als schwach und launisch in seinen persönlichen Affären. Heinrich Mann versäumt nicht, auf die bittere Ironie dieses Menschen aufmerksam zu machen, der in seiner Jugend, wie es in anderem Zusammenhang heißt, »die Gabe des Lebens hat«[59] und daraus den Anspruch auf den Thron ableitet und in seinem Alter verlebt und unansehnlich aus dem Bewußtsein der Königsmacht den Anspruch auf den Besitz des Lebens und der Liebe erhebt. Heinrich Mann betont stärker als es die historischen Quellen tun, die Abhängigkeit der historischen Leistung von der Vitalität des Individuums. Es wäre falsch, das von Mann hervorgehobene Liebesbedürfnis Henri Quatres mit moralisch-puritanischen Argumenten abzutun und nur unter sexuellen Aspekten sehen zu wollen.[60] Liebe, so heißt es später in den Memoiren, ist die große positive Kraft, die die Welt aufbaut, und Heinrich IV. kommt in diesem Zusammenhang exemplarische Bedeutung zu: Er wird zum positiven Gegenbild von Preußens liebesunfähigem Friedrich erhoben, dessen »traurige Geschichte« Heinrich Mann nicht mehr hat vollenden können.[61]

> Goethe beiseite, er hat wirklich die Welt erobert, [...] hat gehandelt – und liebte an der Schwelle des Greisenalters wie ein Jüngling. Um die Könige zu vergleichen: Henri Quatre einigte Frankreich bis auf die letzte seiner Provinzen: er verwirklichte das Königreich, dies alles unter Liebesgeschichten: [...] Friedrich der Große ist der Zerstörer des alten deutschen Reiches: an ein neues dachte er höchstens wie an ein gelobtes Land, das er nicht sehen sollte. Aber er war unfähig zu lieben [...].[62]

Und schon der frühe *Zola*-Essay deutet voraus auf das spätere Zentralmotiv der Liebe und gibt ihm seine gesellschaftlich-sittliche Dimension:

> Was ist das, die Gabe des Lebens? [...] Es ist dies die Gabe der Wahrheit! Die Wahrheit lieben: anders wird keiner groß. Alle ihre Mächte lieben, Wissenschaft, Arbeit, Demokratie: die große, arbeitende Menschheit, die hinauf will, los von den Beschönigungen und Ungerechtigkeiten der Vergangenheit. Sich als einer der ihren fühlen und als nichts weiter [...] Nur nicht sich abseits und besonders dünken; teilnehmen als einer unter vielen an der großen Untersuchung über

das Jahrhundert, über das moderne Leben. Seine Zeit lieben: [...]⁶³

C) Die ständige Wiederkehr des Gleichen

Henri Quatre hat – dies Motiv unterschiebt Heinrich Mann seinen historischen Handlungen – »seine Zeit geliebt«. Darauf beruht sein großer politischer Erfolg. Deshalb auch ist er der wahrhaft große König geworden, der einzige noch heute populäre König der französischen Geschichte. Die Zeit Heinrichs IV. aber und ihre politisch-philosophischen Spannungen und Auseinandersetzungen ist das zweite große Thema des Romans, bietet sich dem politischen Schriftsteller doch hier die exemplarische Gelegenheit, seine These von der Moral als der Wurzel alles politischen Handelns zu demonstrieren. Auf diese Weise wird die Renaissance wiederum im typologischen Schema *Vor-Bild* der Gegenwart. In der Lösung der großen ideellen Auseinandersetzungen jener Zeit bietet sich nach Meinung des Autors eine Lösungsmöglichkeit für die aktuellen Kontroversen. Ganz deutlich wird in dieser Parallelisierung einzelner Geschichtsepochen das hegelsche Geschichtsdenken Heinrich Manns erkennbar: »Nun hat die neuere Geschichte an ihrem Anfang, der Renaissance heißt, stürmisch alles vorweggenommen; später wurde nicht mehr erfunden, nur umständlich ausgeführt und wiederholt.«⁶⁴ Die Renaissance habe, so heißt es weiter, die »Modelle für Jahrhunderte« geliefert. Die Zeit Heinrichs von Navarra ist deshalb besonders gut geeignet, die Tendenzen der Gegenwart schlaglichtartig zu beleuchten. Im Roman ist deutlich das Bestreben erkennbar, die sonst verwirrende Vielfalt der historischen Vorgänge zu ordnen, gelegentlich gar zu vereinfachen⁶⁵, aber insgesamt in ihrer modellhaften Struktur sichtbar zu machen. Geschichte ist für Heinrich Mann vor allem Ideengeschichte, hinter den konkreten Auseinandersetzungen der Parteien werden immer die geistesgeschichtlichen Gegensätze sichtbar. So wird etwa das große politisch-religiöse Einigungswerk Heinrichs von Navarra über das tatsächlich historisch belegbare Maß hinaus mit Philosophie und Ethik Montaignes in Zusammenhang gebracht. Der Navarreser wird von Heinrich Mann, was er in dem Ausmaß nicht gewesen ist, zu einem gelehrigen Schüler des Edelmanns von Périgord stilisiert⁶⁶, der sich gläubig mit den Lehren seines Meisters identifiziert. Die historischen Quellen wissen hier zwar von Hochachtung des Königs gegenüber dem Philosophen und Diplomaten zu berichten, nicht aber von dem Lehrer-Schüler-Verhältnis, das Heinrich Mann daraus macht. Vermutlich um dieses Geistesbündnis zwischen dem skeptischen Philosophen und dem König psychologisch überzeugend zu gestalten, akzentuiert Heinrich Mann nun auch noch die Philosophie Montaignes leicht um. Wie er sie darstellt, haftet der Lehre und der Gestalt Montaignes nichts von der Resignation und Weltflucht an, die dem Philosophen von gewissen Kritikern vorgeworfen werden.[67] Im Gegenteil: es wird speziell darauf hingewiesen, daß Montaigne die Einsicht gehabt habe, man dürfe nicht allein der Überzeugungskraft sittlicher Argumente vertrauen, sondern müsse ihnen durch Handlungen zum Sieg verhelfen. »Das muß man wissen; wer denkt, soll handeln und nur er.«[68]

Auf diese Weise wird Montaigne von Heinrich Mann umstilisiert – übrigens nicht ganz ohne inneren Widerspruch – zum geistigen Ahnherrn eines militanten Humanismus[69], dessen glänzende Verkörperung in Henri Quatre erreicht war. Henri wird im Roman zum politischen Organisator und Aktivisten der Partei der »Gemäßigten« oder »Politischen«[70] oder der »Humanisten«[71], wie sie abwechselnd genannt werden. Mit ihnen kämpft er um Mäßigung und Vernunft gegen Haß und Intrigen der Liga wie auch gegen Selbstgerechtigkeit und puritanische Eifersucht der Protestanten. Im Kreise dieser »Politischen« gelingt dem Navarreser die wohl bündigste Formulierung seiner politisch-moralischen Aufgabe: Am Vorabend seiner Konversion zum Katholizismus, die ihm den Weg auf den französischen Thron öffnen soll, tritt Heinrich IV. den Gemäßigten gegenüber und motiviert seine rein politische Entscheidung: »Ich habe nur immer mein Heil gesucht und allezeit gebetet zu der göttlichen Majestät, daß sie es mich möge finden lassen. Die göttliche Majestät gab mir zu wissen [...], daß mein Heil dasselbe ist wie die Herstellung des Rechtes, und dieses ist die vollkommenste Gestalt, die ich vom Menschlichen kenne.«[72]

Werden so die positiven Kräfte um Henri konzentriert, wobei Montaigne als Ideologe und geistiges Zentrum figuriert, so werden die Negativkräfte von Heinrich Mann im Roman ganz ähnlich arrangiert. Der lebensbedrohende Widerpart des Humanismus, der Haß und die Menschenverachtung erhalten in Macchiavelli den Ideologen und in der Liga die tätigen Werkzeuge.

Zwei Arten der Politik stehen so einander gegenüber: die alte, rücksichtslose, ganz auf Durchsetzung des fürstlichen Machtanspruches ausgerichtete, und die Politik der neuen Zeit, verkörpert in Henri.

Merkwürdig, daß der Forschung die Parallele zu Macchiavelli bisher nicht aufgefallen ist, liegt doch der ganze Komplex deutlich zutage.[73] Madame Catherine, die Schwiegermutter Henris, stammt nicht nur aus dem Hause Medici, für das in der Generation vorher der Beamte Nicolo Macchiavelli sein pädagogisches Lehrbuch geschrieben hatte, sie handelt auch nach Geist und Wort dieses Buches. Soviel Schuld sie auf sich lädt, intrigiert, verrät, mordet, nie ist ihr die Schuld mit letzter Sicherheit nachzuweisen. Heinrich Mann sagt, sie sei »den Tatsachen durch ihre Gefaßtheit und ihr Selbstvertrauen« überlegen; »und diese bestand ganz aus der Gewißheit, daß das Leben böse war und daß sie selbst mit dem Leben ging, die anderen aber dagegen.«[74]

Es ist ein ewiger Gegensatz, um den es geht: das Gute gegen das Böse, und das Böse ist die ewig virulente Kraft, die das Gute herausfordert. Eigenartigerweise ist das Böse für Heinrich Mann zugleich unvernünftig, obgleich er im Roman in Madame Catherine eine Frau von imponierender, wenn auch perverser Intelligenz dargestellt hat. »Dagegen gibt es das sittliche Ungeheuer außerhalb der Grenzen der Vernunft. Das ist die Sache der Unwissenden, die gewaltig werden durch ihre ausschweifende Dummheit.«[75] Und eine Gestalt des Romans, Mornay, kann sogar von dem »Mysterium des Unrechts«[76] sprechen, eine Aussage, die vermutlich viel von Heinrich Manns eigener Anschauung enthält, wenn man sie etwa mit Äußerungen vergleicht, die in den Memoiren über den Irrationalismus gemacht werden.

Aber weder Catherine, noch die Führer der spanischen Liga, noch die heiligen patres der societas Jesu sind die hervorragendsten Vertreter des Macchiavellismus, obgleich sie sich im Roman seiner Techniken bedienen. Die schamloseste Verkörperung jener florentinischen Gewissenlosigkeit wird in der unhistorischen Person des Geheimagenten Bonciani geschildert. In seinem Gespräch mit Zameth, dem Werkzeug der Reaktion, heißt es: »Der Fürst ist verpflichtet, kein Gewissen zu haben, es wäre denn das Gewissen der Macht [...] Nur ganz große und augenfällige Lügen werden geglaubt. Wer 13 Menschen durch Gift oder Dolche vom Leben zum Tode gebracht hat, sage nicht: es waren zwölf. Sondern: gar keiner [...].«[77] Es sind diese Praktiken, denen sich Henri zu stellen hat: »Ich weiß dies alles. Die Rache war auch beschlossen; ich habe sie nur fortwährend hinausgeschoben und besser überlegt. So vergeht die Zeit, so vergeht der Haß [...].«[78]

Kein Zweifel, die im *Henri Quatre*-Roman dargestellte Auseinandersetzung steht nicht zwischen realen historischen Kräften und politischen Parteien, sie findet statt als Auseinandersetzung moralischer Grundsätze mit imperialistischen Herrschaftsansprüchen. Eine ethisch verantwortungsbewußte, im Grund philantropische Gesinnung stellt sich einem opportunistischen Machtstreben zum Kampf auf Leben und Tod. Aber die Botschaft, die dieser Roman dem Lesepublikum der 30er und 40er Jahre zu künden hat, ist wenig trostbringend und nicht geeignet, die Problematik der eigenen Zeit aufzulösen: Henri, der streitbare Vorkämpfer des neuen Humanismus, wird ermordet. Es wiederholt sich damit die Lösung des *Untertan*: die Bucks unterliegen den Heßlings. Und wie dort wird auch hier das Böse mystifiziert: Henri wird nicht, wie es der historischen Überlieferung entspricht, von einem verwirrten, politischen Eiferer ermordet, sondern von einem religiösen Fanatiker, der glaubt, den Erzbösen erlegt zu haben. Das »geheimnisvolle Unrecht« siegt trotz allem.[79] »Nun ist er vergangen, wir bleiben dahinten, wir sind traurig. Im Leben des Volkes das Gewohnte ist die Traurigkeit, demnächst die Ergebung – bis zu den Strömen ist es weit.«[80] So schreibt kaum jemand, der in einer Zeit sittlicher Verdunkelung ein moralisches *Gegenbild* entwerfen will. So schreibt im Gegenteil jemand, der die Summe zieht und sich nichts mehr vormachen will.

Es war Georg Lukács, der als erster auf diesen negativen Ausgang des Romans aufmerksam gemacht hat. Da er dem Roman eine militante Rolle im aktuellen Kampf gegen den Nazismus zuwies – wir gingen von dieser Interpretation aus –, mußte er andererseits einen gewissen Gegensatz zwischen dem Ausgang des *Henri Quatre*-Romans und den schriftstellerischen und politischen Aktivitäten Heinrich Manns konstatieren. Dieser Gegensatz existiert natürlich nur, wenn man den Roman ausschließlich als verschlüsseltes Zeitdokument und Stellungnahme zum Zeitgeschehen auffaßt. Er löst sich auf, sobald man, wie der vorliegende Aufsatz, den Roman als Summe von Heinrich Manns schriftstellerischem Gesamtwerk versteht. Dabei legt Lukács' ungemein stimulierende aber in ihren Schlußfolgerungen letztlich unbefriedigende Argumentation unsere Deutung zumindest nahe.

An einer wichtigen Stelle seiner Interpretation des Mannschen Romans heißt es: der *Henri Quatre* enthalte »Stellen, und zwar nicht unwesentliche, in denen sich der konkrete Kampf zwischen konkreten historischen Mächten (zur) Abstraktion verflüchtigt« und in denen »die großen gesellschaftlich-geschichtlichen Gegen-

sätze, die den Inhalt des Kampfes der Menschheit um den Fortschritt bestimmen, zu einer fast anthropologischen Abstraktion
(werden)«.[81] Lukács prägt dann im weiteren Verlauf seiner Argumentation den Ausdruck von den »abstrakt-monumentalisierten,
›verewigenden‹ Prinzipien der überspannten Traditionen der Aufklärung«.[82] Dieses bei einem marxistischen Kritiker natürlich
polemisch gemeinte Argument charakterisiert das Werk indessen
eher, als daß es, wie von Lukács beabsichtigt, seinen »Übergangscharakter«[83] enthüllt.

Lukács übersieht ganz und gar, daß im *Henri Quatre* die hegelsche Geschichtskonzeption zur Anwendung gelangt, die übrigens
schon von Heinrich Manns einer Hauptquelle, Michelet, benutzt
wird. Die Statik der historischen Vorgänge, die Lukács an dem
Werk moniert, erklärt sich aus dem *Schema von Modell und Nachahmung, Anfang und Wiederholung,* das dem hegelschen Prinzip
zugrundeliegt. Nach diesem vollzieht sich in der Gegenwart nur,
was sich ähnlich schon einmal in der Vergangenheit ereignet hat.

Diese geistesgeschichtliche Position bleibt wiederum nicht
ohne Konsequenz für die Art der künstlerischen Gestaltung. Häufiger noch als der historische Bericht zur Gegenwart hin durchbro-
chen wird durch die Aufnahme zeitgenössischen Wortmaterials
und von Anspielungen auf Gegenwärtiges, geschieht eine Durch-
löcherung des erzählerisch-historischen Kontinuums auf das Zeit-
lose, Ideale zu. Besonders im Bereich des Ethischen ist häufig zu
beobachten, daß etwa moralische Einsichten, zu denen einzelne
Gestalten im Roman durch den Verlauf historischer Vorgänge
gelangen, gewissermaßen sentenzenhaft als allgemeine Erkenntnis formuliert werden. So etwa, wenn über die unruhigen Pläne
des gefangenen Navarra berichtet wird: »Gleichviel, so handelt
niemand im wachen Zustand, an einem Hof, wo jeder sich unter
Aufsicht weiß [...] *Aber es gibt nun einmal einen leeren Trieb des
Handelns, der ganz wie ein unruhiger Schlaf ist.*«[84] Oder: »Beredet
man die Dinge zu lange, wird alles zweifelhaft, und zwar sowohl in
Hinsicht der Ausführbarkeit wie der Wünschbarkeit.«[85] Oder:
»Wer aber lange wartet, erlebt, daß seine vorher festesten
Gefühle verwandelt werden, daß sie sich teilen und nicht mehr
ganz sind.«[86] Durch die Menge solcher allgemeinen moralischen
Merksätze wird der historische Bericht gleichsam aufgelöst und in
eine Sammlung exemplarischer Erzählungen verwandelt. Was
sich einmal ereignet hat, ist für den Moralisten so oder ähnlich
wiederholbar.

Es muß aber ständig wieder artikuliert werden, um nicht in Vergessenheit zu geraten: »In gewissen Augenblicken der Geschichte scheint es von neuem Problem zu werden, ob sittliches Handeln der Natur des Menschen überhaupt entspricht. Der Verdacht entsteht dann, sein eigenes Gesetz sei die Gewalt, [...].«[87] Nicht das elende Ende des Navarresers ist somit wichtig, sondern allein der Umstand, daß dieser Mensch hat König werden können mit keiner anderen Hilfe als seiner Klugheit und Menschlichkeit. Darin lag – 1938 – die eminente Bedeutung und utopische Botschaft dieses Romans: zu zeigen, daß selbst in solchen Augenblicken der Geschichte sittliches Handeln der Natur des Menschen gemäß ist. Daß diese Botschaft dann entsprechend »monumental«, »verewigend« im Stil ausfällt, beruht auf dem demonstrativen Charakter, den das Werk gegenüber seiner eigenen Zeit hat.

D) Das Dilemma der Gattung

Bei aller Kritik, die Lukács am *Henri Quatre* übt, scheint ihm von vornherein unumstößlich festzustehen, daß dieses Werk der Gattung des sog. ›historischen Romans‹ zuzurechnen ist. Ja, seine Einwände richten sich gerade auf den Umstand, daß das Buch formal nicht den fortschrittlichen Kriterien eines sozialistischen historischen Romans standhält, sondern einem Zwischen- oder Übergangstypus angehört, der zwar in vielen Ansätzen akzeptabel, in seiner Grundtendenz aber (Dominanz einer Führergestalt, »Monumentalisierung« und »Verewigung« der Auseinandersetzung zwischen Gut und Böse) einem überwundenen Typus dieses Genres zuzurechnen und somit abzulehnen sei.

Es ist nicht nur überraschend zu sehen, wie formalistisch hier von rein gattungspoetischen Positionen aus ein literarisches Werk be- bzw. verurteilt wird, es ist zugleich bedenklich, dieses Buch leichtfertig einer Gattung zugewiesen zu sehen, über deren Kriterien noch nicht einmal Einigkeit besteht[88], und die von der eigenartigen Annahme ausgeht, als seien Romane, die sich mit Themen, Gestalten und Fragen aus der Zeit ihres eigenen Verfassers auseinandersetzen, nicht auch »historisch«. Unkritisch wie er den Terminus ›historischer Roman‹ im Zusammenhang mit dem *Henri Quatre* benutzt, kommt Lukács – sicher gegen seinen Willen – einer Auffassung dieses Typus nahe, wie sie von Grolmann vertreten hat.[89]

Historische Romane sind bei Grolmann einfach nichts weiter als eine Art karnevalistische Veranstaltungen in historischen

Gewändern mit dem Zweck, den Teilnehmern für kurze Zeit die Möglichkeit einer Rollenflucht zu geben und ihren Appetit auf Sensationen zu befriedigen. Insgesamt sei der historische Roman ein unseriöses Genre, das ein ernsthafter Dichter tunlichst zu meiden habe, es sei denn, er scheue nicht davor zurück, billige »Taschenspielertricks« anzuwenden.[90] »Wenn da der Dichter nicht ein ›Dichter‹ ist und ein vornehmer, sauberer Mensch, dann ist es aus mit dem historischen Roman.«[91]

Man täte Lukács zweifellos Unrecht, wollte man ihm unterstellen, seine Vorstellung vom historischen Roman sei nicht differenzierter und kenntnisreicher gewesen. Es bleibt aber offensichtlich die Tatsache bestehen, daß er sich im Falle des *Henri Quatre* nicht hinreichend genug Gedanken über die Mischung von Subjektiv-Individuellem und Historischem gemacht hat, die man bei jeder historischen Dichtung zu erwarten hat. Er hat vor allem den »Kunstcharakter«, das »Romanhafte« des Werkes falsch beurteilt, indem er von einem vagen und abstrakten Kunstbegriff ausging und die individuelle Abweichung von dieser Norm bei Heinrich Mann als »Fehler« ankreidete.

Um die Bedeutung des *Henri Quatre* für die späten 30er und frühen 40er Jahre ablesen zu können, soll hier ein anderes Verfahren eingeschlagen werden. Wenn Lukács einen gewissen Widerspruch zwischen der praktischen Wirkung des Romans und der politisch-moralischen Absicht seines Verfassers bemängelt[92], so macht er damit in der Tat eine wichtige Beobachtung, ohne indessen nach den Gründen dieses Tatbestandes zu fragen. Es scheint aber angebracht, auf diesen »Widerspruch« näher einzugehen, da sich in ihm die Dialektik des Schriftstellers Heinrich Mann ausdrückt.

Zu beleuchten ist die Rolle, die dem Dichter und seinem Werk von Heinrich Mann zugewiesen werden, weil sich daraus bestimmte Konsequenzen für die praktische Wirkung des literarischen Werkes ergeben.

Das literarische Selbstverständnis Heinrich Manns beginnt mit dem frühformulierten Gegensatz von *Geist und Tat*.[93] Zum Bereich des Geistes gehören Künste und Wissenschaften, natürlich auch Literatur und Philosophie. Mit dem Gedanken der Tat ist verknüpft, was mit dem rein kreatürlichen Leben im allgemeinen zu tun hat. In hochorganisierten Gesellschaftsformen gehört dazu vor allem der Staat. »Wir nennen Geist, die menschliche Fähigkeit, der Wahrheit nachzugehen ohne Rücksicht auf Nutzen oder Schaden, und Gerechtigkeit zu erstreben sogar wider praktische

Vernunft. Der Staat hingegen vertritt die Menschennatur gerade soweit als sie Vorteil sucht und sich seinetwegen auch mit dem Schlechten abfindet.«[94] Der Einzelne hat dem Staat seine vitalen Interessen delegiert, dessen einzige Funktion es ist, für – materiellen – Nutzen zu sorgen, wobei er auf die sittlichen Probleme der ihm anvertrauten Individuen nur nach Maßgabe des Nutzgrundsatzes eingeht. »Sein Wesen selbst ist nicht Sittlichkeit, sondern der Nutzen.«[95] Seit Macchiavelli hat sich damit nicht viel an Funktion und Aufgabe des Staates geändert: »Die Wirklichkeit ist bitter und dunkel.«[96] Heinrich Mann hat – die Erfahrung des deutschen Kaiserreiches liegt zum Zeitpunkt der Formulierung hinter ihm, die Gegenwart der Weimarer Republik enttäuscht insgesamt[97] – immer noch die Vorstellung vom Staat als Leviathan.

Geist und Gewissen sind lebendig allein bei den Intellektuellen und den Schriftstellern. Der Gedanke aber, allein auf sich gestellt, ist schwach und befindet sich gewissermaßen in ständiger Opposition zur Staatsmacht. »Der klassische Friede zwischen der Wirklichkeit und dem Gedanken war immer schwerer zu schließen.«[99] Solche harmonischen Epochen der Klassik sind seltene Ausnahme- und Blütezeiten der Nationen: Racine und Ludwig XIV., Goethe und Herzog August, sind die idealen Vorbilder, an die sich Heinrich Mann erinnert.[99]

Dichtung, so formuliert er in der für diesen Zusammenhang so bedeutsamen Rede *Dichtkunst und Politik*[100], habe keine politische Kraft, sie schildere nur »das Leben selbst, vermehrt durch Erkennbarkeit«[101], sie vermöge im Aktuellen und Zufälligen das Gesetzmäßige zu erkennen: »Erinnern wir uns aber, daß die Dichtung, als eine Form des schöpferischen Geistes schlechthin, vom Allgemeinen herkommt, ja das unzulängliche Besondere im Grund nur benutzt, wie ein Gleichnis und Gegenbeispiel zum unbedingten Allgemeinen.«[102] Mehr zu erreichen ist bei dem Intellektuellen nicht möglich: Dichtung vermag nur die utopische Perspektive der »nächsten Wirklichkeit«[103] in die Gegenwart zu projizieren. Fraglich ist, ob sich nach Meinung des Autors überhaupt diese »nächste Wirklichkeit« realisieren läßt, hat doch Dichtung nur ein einziges Anliegen, nämlich die Zeitlosigkeit des Humanitätsgedankens darzustellen: »Wir dürfen ruhig sagen, daß in der Dichtung, die so zu heißen verdient, noch niemals ein anderer gesprochen hat, als jener Mensch, der ewig und der Idee ist.«[104]

Dem Dichter fällt somit die Aufgabe zu, sichtbar, »erkennbar« zu machen, aufklärerisch tätig zu sein und darauf zu achten, daß auch in inhumanen Zeiten die Botschaft der Sittlichkeit nicht verklingt. Das »J'accuse« Zolas klingt an, das rhetorische Pathos eines Mannes, der von der Rechtschaffenheit seiner moralischen Absichten überzeugt ist und von Macht und Mißgunst bedrängt, unerschütterlich bei seiner Absicht bleibt: »Die Wirklichkeit ist bitter und dunkel, wir können nichts tun, als kämpfen für die Ziele, die *nie* (!) erreicht werden, aber von denen abzusehen schimpflich wäre, – kämpfen, und dann dahingehn [...].«[105]

Das große Beispiel Zolas wirkt fort auf Heinrich Mann. Wer seinen *Zola*-Essay liest, erhält vor allem Einblick in das künstlerische Selbstverständnis Manns.[106] Wie jener, lebt auch er in einer »Bourgeoisrepublik«, zu deren schärfsten Kritikern er gehört. Wie Zola auch will er schildern: nicht als naturalistischer Aufzeichner von gleichsam gefilmten Tatsachenberichten, sondern schärfer, präziser: Wer »in Farben, in verstärkten Farben«[107] sieht, begnügt sich nicht mit plattem Naturalismus. »Indes die Linien« durcheinanderlaufen, vermag er durch die oftmals verwirrende Oberfläche des rein Zufälligen, Irrelevanten hindurchzuschauen auf die darunterliegende Struktur. Dichtung ist »das Leben selbst, vermehrt durch Erkennbarkeit«, heißt es an einer Stelle und an einer anderen über Zola ganz ähnlich: »Und so erblickt er *Gleichnisse*, schafft in Gleichnissen. Der Roman der Pariser Markthallen wird zum *Sinngedicht* der Mageren und Dicken, der triumphierenden Menschheit und der Besiegten. Die Geschichte eines Ministers rollt sich ab, wie ewig auf Erden das Wesen der Macht abrollt, *typisch*, bis zur Ungreifbarkeit und wieder *sinnlich* durch die Kraft der Idee [...].«[108]

Typisch und *sinnlich*: Die Formel umgreift auch Heinrich Manns eigenes Werk, besonders den *Henri Quatre*. Sie verrät zugleich, warum die von Lukács bemängelte Tendenz zum Monumentalistischen kein Nachklang Victor Hugos ist[109], sondern Erbe Zolas: Literatur soll lebendig machen, überreden, engagieren. Aufklärung ist bei Zola so wenig wie bei Heinrich Mann episches Distanzieren und Nachdenklichmachen à la Brecht. Sie ist vor allem »Begeistern«, »Ergreifen«.[110] Literatur entsteht deshalb »an jener Stelle, wo Romantik zusammentraf mit Wissenschaft, die Romantik unschädlich, nur noch Mittel zur Wirkung, der wissenschaftliche Geist aber jung, lebensumspannend [...].«[111]

Man darf zudem den demonstrativen Charakter der Dichtung Heinrich Manns nicht übersehen. Der Schriftsteller hat für ihn noch eine öffentliche Funktion, nämlich die, Gewissen des Staates zu sein, mit dem er gerade deshalb in Konflikt lebt. Er möchte diesen Staat revolutionär verändern, aber nur durch die revolutionäre Überzeugungskraft seiner Argumente, nicht durch Gewalt. »Die Wahrheit und die Macht sind Feinde. Die Wahrheit hat auf Erden nur eine befreundete Stätte, die neue Demokratie [...].«[112]

Aber da er der Gewalt eine Absage erteilt hat, ist der Schriftsteller im Kräftespiel des Staates machtlos: ein Tatbestand, der nicht ohne Folgen für die Darstellung und den Stil seiner Werke bleibt, unterstreicht und »monumentalisiert« er doch gewissermaßen die Haltung eines Mannes, der von der geringen Wirkung seines Werkes skeptisch überzeugt ist und dennoch in seltsamem Widerspruch auf den kleinen Fortschritt hofft, der ihn dem unendlichen Ziel unmerklich näher bringt. Im *Zola*-Essay findet sich eine Stelle, die diese widerspruchsvolle Haltung erklärt: »Erkannte man Zola nicht wieder? Er hatte, sein eigener Rousseau, sein eigener Condorcet, den Vernunftrausch erlebt von Gleichheit und unbegrenzter Vervollkommnung und ging nun jenen bitter ekstatischen Weg, auf dem man begreifen lernt, warum Danton fallen mußte, und wie Robespierre ward.«[113]

Das erklärt natürlich auch die »monumentalisierenden Tendenzen« im *Henri Quatre*. Als Heinrich Mann dieses Alterswerk schrieb, lag eine ähnliche Erfahrung hinter ihm. Wenn nicht schon das Kaiserreich, so hatten Weimar und 1933 die Flucht aus Deutschland endgültig den Traum von »unbegrenzter Vervollkommnung« der Menschen zerstört. Nicht umsonst spielt ja Montaigne eine so zentrale Rolle im Roman, nicht umsonst ist ja sein skeptisches »Que sais-je« Leitmotiv des Buches. Und ganz in diesem Sinne wiederholt dieses Werk, das mit der Ermordung Henris und dem Ausblick auf den 30jährigen Krieg endet, in anderer Zeit und anderem Milieu den »Weg, auf dem man begreifen lernt, warum Danton fallen mußte.«

Zum »Inhalt des Zeitpunktes«[114], den Heinrich Mann mit seinem *Henri Quatre*-Roman vertritt, gehört aber nicht nur die skeptische Erkenntnis der Vergeblichkeit des Traumes vom »großen Plan« der »unbegrenzten Vervollkommnung«, sondern zugleich die dieser widersprechende Hoffnung, daß sein Werk durch die Überzeugungskraft seiner Argumente letztlich doch zur Änderung dieser Zustände beitragen könnte. Im *Zola*-Essay heißt es – und man braucht wiederum nur die Namen auszutauschen, um die verkappte Selbstaussage Heinrich Manns herauszulesen: »Die Leidenschaft seines Geistes war genährt wie keine; [...] Ihn vor allem sahen die Völker an, die den sittlichen Kämpfen Frankreichs so ergriffen zusehen, als seien es ihre eigenen und sie hätten sie nur nicht gewagt. Er hatte wie je die Gabe der großen Wirkung. Seine Tat, wie ein Werk mit seinem Namen darauf, war millionenfach in den Händen der Welt [...].«[115]

Die Betonung liegt hier auf der »Gabe der großen Wirkung«, durch die auf das Lesepublikum eingewirkt werden soll. Das Wort deutet nicht nur auf den dargestellten Gegenstand, sondern vor allem auch auf die ostentativ-eindrucksvolle Gestaltung, wiederum also auf das »monumentalisierende Prinzip«. Ja, dieses »verewigende«, pathetisch-demonstrative Element erscheint geradezu als bewußt gewähltes Charakteristikum.

Die Frage darf gestellt werden, ob der *Henri Quatre* damit überhaupt als typischer historischer Roman bezeichnet werden kann. Die Frage zu stellen, heißt zugleich, sie verneinen. Fassen wir zusammen:

Erstens: Der Roman spiegelt sehr deutlich Probleme und Einsichten seines Verfassers. Das Historische hat nur den Charakter einer Fabel oder eines »Gleichnisses«. Aus diesem erfahren wir durch die Vermittlung des Schriftstellers, »wer wir sind.«[116]

Zweitens: Auf die Gegenwart von 1936–1940 bezogen, vermag der Leser kaum eine andere Nachricht aus diesem Buch zu ziehen als die, die er gerade selbst am eigenen Leibe erfahren hat, daß nämlich das Humane am Ende dem Bösen unterliegt. Dagegen vermag, wer sich mit Heinrich Manns künstlerischer Entwicklung auseinandergesetzt hat, zu erkennen, daß dieser Roman die vollendete Gestalt für das dialektische Verhalten von Skepsis und Hoffnung bei Heinrich Mann darstellt. Das Buch sagt bei näherer Analyse viel mehr über seinen Verfasser aus als über die historische Epoche, die es behandelt. Es läßt sich geradezu als eine romanhaft-verschlüsselte innere Autobiographie Heinrich Manns bezeichnen und nimmt damit mittelbar – über Wirken und Persönlichkeit seines Autors – zum Zeitgeschehen Stellung.

Drittens: Eine gattungspoetische Einordnung dieses Werkes wird nicht einfach von einem historischen Roman mit »monumentalisierenden Tendenzen« sprechen können, sondern wird in diesen gerade den spezifischen Versuch der dichterischen Gestaltung anerkennen müssen. Der *Henri Quatre* ist eine Mischform, bei der das historische Element gleichsam aus seiner zeitlichen Verankerung gelöst und zum ewigen Gesetz erhoben wird. Das dargestellte Geschehen ist nicht »Gegenbeispiel der Nazi-Zeit«, wie Lukács behauptet, sondern als Werk des »Geistes« Gegenbeispiel der »Wirklichkeit« wie sie sich Heinrich Mann darbot. Es wird keine Anleitung zur Veränderung der Welt und der nazistischen Gesellschaftsordnung gegeben, sondern es wird das Verhältnis von Geist und Gesellschaft untersucht. Heinrich von Navarra wird gesehen als Vorläufer und Geistesverwandter des modernen Intellektuellen. Sein Untergang ist symptomatisch für die Schwäche des Geistes zu jeder Zeit.

Darin gerade liegt das Modellhafte dieses Romans, daß er nicht unbedingt auf einen speziellen Fall, eine besondere Gesellschaftsordnung zielt, sondern ausgehend von einem konkreten Beispiel, universale Verhältnisse zu beleuchten sucht. Gerade dieses verallgemeinernde, »monumentalisierende« Element des Buches aber, das Lukács so kritisierte, hebt es über den Rang bloßer Agitprop-Literatur hinaus und macht es zu einem Dokument von aktueller Bedeutung. Wie es freilich mit der Anwendbarkeit und »Richtigkeit« dieses Modells bestellt ist, steht dahin. Im *Zola*-Essay heißt es über das Verhältnis von Geist und Leben und über die Möglichkeit des Geistes, auf das Leben gestaltend einzuwirken, im Tone der Resignation:

Denn das ist nicht der Weg des Geistes unter den Menschen. Mitnichten tritt er aus einem einzigen Beispiel, einer weithin sichtbaren Begebenheit strahlend hervor, blitzt nieder die Mächte der Finsternis und überzeugt mit seiner jähen Apotheose auf einmal alles Volk. Auch diese Dinge lehren es wieder. Die Taten sind nicht ohne Rest komponierbar, kein fünfter Akt beendet hier die Irrungen und Zweifel [...].«[117]

Nachschrift – 85

Bei der neuerlichen Lektüre meines Aufsatzes über den *Henri Quatre* fiel mir auf, daß neben vielem, zu dem ich auch heute noch stehe, auch manches darin steht, was ich heute zumindest anders sagen würde. Das ergab sich zum Teil schon während der Diskussion mit Wolf Jöckel im Anschluß an den Artikel (*Orbis Litterarum*, 27, 1972, S. 37 – 46) – selbst wenn ich dort die Positionen meines Aufsatzes eher zu verteidigen scheine. Zum Teil auch trug Jöckels bald darauf erschienene Dissertation zu einem neuerlichen Überdenken des Aufsatzes bei, wie man auch an Blattmans verdienstvoller Studie (*Henri Quatre Salvator*, 1972) heute nicht mehr vorübergehen kann.

Insgesamt würde ich heute den *Henri Quatre* stärker auf seinen Charakter als Bildungs- und Erziehungsroman hin akzentuieren als ich das damals getan habe. Ich verdanke diese Einsicht der Staatsexamensarbeit eines Studenten unserer Hochschule, die von der Flaubert-Rezeption Heinrich Manns ausgehend, aus dem Gedanken des Determinismus heraus konsequent den Aspekt der Persönlichkeits- und Herrscherbildung an dem Roman untersucht (vgl. Sebastian Sprondel, *Die »Schule der Macht«. Autorität und Herrschaft als Gegenstand eines Lernprozesses in Heinrich Manns »Henri Quatre«-Roman*, Staatsexamensarbeit, PH Kiel 1985). In der Darstellung der Genese des guten Königs scheint mir heute ein Großteil der Bedeutung dieses historischen Romans zu liegen: wie sich Anlagen und Fähigkeiten unter dem Einfluß historischer Tatbestände in einer bestimmten Richtung entwickeln und ausbilden, die bei anderer Konstellation anders verlaufen wäre.

Gerade in diesem didaktischen Aspekt auch sehe ich die Gegenbild-Funktion des Romans zur NS-Zeit, ein dynamischer Entwurf gegenüber der Unausweichlichkeit der Fakten. Nach wie vor bin ich allerdings der Meinung, daß dieses Gegenbild tragisch scheiterte, weil der Roman zur Zeit seiner Entstehung und Aktualität nicht das breite Publikum fand, das er, um politisch wirksam werden zu können, eigentlich hätte finden müssen. So setzte die öffentliche Diskussion über den *Henri Quatre* differenzierter erst zu einem Zeitpunkt ein, als die Form des Faschismus, gegen die er geschrieben wurde, nun ihrerseits erledigt war. Eine Rekonstruktion der dem Roman zugrundeliegenden historischen Situation der 30er Jahre verändert und beeinflußt heute zumindest den Eindruck der Aktualität, die durch den Roman vermittelt wird. Das Buch ist heute nicht inaktuell, sondern nur auf eine andere Weise aktuell als 1935.

Wichtig erscheint mir nach wie vor der Hinweis auf Macchiavelli in meinem Aufsatz. Hier hat mich die neuerliche Lektüre endlich dazu gebracht, das damals gemachte Versprechen einer ausführlichen Untersuchung zumindest in Angriff zu nehmen. Die von Macchiavelli propagierte Technik der Machtausübung, der gewissermaßen sachliche und kompetente Umgang mit ihr, scheint mir heute greifbarer zu sein als zur Entstehungszeit des Aufsatzes, der ja mit seinem gelegentlich moralisierenden Ton auch stilistisch eine unbewußte Nähe zu Gegenstand und Autor des *Henri Quatre* verrät.

Anmerkungen:

1. Aus der wenig zahlreichen Literatur über diesen Roman ist vor allem hinzuweisen auf Alfred Kantorowicz, *Heinrich Manns »Henri Quatre«-Romane*. In: *Sinn und Form*, 3, 1951, S. 31 – 42 (Heft 5), sowie in: A. Kantorowicz, *Heinrich Manns Ausgewählte Werke*, VII, S. 897 – 911; H. Kesten, *Heinrich Mann und sein »Henri Quatre«*, in: H. Kesten, *Meine Freunde, die Poeten*. München 1953, S. 21 – 35. Hinzuweisen ist auch auf Edgar Kirsch, *Heinrich Manns historischer Roman »Die Jugend und die Vollendung des Königs Henri Quatre«*, in: *Wissenschaftliche Zeitschrift der Martin-Luther-Universität Halle-Wittenberg*, (Gesellschafts- und sprachwissenschaftliche Reihe, 5, 1955/56, S. 623 – 636). Diese Studie verdankt viel dem weiter unten zitierten Aufsatz von Georg Lukács. Auch auf Lion Feuchtwangers *Weltbühnen*-Aufsatz von 1939 (Nr. 21) über den Roman sei mit Nachdruck verwiesen, obgleich er eigentlich mehr Würdigung als wissenschaftliche Auseinandersetzung ist. Eine erste Untersuchung innerhalb einer »historisch-kritischen Einführung« in Heinrich Manns Werk liegt vor: Ulrich Weissteins Monographie *Heinrich Mann*, Tübingen 1962, S. 160 – 187. Zu Heinrich Manns Quellen ist besonders auf die sorgfältige, wenn auch nicht ganz vollständige Dissertation von Kirchner-Klemperer aufmerksam zu machen. (Hedwig Kirchner-Klemperer, *Heinrich Manns Roman »Die Jugend und die Vollendung des Königs Henri Quatre« im Verhältnis zu seinen Quellen und Vorlagen* [Masch.], Berlin 1957) Vgl. ferner Hans Mayer, *Heinrich Manns »Henri Quatre«*, in: H. Mayer, *Deutsche Literatur und Weltliteratur*, 1957, S. 682 – 689.

2. Allein in Westdeutschland liegt die gebundene Ausgabe des Claassen Verlags in 4. Auflage vor, die Taschenbuchausgabe bei Rowohlt hat das 33. Tausend erreicht. Über die Auflagenhöhe des (Ostberliner) Aufbau Verlags waren keine genauen Zahlen in Erfahrung zu bringen.

3. Rühle, *Literatur und Revolution*, Köln 1960, S. 219.

4. Zit. n.: Georg Lukács, *Essays über Realismus*, 1948, S. 88 – 127. Vgl. auch die entsprechenden Passagen in: G. Lukács, *Der historische Roman*, Neuwied/Berlin 1965.

5. Lukács, *Realismus*, a. a. O., S. 90.

6. Ebd., S. 88.

7. Ebd., Hervorhebung v. Verf.

8. Ebd., S. 122.

9. Vgl. Klaus Schröters eindringliche Studie über *Ein Zeitalter wird besichtigt*, in: *Akzente*, 16, H. 5, 1969, S. 416 – 433. Heinrich Manns Autobiographie wird zitiert nach: Heinrich Mann, *Ein Zeitalter wird besichtigt*, Berlin-DDR 1947.

10. *Zeitalter*, a. a. O., S. 483.

11. Ebd., S. 392.

12. Ebd., S. 345.

13. Ebd., S. 149.

14. Klaus Schröter, *Heinrich Mann in Selbstzeugnissen und Bilddokumenten*, Reinbek 1967, S. 130 (im folgenden: *Heinrich Mann*), weist auf Heinrich Manns statische Geschichtsauffassung hin. Geschichte bewege sich beim Heinrich Mann des *Zeitalters* nur noch als »Wellenbewegung *aufbegehrender und zurückfallender Zeitalter*«.

15. Hans Georg Peters, *Geschichte als Dichtung. Zur Problematik des historischen Romans*, in: *Neue deutsche Hefte*, 91, 1963, S. 5 – 23, analysiert sehr deutlich die Schwächen der Gattung, wobei freilich die Auswahl der herangezogenen Beispiele aus der modernen Literatur etwas willkürlich anmutet. Heinrich Mann

oder Bruno Frank werden nicht behandelt, dagegen ausführlich Brochs *Vergil*, der wohl kaum als typisches beispiel zu bezeichnen ist.

16. Vom Titel her läge auch eine Klassifizierung als historischer Bildungs- oder Entwicklungsroman nahe. Die Frage bedarf noch näherer Untersuchung. Weisstein weist zwar eine Interpretation als Bildungsroman mit der falschen Behauptung zurück: »Insofern als Henri nicht durch Erfahrung klug wird [...] – ist *Henri Quatre* kein Bildungsroman im eigentlichen Sinn« (a. a. O., S. 180), doch ist die Frage damit noch keineswegs entschieden, denn Weisstein bleibt den Beweis dieser Behauptung schuldig.

17. Klaus Schröter (*Heinrich Mann*, a. a. O., S. 129) spricht gar von der »Gegenwartsbezogenheit« des *Henri Quatre*-Romans, und ähnliches liest man auch in den erwähnten Studien von Kirsch, Kesten, Feuchtwanger und Mayer. Während die Genannten die Parallele als positiv empfinden, bezeichnet sie Weisstein eigenartigerweise als »bedauernswert vom künstlerischen Standpunkt aus.« (Weisstein, a. a. O., S. 163).

18. Heinrich Mann, *Die Jugend des Königs Henri Quatre*, Reinbek[2] 1965, S. 253.

19. Ebd.

20. Ebd.

21. Ebd., S. 256.

22. Ebd., S. 365.

23. So vor allem Lukács und Kirsch. Kantorowicz ist in seiner Interpretation vorsichtiger.

24. Für Heinrich Mann ist Irrationalismus, anders als für die deutsche Geistesgeschichte im übrigen, ein negativer, gefährlicher Wert, gleichbedeutend mit mangelnder Vernunft, wie er in den *Essays* (Claassen Verlag, Hamburg 1960, S. 616) wiederholt erklärt. Wie übrigens auch für Broch und den späteren Thomas Mann ergeben sich für Heinrich Mann die politischen Schwierigkeiten Deutschlands – Imperialismus, Nationalismus, Großmachtstreben und schließlich auch Nazismus – aus der radikalen Abkehr vom Rationalismus. Der Prozeß des nationalen Abstiegs in Deutschland begann für Mann 1871 mit der Reichsgründung und der Thronbesteigung des irrationalen Wilhelm II. (vgl. *Zeitalter*, a. a. O., S. 15). »Das Zeitalter des Irrationalismus wird gegen 1940 ablaufen. Die Vernunft darf sich vorbereiten, wieder einzuziehen.« (*Essays*, a. a. O., S. 616).

25. Weisstein ist m. W. der erste, der darauf hinweist, daß Heinrich Mann parteilich schildert und durch seine Schwarz-Weiß-Malerei den »Umfang der großen politischen Kontroversen verkleinert und ihre Komplexität mißachtet.« (Weisstein, a. a. O., S. 163).

26. *Essays*, a. a. O., S. 8.

27. *Zeitalter*, a. a. O., S. 15.

28. *Essays*, a. a. O., S. 154 – 240. Vgl. bes. Abschnitt »Geist«, S. 199 ff.

29. Ebd.

30. *Henri Quatre*, Bd. 2, a. a. O., S. 228.

31. Weisstein, a. a. O., S. 164, der sich vermutlich auf die Ergebnisse vom Klemperers Dissertation stützt.

32. *Henri Quatre*, Bd. 2, a. a. O., S. 228.

33. Ebd., S. 488.

34. Hinweise auf Heinrich Manns politische Tätigkeit bei Schröter, *Heinrich Mann*, a. a. O., S. 106 f.

35. *Henri Quatre*, Bd. 2, a. a. O., S. 228.

36. Ebd., S. 230.

37. Heinrich Mann hat schon in seinen Essays (vgl. *Essays*, a. a. O., S. 430) Kant als Beispiel für die Kraft des Geistes erwähnt, der in einer Zeit politischer

Schwäche nachhaltigen Einfluß auf die Entwicklung der Zeit genommen habe. »Das wahre Deutschland, das, auf einer höheren Stufe der Weltentwicklung, nun wiedererstehen soll [nach dem 1. Weltkrieg; d. Verf.] mit aller seiner Geduld, Einsicht und Gerechtigkeitsliebe, ist mächtiger wie je. Als es am einflußlosesten schien, hat doch sein Geist für Jahrhunderte auf Erden mehr verändert, als das abgetane Kaiserreich auch nur für seine Spanne.« Heinrich Mann zielt hier auf Kant als die Verkörperung des Geistes.

38. *Henri Quatre*, a. a. O., S. 354. Der Ausdruck taucht als Schlüsselwort mehrfach im Roman auf. Vgl. etwa auch die Stelle *Henri Quatre*, Bd. 2, a. a. O., S. 444, wo der Terminus erklärt wird: »Die Gewissensfreiheit des ganzen Europa wird letztens mit den Waffen verteidigt werden müssen, sonst wäre es um dies Königreich geschehen; es lebe im Geist und in der Wahrheit oder gar nichts.«

39. Hierzu etwa *Essays*, a. a. O., S. 471 f., über die Aufgabe, Vereinigte Staaten von Europa zu bilden. »Wir sind international, Deutsche und Franzosen, aufs Wort feierlich verbunden zur Durchkreuzung nationalistischer Anschläge [...] Der Nationalismus wird unterhalten von seinen Nutznießern, den Reichsten, Mächtigsten in beiden Ländern. Wir werden sie herausfordern: [...] Zug um Zug trifft unser Wort die Schliche und Gewalttaten, mit denen sie die Einigung aufhalten.«

40. *Essays*, a. a. O., S. 429.

41. Ebd., S. 472.

42. Ebd.; Kantorowicz (in *Sinn und Form*, 2, 1950) und dann auch Kirsch (a. a. O.) weisen darauf hin, daß die Gedanken zu Henris großem Plan erstmalig von Heinrich Mann in seinem *Eugenie*-Roman dargestellt wurden.

43. *Zeitalter*, a. a. O., S. 152.

44. Das wird deutlich, wenn man die Gestalt Henris etwa mit Lohmann im *Unrat* oder den Bucks im *Untertan* vergleicht. Diese frühen Gestalten sind im Gegensatz zu den psychologisch überzeugend motivierten negativen Protagonisten selten mehr als die Verkörperung des schlechthin entgegengesetzten Prinzips. Geschlossenheit und Fülle sind in den Romanen der Kaiserzeit fast ausschließlich bei den negativen Gestalten zu finden. Der *Henri Quatre* stellt in dieser Beziehung, aber nur hier, tatsächlich eine Art Gegenentwurf zu den wilhelminischen Romanen dar, wie Kirsch feststellt (a. a. O.).

45. *Henri Quatre*, Bd. 2, a. a. O., S. 561 f.

46. Ebd., S. 345.

47. Hinzuweisen wäre etwa auf das Kapitel »Eauze oder Menschlichkeit« (Bd. 1, S. 335 – 339), in dem der Aspekt der Befreiung einer feindlichen Stadt umgeprägt wird in den der Befreiung der Armen aus ihren Herrschaftsverhältnissen. Der klassenkämpferische Zug ist jedoch ein durchgehendes Motiv im Roman.

48. *Henri Quatre*, Bd. 1, a. a. O., S. 245.

49. Ebd., Bd. 2, S. 268.

50. Ebd., S. 493.

51. Ebd., Bd. 2, S. 290: »Zu seinem [Henris; d. Verf.] Platz starrten sie von allen Seiten, als wäre die Majestät genug, um die Veränderung der Gesellschaft hervorzubringen, und Wechselfälle des Kriegs und Friedens lägen keine vor diesem Tag«.

52. Ebd., S. 382 ff.

53. Ebd., Bd. 2, S. 290.

54. Bezeichnenderweise spricht Heinrich Mann von der »Diktatur der Vernunft« (vgl. *Essays*, a. a. O., S. 474), die für soziale Gerechtigkeit wirken solle und wendet sich verschiedentlich gegen bloße gleichmacherische Gedanken.

55. Er wird durch seine Mutter konsequent auf seine Führerrolle der Protestanten

erzogen und kämpft um die Königsmacht in Frankreich und opfert rücksichtslos das Glück seiner nächsten Angehörigen (seiner Schwester) seinen politischen Zielen.

56. *Henri Quatre*, Bd. 1, S. 331.
57. vgl. S. 5, *Henri Quatre*, Bd. 1.
58. Diese Rückkehr Heinrich Manns in seinem Altersroman zum Renaissance-Kult seiner Jugend verdiente eine eingehendere Untersuchung als es in diesem Rahmen möglich ist.
59. *Zola*, in: *Essays*, a. a. O., S. 167.
60. Weisstein kann nicht zugestimmt werden, wenn er Henris Liebesbedürfnis puritanisch als »äußerliche Charakterschwäche« (a. a. O., S. 175), sein Liebeswerben als »Zustand der Schwäche« apostrophiert (a. a. O., S. 180). Vgl. dazu Heinrich Manns Charakterisierung des Henri Quatre: »Für alles, was er tut, ist sein ursprünglicher Antrieb das Geschlecht und die gesteigerte Kraft, die es hervorbringt durch seine Entzückung.« Diese Lebenslust, die solchergestalt zur zentralen Antriebskraft der Persönlichkeit wird, hat auch den Schriftsteller Heinrich Mann bei seiner Arbeit stimuliert. In einem Brief an Felix Bertaux betont er, daß es ihm nicht auf die Erregung von »Kälte und Hitze« ankomme; »es gibt im Gefühl auch den Grad der Zärtlichkeit.« (7 Briefe an Felix Bertaux, in: *Akzente*, 5, 1969, S. 399).
61. Heinrich Mann, *Die traurige Geschichte von Friedrich dem Großen*, Berlin-DDR 1960.
62. *Zeitalter*, a. a. O., S. 251.
63. *Zola*, a. a. O., S. 167.
64. So in der Einleitung zu einer amerikanischen *Nietzsche*- Ausgabe, zitiert nach Klaus Schröter, *Ein Zeitalter wird besichtigt. Zu Heinrich Manns Memoiren*, a. a. O., S. 423.
65. Da die Handlung ganz auf Navarra konzentriert ist sowie auf die Sittlichkeit seiner Handlungen, wird die Komplexität des politischen Geschehens nicht immer zureichend dargestellt. Verf. möchte jedoch nicht wie Weisstein von »Schwarz-Weiß-Malerei« sprechen (vgl. Weisstein, a. a. O., S. 163). Die Frage nach der Absicht des Autors ist wichtiger als eine Erörterung der Abweichungen vom historischen Tatbestand ohne daran anknüpfende Überlegungen zum Verhältnis von geschichtlicher Rohware und dichterischer Gestaltung.
66. Dazu liefert Weisstein umfangreiches Material in seiner Interpretation. Offenbar eine Aufarbeitung der dort vorgetragenen Gedanken liegt vor in einem anderen Aufsatz von U. Weisstein: *Heinrich Mann, Montaigne, and Henry IV*, in: *Revue de la Littérature comparée*, 36, 1962, S. 71 – 85.
67. Am weitesten in der Kritik an Montaigne ist Guy Desgranges gegangen in: *Montaigne, historien de sa vie publique*, in: *Modern Language Quarterly*, 12, 1951, S. 86 – 92, wo er die philosophische Leistung des Denkers als eine Art Kompensation für einen persönlichen Mangel des Menschen Montaigne erklärt.
68. *Henri Quatre*, Bd. 1, S. 354.
69. »Die Gewissensfreiheit des ganzen Europa wird letztens mit den Waffen verteidigt werden müssen, sonst wäre es um dies Königreich geschehen; es lebt im Geiste und in der Wahrheit oder gar nicht.« (*Henri Quatre*, Bd. 2, S. 444).
70. Ebd., Bd. 1, S. 223.
71. Ebd., Bd. 1, S. 354.
72. Ebd., S. 128.
73. Weisstein geht nur auf den Einfluß Montaignes ein. Heinrich Mann hat allerdings in seinen Memoiren den Namen Macchiavellis nicht erwähnt. Der Roman

baut aber, wie im folgenden angedeutet wird, in gewissen Passagen auf gründlicher Kenntnis Macchiavellis, vor allem seines *Fürsten* auf. Eine ausführliche Untersuchung dieses Themas möchte sich Verf. vorbehalten.

74. *Henri Quatre*, Bd. 1, S. 171.
75. Ebd., S. 354.
76. Ebd., Bd. 2, S. 104.
77. Ebd., S. 360.
78. Ebd., Bd. 1, S. 254.
79. Ebd., Bd. 2, S. 104.
80. Ebd., S. 557.
81. Georg Lukács, *Der historische Roman des demokratischen Humanismus*, in: *Der historische Roman*, a. a. O.
82. Ebd.
83. Wörtlich: (ebd.)»Aber der von uns angedeutete Übergangscharakter zeigt sich auch in diesem bedeutenden Werk darin, daß seine Gestaltung einen Kampf zweier entgegengesetzter Prinzipien aufweist: den Kampf der konkret-historischen Auffassung der Probleme des Volkslebens auf einer bestimmten Stufe der historischen Entwicklung mit den abstrakt-monumentalisierten, ›verewigenden‹ Prinzipien der überspannten Traditionen der Aufklärung.«
84. *Henri Quatre*, Bd. 1, S. 232. Hervorhebung v. Verf.
85. Ebd., S. 240.
86. Ebd., S. 251.
87. *Dichtkunst und Politik*, in: *Essays*, S. 300.
88. Seit Aristoteles ungelöst an der Gattung ist einmal die Frage nach dem Verhältnis von historischer Treue und (freier) dichterischer Gestaltung, sowie die Frage nach der Gegenwartsbezogenheit des behandelten historischen Stoffes. Lukács' vieldiskutiertes Buch (neue Auflage: Neuwied/Berlin 1965) hat ja dieses Problem in wichtigen Aspekten beleuchtet. Zur neueren Diskussion vgl. Wolfgang Gröninger, *Geschichtsbewußtsein und Geschichtsroman*, in: *Frankfurter Hefte*, 17, 1962, S. 840 – 846. Franz Theodor Csokor, *Ist der historische Roman noch möglich?* in: *Wort in der Zeit*, 8, 1962, S. 45 – 50. Hans Georg Peters, *Geschichte als Dichtung. Zur Problematik des historischen Romans*, in: *Neue deutsche Hefte*, 91, 1963, S. 5 – 23.
89. Adolf von Grolmann, *Über das Wesen des historischen Romans*, in: Deutsche Vierteljahresschrift, 1929, S. 587 – 605.
90. Ebd., S. 595.
91. Ebd., S. 592.
92. »Denn wenn diese [gesellschaftlich-geschichtlichen; d. Verf.] Gegensätze keinen konkreten geschichtlichen Charakter haben, sondern ewige Gegensätze zweier Typen der Menschheit sind, wie ist dann jener Sieg der Menschlichkeit und Vernunft möglich, deren bester und beredtester Vorkämpfer gerade Heinrich Mann ist.«
93. Der Essay dieses Titels entstand 1910, die Formel taucht aber später häufiger wieder auf, u. a. als Kapitelüberschrift im zentralen *Zola*-Essay.
94. *Dichtkunst und Politik*, in: *Essays*, S. 299.
95. Ebd.
96. *Zola*, a. a. O., S. 233.
97. Vgl. etwa Essay *Das Bekenntnis zum Übernationalen*, in: *Essays*, S. 609 – 645, der wohl am bündigsten Heinrich Manns Enttäuschung von der Weimarer Republik formuliert:»Die Justiz war nie republikanisch, das sah jeder; die Reichswehr war es nicht, die Universitäten. Kein Teil der Verwaltung wurde

republikanisch durchdrungen, am wenigsten das Auswärtige Amt.« (Ebd., S. 622)

98. *Essays*, S. 609.
99. Ebd.
100. *Essays*, S. 299 ff. Die Rede ist deshalb bedeutsam, weil sie den Beginn von Heinrich Manns mit soviel Erwartung und Engagement unternommenem und dann so kläglich gescheiterten Versuch markiert, im Weimarer Staat als Präsident der neugegründeten Akademie-Sektion für eine Versöhnung der traditionell gegnerischen Sphären Geist und Politik zu wirken.
101. *Essays*, S. 306.
102. Ebd., S. 308.
103. Ebd., S. 635.
104. Ebd., S. 304.
105. Ebd., S. 233.
106. Die Auseinandersetzung Heinrich Manns mit Zola bedarf noch einer näheren Untersuchung. So deutlich die Parallelen sind, sind sie bisher für die Heinrich-Mann-Forschung nicht ausgenutzt worden.
107. *Essays*, S. 178.
108. Ebd., S. 188. Damit werden wörtlich Bestimmungen wiederholt, die Aristoteles in seiner Unterscheidung zwischen Dichter und Historiker gebraucht (vgl. *De arte poetica*, ed. Christ, Kap. 9, 1415b). Es heißt dort: der Historiker habe das Geschehene bloß zu erzählen, der Dichter aber darzustellen, »*was dahinterstecke*«. Dichtung sei »philosophischer und würdiger« als die Geschichte, »denn die *Dichtung zielt mehr auf das Allgemeine*, während die Geschichtsschreibung das einzelne beschreibt.« Damit ist, wie sich zeigen wird, sehr gut Heinrich Manns Darstellungsweise beschrieben worden.
109. So in dem Aufsatz *Der historische Roman des demokratischen Humanismus ...*, a. a. O. Weisstein, der Lukács' These durch einen Hinweis auf einen Abschnitt in Heinrich Manns *Hugo*-Essay unterstützt (vgl. Weisstein, Fußnote 53, S. 186, a. a. O.) übersieht Heinrich Manns Äußerung aus *Geist und Tat*, Zola sei der Dichter der »triumphierenden Demokratie«. Vgl. auch *Essays*, S. 337: »Die großen Romane sind immer und ausnahmslos übersteigert gewesen, weit hinausgetrieben über die Masse und Gesetze der Wirklichkeit. Das Denken und Fühlen der Menschen war in ihnen heftiger und entschlossener, das Schicksal gewaltiger, und die Dinge und Vorgänge entstanden stärker in einer Luft, die zugleich leichter war und erregender glänzte. Die großen Romane haben Stil – keine Berichterstattersprache, sondern die gespannte und zum äußersten entschlossene Haltung dessen, der aufs Ganze geht. Ich lasse dich nicht, du segnest mich denn, das ist die Lage.«
110. Vgl. *Zola*-Essay, a. a. O., S. 219: »Ihn vor allem sahen die Völker an, die den sittlichen Kämpfen Frankreichs so ergriffen zusehen.«
111. *Essays*, S. 181.
112. Ebd., S. 207.
113. Ebd., S. 219.
114. Ebd.
115. Ebd.
116. Vgl. ebd., S. 335: »Denn das ist doch der Zweck aller Romane, aller Lebensbeschreibungen: wir wollen erfahren, wer wir sind.«
117. Ebd., S. 232.

Herbert Lehnert
Heinrich Manns Roman *Der Atem*
(1981)

Wer der deutschen politischen und sozialen Entwicklung kritisch gegenübersteht, schätzt den satirischen Roman über den deutschen Bürger der Kaiserzeit *Der Untertan* von Heinrich Mann. Der Roman erschien in vollständiger und öffentlicher Fassung als Buch bei Kriegsende 1918. Wenige Monate vorher waren Thomas Manns *Betrachtungen eines Unpolitischen* veröffentlicht worden, die zu einem erheblichen Teil gegen den Bruder geschrieben waren. Dessen *Untertan* war ein verdorbener Bürger, der die bürgerlichen Freiheitstraditionen für seinen Profit und seine Karriere verraten hatte, wobei sein sado-masochistischer Zug besonders häßlich wirkte. Überdies hieß der negative Held Heßling. Thomas Mann dagegen hatte das Modell eines deutschen Bürger-Künstlers aufgestellt und die Verteidigung von dessen innerer Freiheit für Ziel und Sinn des Krieges erklärt. Die *Betrachtungen eines Unpolitischen* enthalten Stellen, die gegen den Expressionismus polemisieren, Heinrich Manns Stil und sein aktivistisches Programm waren dagegen den Expressionisten Vorbild. Die *Betrachtungen eines Unpolitischen* wurden von national eingestellten Gebildeten geschätzt, ihnen verdankte Thomas Mann die Ehrendoktorwürde der Universität Bonn; *Der Untertan* war und ist bis heute ein politisches Orientierungsmittel für Schriftsteller in der expressionistischen Tradition und für anarchistisch, kommunistisch oder sonst bürgerfeindlich eingestellte Leser.

Der Bruderstreit zwischen Heinrich und Thomas Mann, fast mehr noch das Nebeneinander ihrer beiden 1918 erschienenen Bücher, hat bis heute die Rezeption ihrer Werke bestimmt. Danach ist Thomas Mann ein Künstler, der in die Romantik zurückschaut und Romane für gesetzte Bürger schrieb, während Heinrich gesellschaftskritische, daher realistische Romane verfaßte, aus denen man etwas über das Ende der Bürgerwelt lernen kann. Diese Rezeption wird kaum beeinflußt durch die Tatsachen, daß beide Brüder seit 1926 in der Sektion für Dichtkunst in der Preußischen Akademie der Künste eng zusammenarbeiteten, daß sie gemeinsam eine Aussöhnung des Bildungsbürgers mit der Republik anstrebten, daß sie beide 1933 ins Exil gehen mußten und daß ihre politischen Ansichten in der Exilzeit sich nur durch Nuancen unterschieden.

Dieser Graben zwischen den Werken der Brüder ist ein Hindernis für ein adäquates Verständnis ihrer Werke. Die innere Freiheit, die Thomas Mann in den *Betrachtungen eines Unpolitischen* gegen die Phrase, den politischen Konformismus der Demokratie glaubte verteidigen zu müssen, ist im Grunde nicht sehr unterschieden von dem »Glück«, das Heinrich Mann in der Demokratie suchte oder von dem »Geist«, den er der »Macht« entgegenstellen wollte. Das gemeinte Glück, die gemeinte Künstlerfreiheit des ironischen inneren Vorbehalts, das von beiden Brüdern vage mißbrauchte Wort »Geist« bedeutet im Grunde die Freiheit der Phantasie, das freie Spiel der Literatur, das Glück, feste reale Verhältnisse in andere, neue Formen zu übersetzen. Die Bürgerfeindschaft der Bohemiens, der Expressionisten und Heinrich Manns ist die Anti-Philister-Tradition, die natürlich bis auf die Antike zurückgeht, aber uns durch romantische Überlieferungen am vertrautesten ist.

Thomas Mann benutzte Eichendorffs *Aus dem Leben eines Taugenichts* für eine Polemik gegen die Aktivisten 1916 in der *Neuen Rundschau*, von der er Teile in die *Betrachtungen eines Unpolitischen* übernahm. Romantik, ein Spiel zwischen dem Phantasievoll-Märchenhaften und der verspotteten beschränkten Philisterwelt, ist gerade Heinrich Manns Welt nicht fremd, auch nicht in seinen spätesten Werken. Diese werden mißverstanden, wenn man das Element der künstlerischen Phantasie ignoriert, das, angesichts einer besonders abscheulichen historischen Realität, der Zeit des Nationalsozialismus, leicht ins Groteske getrieben wird. Dazu neigte Heinrich Mann ohnehin.

Thomas und Heinrich Mann schrieben in der ersten Zeit des Exils an Romanen, deren Konzeption aus der Zeit der Republik stammte und die in historisch-legendarischer Verkleidung den Wunschtraum einer Versöhnung von freier Phantasie und staatlich-gesellschaftlicher Sorge und Notwendigkeit darstellen, in der etwas vagen Terminologie der Brüder die Synthese von Geist und Macht: *Joseph und seine Brüder* und *Henri Quatre*. Ihre nächsten Werke mußten mehr durch die Trauer über den Fall Deutschlands bestimmt sein. Die Macht der tatsächlichen Verhältnisse und die Freiheit einer ins Utopische dringenden Phantasie hatte sich nicht im humanen Sinne vereinigen lassen. Dagegen hatte der Nationalsozialismus der realen bürgerlichen Gesellschaft in Deutschland seinen Willen aufgezwungen, ein Wille, der sich ästhetisch in großen Massenschaustellungen äußerte und der überdies eine vitalistische Ideologie proklamierte: das junge, lebenskräftige deutsche Volk mit seiner nordisch-arischen Rasse gegen jüdischen Kapitalismus, kommunistischen Terror und plutokratische Demokratien. Das mußte beiden Brüdern zugleich hassenswert und in einer verhunzten und bösen Weise vertraut erscheinen. Auch sie kamen aus dem ästhetischen Vitalismus unter dem Zeichen Nietzsches. Die Freiheit der Phantasie, die bürgerlichen Verhältnisse umzugestalten und die böse menschenmordende Wirklichkeit des Nationalsozialismus waren eher so etwas wie intime Feinde als wirkliche Gegensätze. Die erschreckende Ähnlichkeit zwischen Künstler und Faschisten hatte Thomas Mann 1929 in *Mario und der Zauberer* noch als eine Art exotisches Spiel behandelt. 1938, nicht lange nach dem Entschluß, Europa zu verlassen, hatte er eine ironische Freiheit darin gefunden, Hitler als verhunzten Künstler zu erklären, in dem Aufsatz *Bruder Hitler*. Eine ähnliche Konzeption trägt, wie wir gleich sehen werden, Heinrich Manns Roman *Lidice*.

Die Phantasie, die als »Geist« die Wirklichkeit gestalten und die »Macht« zähmen sollte, spielt gegenüber der schlechten Wirklichkeit, der nationalsozialistischen und der bürgerlichen, nicht die ersehnte utopische, sondern eine klägliche Rolle, sie produziert eine gequälte Überlegenheit, die etwas Abseitiges, Skurriles, Närrisches annehmen kann. So ist die Exilsituation, die der freien Phantasie den Atem nimmt. Das wurde zum Motiv in dem Roman, der deshalb den Titel *Der Atem* trägt. Eine Tuberkulose erklärt die Atemlosigkeit realistisch. Das Motiv der Krankheit des Künstlerischen, ein romantisches Motiv, hatte eine wichtige Rolle um die Jahrhundertwende gespielt, im Frühwerk beider Brüder. Es spielt wieder eine Rolle im *Doktor Faustus*. In diesem Roman, wie in den späten Romanen des Bruders, gerät die künstlerische Phantasie oder die Figuren, die sie symbolisieren, in die Nähe des Abseitigen, Grotesken, Närrischen und Gespenstischen, auch dies natürlich romantische Tradition. Das gilt für Zeitblom wie für Leverkühn und natürlich dessen Teufelsphantasie, für die Hauptfigur in *Lidice*, wie für den lebenden toten Altbürger Balthasar in *Empfang bei der Welt* und für Lydia in *Der Atem*.

Mehr als Thomas war Heinrich Mann im südkalifornischen Exil isoliert. Er schrieb seine eben genannten letzten Romane, dazu das Fragment *Die traurige Geschichte von Friedrich dem Großen* zwischen 1941 und 1947. *Lidice* erschien 1943 in Mexiko, *Empfang bei der Welt* 1956 aus dem Nachlaß in Ost-Berlin, *Der Atem*

1949 einige Monate vor Heinrich Manns Tod, ebenfalls in Ost-Berlin. Dazu kommt noch das Essay mit autobiographischem Einschlag *Ein Zeitalter wird besichtigt*, das 1945 in Stockholm gedruckt wurde.

Die positive Aufnahme Heinrich Manns in der DDR ist eine Folge seiner Mitarbeit in der deutschen Exil-Volksfront in Paris, die als Sammelbewegung des Exils gedacht war, jedoch von kommunistischen Parteifunktionären gelenkt wurde. Die Sowjetunion betrachtete Heinrich Manns als Land der Zukunft. In *Ein Zeitalter wird besichtigt* wird Stalin gelobt, allerdings auch Napoleon und sogar Bismarck. Heinrich Mann war kein Sozialist, bestimmt kein Kommunist. Er setzte sich seit seinem Aufsatz *Geist und Tat*, der Anfang 1911 erschienen war, für die Autorität des »Geistes«, das heißt der Phantasie des humanen Schriftstellers ein. Diese Autorität wendete sich zwar gegen den schlechten Bürger, war aber durchaus autoritär gedacht. Heinrich Manns sozialer guter Wille war zwar ehrlich, aber nicht von eigener Erfahrung gestützt. Obwohl mittellos, wohnte er im kalifornischen Exil immer in »guten« Gegenden. Berichte, er habe gehungert, sind mit Sicherheit übertrieben. Jedoch muß es demütigend für ihn gewesen sein, daß die Tantiemen des Moskauer Staatsverlages 1942 ausblieben und daß der monatliche Scheck des jüngeren Bruders ihm unentbehrlich wurde. Diese Abhängigkeit und das prekäre Verhältnis zum angepaßteren Bruder überhaupt ist in seinen letzten Roman *Der Atem* eingegangen. Die Hauptfigur dieses Romans, die Baronin Lydia Kowalsky, geborene Gräfin Traun, symbolisiert Heinrich Manns Existenz, seine Mittellosigkeit, seine Isolierung, seinen Realitätsverlust, aber auch deren Aufhebung in fiktiver Wunscherfüllung. Am Ende besteigt die vornehme Dame nicht das rettende Flugzeug der Kommunisten, sondern stirbt verklärt, verehrt von den guten Bürgern.

In den letzten Romanen Heinrich Manns mischt sich unglaubliche Wunscherfüllung, groteske Gesellschaftssatire mit ihrem realen Hintergrund, dem Zweiten Weltkrieg. Die Verfremdung des Realen verweist, in allen drei Werken, auf das alte Motiv des fragwürdigen Künstlers zurück.

Unter dem Einfluß des Aktivismus hatte die deutsche Literatur, besonders in Dramen der Revolutionszeit, mit der Utopie des künstlerisch begabten, phantasievollen Bürgers als Volksführer gespielt. Am bekanntesten sind Ernst Tollers *Die Wandlung* (1918) und *Masse Mensch* (1921), Kaisers *Gas* (1918) und *Gas. Zweiter Teil* (1920), weniger bekannt sind Friedrich Wolfs *Der*

Unbedingte (1919) und Ludwig Rubiners *Die Gewaltlosen* (1919). Eine Reihe von späteren Dramen Georg Kaisers wie *Mississippi* (1930) folgen dieser Traditionslinie. In sie gehört auch der Joseph Thomas Manns und der Henri Quatre des Bruders, deren Romane um 1925 konzipiert wurden.

Adrian Leverkühn dagegen wird als gesellschaftsfremder Künstler-Außenseiter sowohl verklärt als auch kritisiert. Weil der Künstler, zum geistigen Führer berufen, seine Kunst in entlegene Höhen treibt, verfällt die Humanität, und den führerlosen Bürgern fehlt der Wille, sich gegen die nationalsozialistische Barbarei zur Wehr zu setzen.

Der Künstler als Führer ist auf eine freilich groteske Weise noch das Thema von Heinrich Manns Roman *Lidice*. Sein Volksheld ist ein Schauspieler-Dilettant. Als Medizinstudent in Prag hat er zwar gegen die deutsche Unterdrückung protestiert, an der Studentenrebellion gegen die Besatzungsmacht jedoch nicht teilgenommen, sondern sein Leben durch die Flucht in seine dörfliche Heimat gerettet. Diese Künstlerfeigheit vor der Tat büßt er, indem er auf seine Weise den Unterdrücker, Reinhard Heydrich, unschädlich macht. Er hat nämlich bei einem zufälligen Aufenthalt Heydrichs in seinem Dorf entdeckt, daß Heydrichs Machtgebärden dilettantische Schauspielerei sind, die er selbst besser als das Urbild ausführen kann. Im Gegensatz zu Heydrich hat er Rückhalt bei seinem Volk. Indem der Volksheld Pavel die Unterdrückung in eine groteske Farce übersetzt, wird sie unwirksam. Heinrich Manns Heydrich wird von der Gestapo getötet, während der Volksheld Pavel zu den jugoslawischen Partisanen flieht. Dort hört er von der deutschen Racheaktion, der Vernichtung seines Heimatdorfes Lidice. Auch vorher schon hat er sich ein Gewissen gemacht, weil sein Macht-Schauspiel ihn selbst in die Inhumanität zu verwickeln drohte. Die als politische Aktion engagierte Kunst kann nicht frei und menschlich bleiben. Pavel klagt sich an, nicht die Revolution bewirkt zu haben und unternimmt einen Selbstmordversuch. Der wird jedoch als Rückfall in die irreale Künstlerphantasie entlarvt. *Lidice* erfüllt also einerseits den Künstlertraum von der direkten politischen Wirkung, reduziert ihn aber andererseits auf eine unglaubliche Farce. Die vom menschlichen Künstler angeführte Revolution ist Utopie; seine Aufgabe ist bloß, die Falschheit der Macht zu entlarven und Verbindung mit seinem Volk zu wahren. Da diese Intention den Widerstand der Tschechen gegen Hitler als Farce darstellte, begegnete der

Roman Unverständnis. Die Leser wollten einen *Lidice* benannten Roman realistisch auffassen.

Empfang bei der Welt wurde etwa gleichzeitig mit *Lidice* 1941 begonnen und 1945 fertiggestellt. Hier wird nicht ein im Volk verwurzeltes Künstlertum dargestellt, sondern die Verquickung der Kunst mit dem schlechten kapitalistischen Bürgertum. Der Roman spielt im Krieg und hat eine südkalifornische Lokalität, sein Gesellschaftsbild ist jedoch das der europäischen Zwischenkriegszeit. Ein märchenhafter Altbürger vermacht seinen aus Goldstücken bestehenden Reichtum einem sympathischen jungen Paar. Sie legen keinen Wert auf das Geld. Beide sind künstlerisch begabt, wollen aber nicht als Künstler leben. Sie stellen also ein Symbol der Befreiung zugleich vom kapitalistischen Fluch und von der Falschheit des in den Existenzkampf verstrickten Künstlertums dar. Zeit und Raum werden in eine kapriziös unglaubliche Märchenutopie verflüchtigt.

In *Der Atem* stehen zwar Ort und Zeit der Handlung fest: Nizza und Monte Carlo an den beiden ersten Tagen des Zweiten Weltkrieges. Jedoch verflüchtigt Zeit und Ort sich immer wieder in die Erinnerung der Hauptperson, der ausdrücklich eine gespenstische Erscheinung zugeschrieben wird. Die Handlung selbst geht in unglaubliche Märchenerfüllung über, die den Leser auf den unwirklichen Charakter der Verklärung dieses Symbols von Heinrich Manns Existenz hinweist. Jedoch enthält auch dieser Roman Gesellschaftssatire. Diese Züge lösen das realistische Mißverständnis aus, das sich in der Rezeption leicht nachweisen läßt.

Im Jahr des hundertsten Geburtstages Heinrich Manns, 1971, fand eine wissenschaftliche Konferenz der Deutschen Akademie der Künste, wie sie damals noch hieß, in Ost-Berlin statt und eine in dem Geburtsort des Schriftstellers, Lübeck. In beiden war Heinrich Manns letzter Roman *Der Atem* Gegenstand eines Vortrags. Günter Hartung sprach in Berlin über *Heinrich Manns Lebenswerk im Spiegel seines letzten Romans*[1], Manfred Durzak in Lübeck über *Exil-Motive im Spätwerk Heinrich Manns*[2]. Während Hartung das Werk als »Bild des ›Zeitalters‹ und dessen ›Betrachters‹ in eins« rühmt, stellt Manfred Durzak seinen Wert in Frage. Die Exilsituation habe sich in diesem Roman »als künstlerische Insuffizienz« zu erkennen gegeben. So gegensätzlich diese Auffassungen sind, beide gründen ihre Werturteile darauf, was der Roman über die historische Realität aussage, sei es durch seine Bilder, sei es durch seine Sprache. Auch ein früher Aufsatz von Heinrich Vormweg, in *Akzente* von 1969, *Eine sterbende Welt:*

Heinrich Manns Altersromane[3], schreibt den späten Romanen Heinrich Manns zu, daß sie die Realität richtig deuten. Da er den phantastischen Charakter ihrer fiktionalen Welt mitbedenkt, will er das »Unwirkliche« und die »Halluzination« als Zeichen der Realität verstehen.

Jedoch liegt die Eigenart von Heinrich Manns Werk darin, daß er seine Intentionen verfolgt, indem er die seinen Lesern geläufige Welt verfremdet, mit ihren Elementen spielt, sie dabei in theatralische, groteske Szenen überführt, die nicht mehr realistisch sind, aber dennoch einer realen politischen Absicht folgen können. Diesen Doppelaspekt des Werkes von Heinrich Mann hat Frithjof Trapp in seinem Buch *»Kunst« als Gesellschaftsanalyse und Gesellschaftskritik bei Heinrich Mann* von 1975 beleuchtet. Von Trapp kann der in der realistischen Tradition urteilende Interpret lernen, warum dieser Ansatz zu kurz greift. Das Ineinander von real-politischer Intention und ästhetisch-symbolisch-grotesker Verfremdung ist für den Leser schwer zu durchschauen. Daher sind die vielen negativen Urteile vor allem über das Spätwerk zu erklären.

Hinzu kommt ein irritierender Wechsel in der Perspektive von der Innensicht der Figuren zur neutralen Beobachterposition des Erzählers, die sich auch in altmodischen Sentenzen äußern kann. Henriette Bartl hat in ihrer Hamburger Dissertation *Heinrich Manns Spätwerk* von 1970 diesen Wechsel beschrieben und darüber hinaus eine Überlagerung der auktorialen und personalen Erzählperspektive als »duale« bezeichnet. Zwar ist ein solcher Wechsel und sind solche Überlagerungen normal, was Henriette Bartl unter dem Einfluß der Typologie Franz Stanzels entging, aber Besonderheiten des Erzählstils, die Henriette Bartl gut beschreibt, erklären die Schwierigkeiten, die dem Leser auferlegt werden. Während der Autor dem Leser die realistische Verständnisgrundlage entzieht, die Handlung in die grotesken Szenen verfremdet, die für Heinrich Mann so charakteristisch sind, versteckt er sich bald hinter seinen Figuren, um bald mit voller Autorität hervorzutreten und den Leser an den moralisch-politischen Zweck des fiktiven Theaters zu mahnen. Der Leser kann nicht immer leicht ausmachen, welche Stimme er hören, ob er sich kritisch verhalten, ob er folgen soll. Die Neigung Heinrich Manns zu elliptischer Ausdrucksweise verstärkt den Rätselcharakter, den seine Prosa stellenweise annimmt.

Heinrich Manns Romane, das gilt besonders von seinem Spätwerk, sind symbolistische Romane. Dennoch behalten sie realistische Motive und können sich auch politischen, also auf die reale Welt gemünzten Intentionen unterstellen. Der »Geist«, das heißt die in das Kunstwerk übersetzte Welt, soll, wenn nicht Macht, so doch eine politisch-moralische Autorität ausüben.

Einigen wir uns, bevor wir uns dem Roman *Der Atem* zuwenden, über die Terminologie. Der Begriff Realismus hat in der Literaturwissenschaft nur dann Sinn, wenn er einen Modus der Kommunikation bezeichnet. Heinrich Manns Roman *Der Atem* kann nicht schon deshalb realistisch genannt werden, weil er in Nizza lokalisiert und weil seine Handlung auf die ersten beiden Kriegstage im September 1939 datiert ist. Er ist auch nicht darum realistisch, weil er die gewaltsame Drohung des Faschismus behandelt, die auch seine Leser fühlen oder nachfühlen können und nicht darum, weil er einen Kommunisten auftreten läßt, den der kommunistische Leser als Boten der Zukunft anerkennt. Realistisch wäre er, wenn er den Leser durch das Medium seiner Welt anspräche, wenn er also seine Intentionen, seine symbolischen Zusammenhänge in ein Netz von wahrscheinlichen Motivierungen einwebte, wenn sich seine Welt offen als die Autor und Leser gemeinsame zu erkennen gäbe, den bekannten Naturgesetzen, den üblichen Konventionen, der gängigen Psychologie unterworfen. Kommuniziert der Autor dagegen mit seinem Leser durch Motivzusammenhänge, denen er eigene, von der üblichen abweichende Bedeutung gibt, so muß man von einem symbolischen Roman sprechen und tut gut, die symbolisch gebotene Intention aus den Beziehungen der Symbole zueinander zu entschlüsseln, wobei die Motive im einzelnen auch Verweise auf die reale Welt enthalten können. So ist es in Kafkas Prosa, die man willkürlich mißversteht, wenn man ihre Motive aus deren möglichen realen Vorbildern entschlüsseln will, das Gericht als unseren Begriffen von Gerechtigkeit verpflichtet, die Bürokratie in *Das Schloß* als österreichisch-ungarische, Frieda als Milena, den Vater in *Das Urteil* als Hermann Kafka. Ist der Symbolzusammenhang nicht im Text selbst gedeutet, kann man auch von einem hermetischen Roman sprechen. Seine Struktur entspricht einem symbolistischen Gedicht, dessen Bilder sich zuerst aufeinander beziehen und so ein aufzulösendes Rätsel bilden. Die einzelnen Motive und Bilder haben für sich ihren Ursprung in der Realität oder der Konvention. Deshalb verführen sie, wie die Geschichte der Kafka-Interpretation zeigt, zu interpretatorischen Kurzschlüssen, zu einer gewaltsamen Deutung des Bildzusammenhanges, der einer vom Interpreten stammenden Deutung der Welt zu entsprechen hat.

Ein hermetisches Gedicht spricht dagegen von einer inneren Erfahrung, die von der alltäglichen Welt abgeschlossen oder aus ihr herausgehoben ist. In sehr vielen Fällen hat diese Erfahrung mit dem prekären Verhältnis des Dichters zur Welt zu tun, ist also Dichtung über Dichtung, über Wert und Unwert der Flucht aus der Realität, der inneren dichterischen Welt, die durch Phantasie bestimmt ist, gegenüber dem harten Zwang der alltäglichen, konventionellen. Kafkas Werke sind, auf eine teils melancholische, teils humorvolle Weise Dichtung über Dichtung; zumeist handelt es sich um die Darstellung von inneren Erfahrungen, von Entfremdung und Bindung an die Phantasiewelt, die gewöhnlichen Menschen auferlegt werden, solchen, die keine Befreiung in der Kunst erfahren. Das ist übrigens auch, weniger hermetisch, der Kern der Intention von Thomas Manns *Zauberberg*. Es sind, besonders in der Prosa, Intentionen möglich, die Stücke der Realität nehmen, um eine vornehmlich innere, ästhetische Erfahrung auszudrücken, die, statt Realität zu beschreiben, den Zusammenstoß eines Ichs mit der Welt benutzen, um dieses Ich als dichterisch zu rechtfertigen, seinen aus der Welt herausgehobenen Charakter.

Heinrich Manns *Der Atem* hat in der Mittelpunktsfigur, der Baronin Kowalsky, genannt Kobalt, geborener Gräfin Traun eine Gestalt, deren Vorgeschichte und Rolle in der Handlung symbolische Bedeutung hat. Darauf weist schon der Anklang des Familiennamens Traun an das Wort »Traum« hin. Soweit der Roman von ihr erzählt, ist er Dichtung über Dichtung, denn Kobalt verkörpert einen Aspekt von Heinrich Manns Phantasiewelt. Tatsächlich spiegelt sich in diesem Roman, wie Hartungs Vortragstitel, mehr als der Vortrag selbst, es ausspricht, sein »Lebenswerk«.[4]

Jedoch gibt es Episoden, die realistisch zu verstehen sind und mit der symbolischen Struktur zunächst nur sehr wenig zu tun haben. Sie sind die »bürgerlichen« Partien mit Figuren wie dem Bankdirektor Conard, denen aus dem Laden der Bäckerin Vogt und dem Bankboten Alain. Conard und die Heldin haben eine Liebesszene, die realistisch kaum motiviert ist – Conard, selbst noch jung, ist glücklich mit einer schönen jungen Frau verheiratet, er wird am nächsten Morgen zur Armee gehen und am selben Tag fallen, kann also keinen Sinn für eine Liebesaffäre haben, zumal Kobalt äußerlich eine lächerliche Figur abgibt, eine ältliche Frau in ihrem Kostüm von 1910 aus brüchiger Seide, im letzten Stadium einer Tuberkulose, die ihr den Atem nimmt. In der Symbolstruktur ist diese groteske Liebe fiktive Wunscherfüllung des Autors. Endlich huldigt das nichtfaschistische, anständige alte Bürgertum, vertreten durch Conard, seiner Phantasiewelt, vertreten durch Kobalt. Sie erhält Geld, nach dem sie jahrelang vergeblich gelaufen ist. Das alte Bürgertum erkennt die Daseinsberechtigung der Phantasiewelt, der närrischen Figur, des Dichterischen an. Freilich kommt das Geld möglicherweise von ihrer Schwester, die im Roman Heinrich Manns Bruder Thomas vertritt. Das ändert nichts an der Bedeutung des Motivs der Anerkennung, fügt ihm nur eine ironische Nuance hinzu. Zwar wird der materielle Aspekt des Motivs durch die liebende Huldigung Conards verklärt, aber die Liebenden sind todgeweiht. Die Phantasiewelt tritt um den Preis des Todes in ihre Realität. Das alte Thema der Verbindung von Eros und Thanatos ist angeschlagen, das die Literatur der Zeit der Brüder durchzieht, die Literatur unter dem Zeichen von Vitalität und Dekadenz, von Lebensschwäche und Kunstglanz, die Literatur, die das große Leben bewundert, und es in Bildern, in Versen und Sätzen erstarren läßt.

Die Liebesszene Conard-Kobalt ist psychologisch-realistisch schwach motiviert, will aber gerade dadurch die Kraft der dichterischen Einbildungskraft zeigen, die sich über konventionelle Wahrscheinlichkeit erhebt. Mit anderen Worten, die symbolische Struktur dominiert die realistische. Das gilt für diesen Roman wie für Heinrich Manns Werk überhaupt und für die Literatur seiner Zeit, die unter dem Zeichen des Symbolismus steht, der Geschlossenheit des Kunstwerks, das eine Lebensqualität in Form bringt, sie ästhetisch über die banale Bürgerlichkeit erhebt. An dieser symbolistischen Ästhetik, dem Erbe der Romantik, Nietzsches, des europäischen Ästhetizismus, nehmen beide Brüder Mann teil, jedoch auch ihre Feinde, die Faschisten, die auf ihre Weise Vitalismus und Todesdämonie mischten.

Während Thomas Mann sich seinem bürgerlichen Publikum mehr mit Sympathie zuwendet, von diesem getragen wird, spielte Heinrich Mann zeitlebens die Rolle des vornehmen Außenseiters, der dennoch Autorität in der Gesellschaft beansprucht. Diese Autorität wird in der langen Sterbeszene der Gräfin Traun bestätigt. Bürgerliche Banalität schuldet dem Symbol von Heinrich Manns Werk Verehrung. Zugleich wird die Absicht dieses Werkes als Liebe und Güte gedeutet. Dieser Symbolik entspricht die Gebärde des schwer lesbaren Stils, der Unterordnung fordert, aber einen schönen und menschlichen Sinn verspricht.

Die Hauptfigur des Romans, die Baronin Kowalsky, geborene

Gräfin Traun, genannt Kobalt, ist dann freilich ein ambivalentes Symbol dieser vornehmen Autorität. Sie lebt in einer illusionären Welt, seit sie am Beginn des Ersten Weltkriegs ihre bürgerliche Sicherheit, ihr Vermögen verloren hat. Sie ist zugleich hochmütig und lächerlich, hat aber eine angenehme und gewinnende Stimme. Sie ist aristokratischer Herkunft, durch Heirat in das Geldbürgertum eingetreten, hat nach dem Tod ihres Mannes an der Bohème, der Halbwelt teilgenommen. Geradezu märchenhaft ist ihre Funktion, in der kleinbürgerlichen Phase der Romanhandlung, im Laden der Bäckerin Vogt, durch die bloße Erinnerung an ihr Dasein als Katalysator des Glücks zu wirken. Andererseits soll sie Kontakt mit der Realität gehabt haben, nämlich als Fabrikarbeiterin. Sie wird als Kommunistin verdächtigt, und die Partei schickt ihr ein Flugzeug für die Rettung nach Moskau. Dieses Flugzeug besteigt statt ihrer ein Vertreter des guten Frankreich, nachdem er den Vertreter des bösen, faschistischen Frankreich erschossen hat. Nicht nur das Land der sozialistischen Zukunft, zuletzt zollt auch die Bürgerwelt ihr Anerkennung. Im Tode wird sie geradezu verehrt.

Die Symbolik dieses Lebenslaufes läßt sich entschlüsseln. Heinrich Manns Wunsch nach Vornehmheit hat sich ebenso deutlich in seinem Werk abgezeichnet wie der Selbstzweifel des Außenseiters, eine lächerliche Rolle zu spielen. Der groteske Professor Unrat und die Figur Terra in *Der Kopf* (1925) sind Selbstporträts, wie die Herzogin von Assy und der König Henri Quatre. Bindungen an die bürgerliche Welt hatte Heinrich Mann durch seine Herkunft, auch durch seine Rolle in der Weimarer Republik. Die Frauen, die er liebte, und mit denen er lebte, gehörten dagegen zur Halbwelt. Heinrich Manns Hinneigung zur abenteuerlichen großen Dame hat sich in der Herzogin von Assy, in der »Frau von drüben« aus *Der Kopf*, in der Vergangenheit der *Mutter Marie* niedergeschlagen. Sie bestimmt auch die Figur Kobalt mit. Seit seinen Bemühungen um die Volksfront im Pariser Exil hatte Heinrich Mann auch Beziehungen zu Sowjetrußland. Seiner Geldnot half zeitweise der Moskauer Staatsverlag ab. Sogar die Möglichkeit eines Asyls in der Sowjetunion ist autobiographisch.[5]

Der Vorname der geborenen Gräfin Traun ist Lydia.[6] Das ist sicher nicht zufällig der Name einer zugleich vornehmen und lebensschwachen Figur, in der frühen Novelle *Das Wunderbare* (geschrieben 1894, gedruckt 1896), die dort das rätselhafte, nur der Phantasie sich erschließende Leben des Jugendstils symbolisiert. Ihre Bekanntschaft ist »das Wunderbare«, das ein gesetzter, aber sensitiver, ästhetisch inklinierter Bürger einmal erfahren hat. Der Name Lydia verweist also, nur halb ironisch, auf die Hoffnungen, die Schriftsteller der Zeit vor 1914 haben konnten, nämlich die Bürgerwelt ästhetisch zu heben und zu durchdringen, Hoffnungen, die sich in Form des Aktivismus ins Politische wandten. Heinrich Manns Aufsatz *Geist und Tat* (1911) wurde dessen Programmschrift. In der Exilsituation ist diese Hoffnung von der Autorität der Literatur zugleich vornehm geblieben und der immer schon gesehenen Gefahr der Lächerlichkeit verfallen.

Der Atem steht also immer noch im Spannungsverhältnis von Bürger und Künstler, das Heinrich Manns Selbstverständnis von jeher bestimmte. Sowohl die große, vornehme Welt wie das ungeordnet-chaotische Leben des Abenteurers sind gegenbürgerlich. Der neben dem banalen bürgerlichen Leben stehende dilettantische Schwache zahlt mit seiner Vitalität für sein entwickelteres Bewußtsein, ein Gedanke, der auf Nietzsche zurückgeht und auch in Thomas Manns Werk eine große Rolle spielt. Der Narr, endlich, genießt seine phantasievolle Außerbürgerlichkeit durch Selbstspott, sei es in der Figur selbst oder im Verhältnis des Autors zu ihr. Diese prekäre Freiheit des Dichterischen vom Bürgerlichen spielt der Roman *Der Atem* noch einmal durch. Kobalt, die Verkörperung des dichterischen Werkes Heinrich Manns, hat kommunistische Sympathien, weil der Phantasiewelt eine Zukunftsutopie zugeordnet ist. Darum ist das Bild der Bedrohung durch die schlechte Bürgerlichkeit, die groteske französisch-faschistische Verschwörung des Synarchismus[7] der Existenzphilosophie assoziiert, die antihistorisch und ohne Sinn für die Zukunft sei, nur die Gegenwart der Gewalt wolle.

In der Heldin des Romans ist ein Bild des Zeitalters symbolisiert. Die bürgerliche Vorkriegszeit vor 1914 hat eine adlig-vornehme, übernationale Grundlage, entscheidet sich für den Kapitalismus, dessen Früchte sie 1914 verliert, um dann in eine närrische Realitätsleugnung zu versinken, die durch den Krieg von 1939 beendet wird. Diesem Zeitalter fühlt Heinrich Mann sich zugehörig, nicht aber seiner faschistischen Entwicklung.

Der atemberaubenden Isolierung im Exil widerspricht jetzt der alte Anspruch auf Autorität. Er zeigt sich in *Ein Zeitalter wird besichtigt*, oft genug ohne Rücksicht auf die historischen Fakten. Weil er im Grunde die Nachfolge des Adels beansprucht, paßt er nicht in die demokratisch-kapitalistische amerikanische Umwelt, in der Heinrich Mann zu leben gezwungen war. Jedoch will er seine Autorität demokratisch interpretieren als Liebe und Güte.

Diese Absicht ändert den symbolischen Grundcharakter des Romans nicht. Auf ihn macht nicht nur ein motivisch wiederkehrender Vers von Baudelaire aufmerksam, noch mehr das Motiv der Pavane, eines alten Tanzes, der in der Renaissance in Padua entstand, aber in der Musikgeschichte ganz Europas eine Rolle spielt. Die Pavane ist das musikalische Motiv des Stückes vom Marchese del Grillo, einem Spiel zwischen Traum und Wirklichkeit, eine trivialisierte Version von Calderons *La vida es sueno*, das Hofmannsthal in *Der Turm* zu seiner Deutung des Untergangs der Adelswelt benutzt hatte. Dieses Spiel, das Lydia in einem Traum wiedererlebt, ist von großer Bedeutung für die Interpretation des Romans.

Der Marchese, der sich einen bösen Spaß mit einem armen Kohlenträger erlaubt, entzieht diesem die Unterscheidung von Traum und Wirklichkeit. Er ist ein böser Künstler, der am Ende für seine Bosheit noch eine halbe Niederlage hinnehmen muß. Dennoch übt seine strahlende und sichere Vornehmheit und seine Gewalt über das Bewußtsein seines armen Opfers eine faszinierende Wirkung auf Mitspieler, Zuschauer, die träumende Lydia und den Leser aus, eine Faszination zwar mit Grauen gemischt, aber harmonisiert in den alten Tanz der Pavane, die, in musikalischen Variationen, ein Leitmotiv des Romans ist. Diese Traumszene ist noch einmal ein Symbol von der Fragwürdigkeit einer Kunst, die auf adligem Rang beruht und den Standesunterschied sowohl symbolisch als auch sozial ausbeutet. Von dieser Art von vornehmer, aristokratischer Kunst konnte sich Heinrich Manns guter Wille, sein demokratischer Entschluß zu Liebe und Güte nie ganz lösen.

Die motivische Verwendung von Musik verweist auf das Werk des Bruders Thomas Mann, der seinen *Doktor Faustus* veröffentlichte, als Heinrich Mann seinen Roman schrieb.[8] Die Beziehung der Brüder ist in *Der Atem* gespiegelt in dem steifen und lauernden Mißverhältnis der Schwestern Traun. Der ältere Bruder Heinrich hat in der Romanfiktion das Altersverhältnis umgekehrt, eine Anspielung auf die demütigende Notwendigkeit, Geld von dem angepaßteren, erfolgreicheren Bruder anzunehmen. Geldzuwendungen der Schwester kommen auch direkt als Motiv vor.

Die Schwester eilt an Kobalts Totenbett, findet sie aber nicht mehr lebend. Zwei Abschiedsgespräche finden nun in der Phantasie der Schwestern statt, was den Kontakt der wirklichen Brüder Mann gut bezeichnet. Zuletzt kniet die erfolgreiche Schwester vor der armen Außenseiterin. So wird der Vorrang des Symbolischen, der Phantasiewelt vor der Anpassung an das Gesellschaftlich-Wirkliche demonstriert. Jedoch wird dieser Vorrang sofort ins Groteske gezogen. Die Schwester schminkt die Leiche. Das ist ein makabres Motiv, dessen reales Äquivalent man wohl in den höflichen Euphemismen zu suchen hat, mit denen Thomas Mann die Werke seines Bruders seit der Versöhnung 1922 zu bedenken pflegte, auch diesen Roman. Das Motiv beschwert die symbolische Botschaft des Romans von dem Vorrang der Liebe und der Güte in der Kunst, ihre glückerweckende Funktion, ihre Verehrungswürdigkeit, mit einem Zweifel.

Es ist dieser Zweifel, den man in die Waagschale werfen kann gegen die positive Botschaft im Ästhetischen, die sonst den Verdacht erregte, zu der deutschen romantischen, hegelschen Tradition der Lösung von Konflikten zu gehören: In der Phantasie kann es Aufhebung, Synthese, Überwindung, drittes Reich, klassenlose Gesellschaft geben. Das soziale Miteinander dagegen fordert Analyse, Kompromiß, Toleranz, Pluralismus. Der Vorrang des Symbolischen in Heinrich Manns Werk will sich die Realität unterwerfen. Als Herrschaft des vorgestellten Willens über die Wirklichkeit läßt sich ein Aspekt des Faschismus verstehen, der vielfältige Beziehungen zum Ästhetischen hatte. Der Marchese del Grillo, der dem Armen die Illusion beibringt, ist ebenso wie der Zauberer Cipolla in Thomas Manns *Mario und der Zauberer* eine Spiegelung dieser Verwandtschaft zwischen Faschismus und Aktivismus, der künstlerischen Autorität. Indem Heinrich Mann sich in der Hauptgestalt seines letzten Romans zur künstlerischen Autorität bekennt, dieser Gestalt Verehrung darbringen läßt, zeigt sich ein Gran von Gemeinsamkeit zwischen den Verfolgern und dem exilierten Opfer. Es sind die Motive des Selbstzweifels, das Lächerliche, ja Gespenstige in Kobalt, zuletzt das Schminken, die diese Gemeinsamkeit auf humanes Maß zurückführen. Der Leser von Heinrich Manns *Der Atem* blickt einerseits zurück auf die Autorität des Unbürgerlichen in Lydia, der Verkörperung des vornehmen Wunderbaren. Andererseits weist das Motiv des Närrischen und Gespenstigen ihn voraus auf den unzuverlässigen Erzähler, der den deutschen Roman der Kriegsgeneration beherrschen wird. Ich brauche nur an die närrische Künstlerfigur Oskar Matzerath zu erinnern.

Anmerkungen:

1. *Arbeitshefte*, Nr. 8/1971. Deutsche Akademie der Künste zu Berlin. Internationale wissenschaftliche Konferenz, *Heinrich Mann am Wendepunkt der deutschen Geschichte*, März 1971, S. 180 – 192.
2. In: *Heinrich Mann 1871 – 1971*, hg. v. Klaus Matthias. München 1971, S. 203 – 219.
3. *Akzente*, 16, 1969, S. 408 – 415.
4. Siehe Lorenz Winter, *Heinrich Mann und sein Publikum*. Köln 1965, S. 86.
5. David Pike, der über die deutsche Sektion des sowjetischen Schriftstellerverbandes in Moskau geforscht hat, teilte mir mündlich mit, daß Heinrich Mann tatsächlich ein Asylgesuch an die Sowjetunion gerichtet hatte, das auch genehmigt wurde.
6. Hierauf haben Hartung (s. Anm. 1) und Klaus Schröter aufmerksam gemacht. – Klaus Schröter, *Heinrich Mann*, Reinbek 1976, S. 155 f.
7. In einem Brief an Walter A. Berendsohn behauptet Heinrich Mann, der »Vorgang selbst«, die Verschwörung des Synarchismus, sei »real« gewesen. Aber zugleich gibt er Berendsohn recht, der »das Märchenhafte« des Romans empfunden habe. Der Brief in: Arbeitskreis Heinrich Mann (Hrsg.), *Mitteilungsblatt*, Nr. 5, 1974, S. 7. – Zu den realen Hintergründen vor allem Frithjof Trapp, *»Kunst« als Gesellschaftsanalyse und Gesellschaftskritik bei Heinrich Mann*. Berlin 1975, S. 238 – 255; auch der diesem Thema gewidmete »Exkurs« in der Dissertation von Henriette Bartl, siehe S. 140. – Vgl. ergänzend ihr Selbstreferat in: Arbeitskreis Heinrich Mann (Hrsg.), Mitteilungsblatt, Nr. 2, 1973, S. 2 – 4. Siehe auch Klaus Schröter, *»Der Atem«: Anmerkungen zu Heinrich Manns letztem Roman*; in: *Grüße: Hans Wolffheim zum 60. Geburtstag*, Frankfurt 1965, S. 133 – 144. Seine Herleitung der Anwendung des Begriffs »Anarchie« auf den Parlamentarismus im Romantext ist trotz Trapp und Bartl noch überzeugend.
8. Hierzu: Edgar Dirksen, *Autobiographische Züge in Romanen Heinrich Manns*. In: *Orbis Litterarum*, 21, 1966, S. 321 – 332; über *Der Atem*, S. 329 – 332. Dirksen beschränkt sich auf die Anspielung auf das Bruderverhältnis.

148

III

Rudolf Wolff/Peter-Paul Schneider
Bibliographie der Primär- und Sekundärliteratur
(Auswahl. Stand: Ende 1984)

I. WERKE

A) Buchveröffentlichungen

In einer Familie. Roman. München 1894 (Dr. E. Albert & Co. Verlag)
Das Wunderbare und andere Novellen. München 1897 (Albert Langen Verlag)
Ein Verbrechen und andere Geschichten. Leipzig-Reudnitz 1898 (Verlag von Robert Baum)
Im Schlaraffenland. Ein Roman unter feinen Leuten. München 1900 (Albert Langen Verlag)
Die Göttinnen oder Die drei Romane der Herzogin von Assy. München 1903 (Albert Langen Verlag)
Die Jagd nach Liebe. Roman. München 1903 (Albert Langen Verlag)
Flöten und Dolche. Novellen. München 1905 (Albert Langen Verlag)
Professor Unrat oder das Ende eines Tyrannen. Roman. München 1905 (Albert Langen Verlag)
Eine Freundschaft. Gustave Flaubert und George Sand. Essay. München-Schwabing 1905/06 (Verlag E. W. Bonsels)
Mnais und Ginevra. Novellen. München und Leipzig 1906 (R. Piper & Co. Verlag)
Schauspielerin. Novelle. Wien und Leipzig 1906 (Wiener Verlag)
Stürmische Morgen. Novellen. München 1906 (Albert Langen Verlag)
Zwischen den Rassen. Roman. München 1907 (Albert Langen Verlag)
Die Bösen. Novellen. Leipzig 1908 (Insel Verlag)
Die kleine Stadt. Roman. Leipzig 1909 (Insel Verlag)
Das Herz. Novellen. Leipzig 1910 (Insel Verlag)
Varieté. Ein Akt. Berlin 1910 (Paul Cassirer)
Die Rückkehr vom Hades. Novellen. Leipzig 1911 (Insel Verlag)
Schauspielerin. Drama. Berlin 1911 (Paul Cassirer)
Die große Liebe. Drama. Berlin 1912 (Paul Cassirer)
Auferstehung. Novelle. Leipzig 1913 (Insel Verlag)
Madame Legros. Drama. Berlin 1913 (Paul Cassirer)
Der Untertan. Roman. Leipzig 1916 (Privatdruck, Kurt Wolff Verlag), Leipzig und Wien 1918 (Kurt Wolff Verlag)
Brabach. Drama. Leipzig 1917 (Kurt Wolff Verlag)
Die Armen. Roman. Leipzig 1917 (Kurt Wolff Verlag)
Bunte Gesellschaft. Novellen. München 1917 (Albert Langen Verlag)
Novellen. Bd. 1 und 2. Leipzig 1917 (Kurt Wolff Verlag)
Drei Akte. Leipzig 1918 (Kurt Wolff Verlag)
Der Weg zur Macht. Drama. Leipzig 1919 (Kurt Wolff Verlag)
Macht und Mensch. Essays. München 1919 (Kurt Wolff Verlag)
Der Sohn. Novelle. Hannover 1919 (Paul Steegemann Verlag)

Die Ehrgeizige. Novelle. München 1920 (Roland-Verlag Dr. Albert Mundt)
Die Tote und andere Novellen. München 1920 (O. C. Recht Verlag)
Diktatur der Vernunft. Reden und Aufsätze. Berlin 1923 (Verlag Die Schmiede)
Das gastliche Haus. Komödie. München 1924 (Verlag Gunther Langes)
Abrechnungen. Sieben Novellen. Berlin 1924 (Propyläen-Verlag)
Der Jüngling. Novellen. München 1924 (Verlag Gunther Langes)
Der Kopf. Roman. Berlin, Wien, Leipzig 1925 (Paul Zsolnay Verlag)
Kobes. Novelle. Berlin 1925 (Propyläen-Verlag)
Liliane und Paul. Novelle. Berlin, Wien, Leipzig 1926 (Paul Zsolnay Verlag)
Mutter Marie. Roman. Berlin, Wien, Leipzig 1927 (Paul Zsolnay Verlag)
Eugénie oder Die Bürgerzeit. Roman. Berlin, Wien, Leipzig 1928 (Paul Zsolnay Verlag)
Bibi. Seine Jugend in 3 Akten. Berlin 1928 (S. Fischer Verlag)
Sieben Jahre. Chronik der Gedanken und Vorgänge. Essays. Berlin, Wien, Leipzig 1929 (Paul Zsolnay Verlag)
Sie sind jung. Novellen. Berlin, Wien, Leipzig 1929 (Paul Zsolnay Verlag)
Die große Sache. Roman. Berlin 1930 (Gustav Kiepenheuer Verlag)
Geist und Tat. Franzosen 1780–1930. Essays. Berlin 1931 (Gustav Kiepenheuer Verlag)
Der Freund. Novelle. Wien 1931 (Verlag Der Wille)
Ein ernstes Leben. Roman. Berlin, Wien, Leipzig 1932 (Paul Zsolnay Verlag)
Die Welt der Herzen. Novellen. Berlin 1932 (Gustav Kiepenheuer Verlag)
Das öffentliche Leben. Essays. Berlin, Wien, Leipzig 1932 (Paul Zsolnay Verlag)
Das Bekenntnis zum Übernationalen. Essays. Berlin, Wien, Leipzig (Paul Zsolnay Verlag)
Der Hass. Deutsche Zeitgeschichte. Essays. Amsterdam 1933 (Querido Verlag)
Der Sinn dieser Emigration. Essays. Paris 1934 (Europäischer Merkur)
Die Jugend des Königs Henri Quatre. Roman. Amsterdam 1935 (Querido Verlag)
Es kommt der Tag. Deutsches Lesebuch. Zürich 1936 (Europa Verlag)
Die Vollendung des Königs Henri Quatre. Roman. Amsterdam 1938 (Querido Verlag)
Mut. Essays. Paris 1939 (Editions du 10 Mai)
Lidice. Roman. Mexiko 1943 (Editorial »El Libro Libre«)
Ein Zeitalter wird besichtigt. Stockholm 1945 (Neuer Verlag)
Der Atem. Roman. Amsterdam 1949 (Querido Verlag)
Empfang bei der Welt. Roman. Berlin-DDR 1956 (Aufbau Verlag)
Die traurige Geschichte von Friedrich dem Großen (Fragment). Berlin-DDR 1960 (Deutsche Akademie der Künste zu Berlin)
Das Stelldichein. Die roten Schuhe. München 1960 (Dobbeck Verlag)
Verteidigung der Kultur. Antifaschistische Streitschriften und Essays. Berlin/Weimar 1971 (Aufbau Verlag)

B) Gesamtausgaben, Werkausgaben

Gesammelte Werke in 4 Bänden. Berlin 1909 (Paul Cassirer)
Gesammelte Romane und Novellen (10 Bände). Leipzig 1917 (Kurt Wolff Verlag)
Gesammelte Werke in 13 Bänden. Berlin, Wien, Leipzig 1925 ff. (Paul Zsolnay Verlag)
Ausgewählte Werke in Einzelausgaben. Herausgegeben im Auftrag der Deutschen Akademie der Künste zu Berlin von Alfred Kantorowicz. Berlin-DDR 1951 ff. (Aufbau Verlag)

Gesammelte Werke in Einzelausgaben. Hamburg 1958 ff. (Claassen Verlag [noch nicht abgeschlossen])
Gesammelte Werke. Herausgegeben von der Deutschen Akademie der Künste zu Berlin. Redaktion: Sigrid Anger. Berlin/Weimar 1965 ff. (Aufbau Verlag [noch nicht abgeschlossen])
Werkauswahl in 10 Bänden. Düsseldorf 1976 (Claassen Verlag)

C)Briefe

Briefe an Paul Wiegler (1926, 1927). In: Sinn und Form, 1, H. 5, 1949, S. 5 – 17 (Briefe von Heinrich Mann, S. 10 f.)
Briefe Heinrich Manns an Erwin Gerzymisch (1947 – 1949). In: Aufbau, 6, H. 7, 1950, S. 579 – 584
Heinrich Mann an Arnold Zweig (1934 – 1937). In: Neue Deutsche Literatur, 11, H. 2, 1963, S. 86 – 92
Heinrich Mann: Briefe an Karl Lemke 1917 – 1949. Herausgegeben von der Deutschen Akademie der Künste zu Berlin. Berlin-DDR 1963 (Aufbau Verlag)
Heinrich Mann: Briefe an Karl Lemke (1930 – 1949) und Klaus Pinkus (1935 – 1949). Hamburg 1964 (Claassen Verlag)
Lieber Freund Heinrich Mann. Briefwechsel Heinrich Manns mit Eva und Julius Lips (1934 – 1950). In: Eva Lips, Zwischen Lehrstuhl und Indianerzelt. Aus dem Leben und Werk von Julius Lips. Mit unveröffentlichten Briefen von Heinrich Mann und Martin Andersen Nexö. Berlin-DDR 1965 (Verlag Rütten & Loening), S. 93 – 151
Thomas Mann – Heinrich Mann. Briefwechsel 1900 – 1949. Herausgegeben von der Deutschen Akademie der Künste zu Berlin. Red.: Ulrich Dietzel. Berlin/Weimar 1965 (Aufbau Verlag); 2. erw. Aufl. 1969.
Briefwechsel Johannes R. Becher – Heinrich Mann (1936 – 1948). In: Sinn und Form, 18, 1966, S. 325 – 333.
Heinrich Mann und das Lateinamerikanische Komitee der Freien Deutschen. Ein bisher unbekannter Briefwechsel mit Alexander Abusch, Paul Merker und Ludwig Renn (1942 – 1946). In: Beiträge zur Geschichte der deutschen Arbeiterbewegung, 9, H. 1, 1967, S. 64 – 105.
Heinrich Manns Briefe an Maximilian Brantl 1907 – 1931. Zusammengestellt und kommentiert von Ulrich Dietzel. In: Weimarer Beiträge, 14, 1968, S. 393 – 422.
Thomas Mann – Heinrich Mann. Briefwechsel 1900 – 1949. Herausgegeben von Hans Wysling. Frankfurt a. M. 1968 (S. Fischer Verlag); erw. Neuausgabe 1984. – Taschenbuchausgabe: Frankfurt a. M. 1975 (Fischer Taschenbuch Verlag)
Heinrich Mann: Briefe an Felix Bertaux (1922 – 1928). In: Neue Deutsche Literatur, 19, H. 3, 1971, S. 10 – 31
Une lettre inédite de Heinrich Mann à Charles Guignebert (en date du 24. juin 1939). In: Etudes Germaniques, 30, 1975, S. 227 f.; Übersetzung in: Sinn und Form, 28, 1976, S. 243 – 245
Heinrich Mann an Klaus Mann (1935 – 1945). In: Klaus Mann, Briefe und Antworten. Bd. 1 und 2. Herausgegeben von Martin Gregor-Dellin. München 1975
Heinrich Mann: Briefe an Ludwig Ewers (1889 – 1913). Berlin/Weimar 1980 (Aufbau Verlag)

II. SEKUNDÄRLITERATUR

A) Bibliographien

Birr, Ewald: Heinrich Mann. Bibliographie, zusammengestellt unter Mitarbeit von Regina Horn, Marianne Lissek und Martina Schröter. Red. Bearb.: Hilde Weise. Stadtbibliothek Berlin-DDR, 1971, 56 S.

Eggert, Rosemarie: Vorläufiges Findbuch der Werkmanuskripte von Heinrich Mann (1871 – 1950). Berlin-DDR 1963 (Deutsche Akademie der Künste zu Berlin. Schriftenreihe der Literatur-Archive. Nr. 11)

Giobbio Crea, Elena: Bibliografia italiana di Heinrich Mann. In: Arbeitskreis Heinrich Mann, Mitteilungsblatt, 9, Lübeck 1977, S. 46 ff.

Kieser, Harro: Ergänzungen und Berichtigungen zu Edith Zenker: Heinrich-Mann-Bibliographie. Werke (Berlin-DDR, Weimar 1967). In: Arbeitskreis Heinrich Mann, Mitteilungsblatt, 1 ff., Lübeck 1972 ff.

Kieser, Harro: Heinrich-Mann-Bibliographie. In: Arbeitskreis Heinrich Mann, Mitteilungsblatt, 2 ff., Lübeck 1973 ff.

O. Verfasser: Heinrich-Mann-Bibliographie. In: Der Bibliothekar. Monatsschrift für das Bibliothekswesen, 5, Berlin-DDR/Leipzig 1951, S. 358 ff.

Riege, Helmut: Bibliographie zu Heinrich Mann. In: H. L. Arnold (Hrsg.), Heinrich Mann. München 1971, S. 150 ff. (zus. m. Klaus Schröter).

Schröter, Klaus: Heinrich Mann-Bibliographie. In: K. Schröter, Heinrich Mann. Reinbek 1967 (56. – 59. Tsd.; 1983, mit neu bearbeiteter Bibliographie), S. 170 ff.

Schröter, Klaus: Bibliographie zu Heinrich Mann. In: H. L. Arnold (Hrsg.), Heinrich Mann. München 1971, S. 150 ff. (zus. m. Helmut Riege).

Szafarz, Jolanta: Heinrich Mann in Polen. Bibliographie. In: Arbeitskreis Heinrich Mann, Mitteilungsblatt, 9, Lübeck 1977, S. 49 ff.

Wolff, Rudolf: Bibliographie der Primär- und Sekundärliteratur (Auswahl). In: R. Wolff (Hrsg.), Heinrich Mann – Werk und Wirkung. Bonn 1984, S. 134 ff.

Zenker, Edith: Heinrich-Mann-Bibliographie. Werke. Herausgegeben von der Deutschen Akademie der Künste zu Berlin, Berlin-DDR 1967.

B) Dissertationen, Biographien u. ä.

Akademie der Künste der DDR: Gedenkausstellung. Aus dem Lebenswerk des Dichters Heinrich Mann zu seinem 80. Geburtstag. Berlin-DDR 1951 (45 S.).

Akademie der Künste der DDR: Heinrich Mann am Wendepunkt der deutschen Geschichte. Berlin-DDR 1971 (Internationale wissenschaftliche Konferenz aus Anlaß des 100. Geburtstages von Heinrich Mann, März 1971. Referate und Diskussionen.)

Anger, Sigrid: Heinrich Mann 1871 – 1950. Werk und Leben in Dokumenten und Bildern. Mit unveröffentlichten Manuskripten und Briefen aus dem Nachlaß. (Katalog unter Mitwirkung von Rosemarie Eggert und Gerda Weißenfels). 2. Aufl. Berlin-DDR 1977.

Anger, Sigrid: Untersuchungen zum Gesellschaftsbild in Heinrich Manns Roman *Empfang bei der Welt*, *Lidice* und *Der Atem*. Dissertation, Humboldt-Universität, Berlin-DDR 1979.

Arbeitskreis Heinrich Mann: Mitteilungsblatt. Hg. v. Siegfried Sudhof/Walter Biedermann in Zusammenarbeit mit dem Senat der Hansestadt Lübeck, Amt für Kultur, Lübeck 1972 ff. (ab Nr. 12, 1978, hg. v. S. Sudhof/Peter-Paul Schneider; ab Nr. 15, 1981, hg. v. P.-P. Schneider)

Arbeitskreis Heinrich Mann: Heinrich Mann-Jahrbuch, 1, 1983. Hg. von Helmut Koopmann/P.-P. Schneider in Zusammenarbeit mit dem Senat der Hansestadt Lübeck, Amt für Kultur. Lübeck 1984.

Arnold, Heinz Ludwig (Hrsg.): Heinrich Mann. München 1971 (Text und Kritik, Sonderband).

Banuls, André: Thomas Mann und sein Bruder Heinrich – »eine repräsentative Gegensätzlichkeit«. Stuttgart 1968.

Banuls, André: Heinrich Mann. Stuttgart 1970 (neubearbeitete deutsche Fassung von »Heinrich Mann. Le poète et la politique. Paris 1966).

Banuls, André: Zum erzählerischen Werk Heinrich Manns (Begleittext zur zehnbändigen Sonderausgabe des Claassen Verlags, 93 Seiten). Düsseldorf 1976.

Bartl, Henriette: Heinrich Manns Spätwerk. Studien zur Erzähltechnik in den Romanen *Empfang bei der Welt* und *Der Atem*. Dissertation Universität Hamburg, 1970.

Baumann, M. E.: The Theme of *Geist und Tat* in the Creative Writings of Heinrich Mann. Dissertation. Aberdeen 1966/67.

Beringmeier, Markus: Die literarische Gestaltung »humanistischer Ideen« in Heinrich Manns Roman *Henri Quatre*. Staatsexamensarbeit, Paderborn 1981.

Berle, Waltraud: Heinrich Mann und die Weimarer Republik. Zur Entwicklung eines politischen Schriftstellers in Deutschland. Bonn 1983.

Bertaux, Pierre: Zur Entstehung des *Henri Quatre*. Heinrich Mann in den Pyrenäen. Berlin 1973 (24 Seiten Vortrag und 1 Bl. Faksimile des handschriftlichen Lebenslaufs Heinrich Manns für die Preußische Akademie der Künste Berlin).

Biedermann, Walter: Heinrich Manns Kritik der Zeit und der Gesellschaft. Aufgezeigt am Roman *Im Schlaraffenland*. Staatsexamensarbeit, Universität Frankfurt a. M., 1972.

Biedermann, Walter: s. u. Arbeitskreis Heinrich Mann.

Biedermann, Walter: Die Suche nach dem dritten Weg. Linksbürgerliche Schriftsteller am Ende der Weimarer Republik. Heinrich Mann, Alfred Döblin, Erich Kästner. Dissertation, Universität Frankfurt a. M., 1981.

Blattmann, Ekkehard: Henri Quatre Salvator. Studien und Quellen zu Heinrich Manns *Henri Quatre*. Bd. 1: Heinrich Mann als Homo religiosus. Die Henri-Legende. Die Hauptquelle des Romans. Bd. 2: Neue Nebenquellen. Freiburg i. Br. 1972.

Bloch-Ulmer, Margit: Die Wende in Heinrich Manns gesellschaftspolitischem Denken. Seine Entwicklung zum bürgerlichen Demokraten. Dissertation, Universität Zürich, 1975.

Bohm-Ehrhardt, Brigitte: Der politische Schriftsteller. Aufgezeigt an Heinrich Manns Roman *Der Untertan*. Staatsexamensarbeit, Universität Frankfurt a. M., 1973.

Boonstra, Pieter Evert: Heinrich Mann als politischer Schriftsteller. Dissertation, Utrecht 1945.

Brandes, Ute T.: Heinrich Manns geistige Wandlung in seinem Roman *Zwischen den Rassen*. Magisterarbeit, University of New Hampshire, Durham/USA 1972.

Broszinsky, Klaus-Peter: Roman und Hörspiel. Adaption und Adaptionsregularitäten, anhand der *Henri Quatre*-Romane Heinrich Manns und ihrer Hörspielbearbeitung. Dissertation, Universität Greifswald, 1980.

Brust, Wilhelm Z.: Art and the Activist. Social Themes in the Dramas of Heinrich Mann. Dissertation, Minneapolis 1968.

Cardono, Veronika Müller: Heinrich Manns kurz-erzählerisches Werk. Gruppierung, Textanalysen und Betrachtungen zur Novellenstruktur. Dissertation, Louisiana State University and Agricultural and Mechanical College, 1979.

Dahlke, Hans: Geschichtsroman und Literaturkritik im Exil. Dissertation, Universität Leipzig, 1971 (u.a. über die *Henri Quatre*-Romane, S. 211 – 259).

Dehem, Paul (Hrsg.): Heinrich Mann: *Der Untertan.* Paris 1955 (94 S.)

Dietzel, Ulrich: Heinrich Mann und Thomas Mann und ihr Werk 1914 – 1925. Dissertation, Leipzig 1970.

Dittberner, Hugo: Die frühen Romane Heinrich Manns. Untersuchungen zu ihrer szenischen Regie. Dissertation, Universität Göttingen 1972.

Dittberner, Hugo: Heinrich Mann. Eine kritische Einführung in die Forschung. Frankfurt a. M. 1974.

Ebersbach, Volker: Heinrich Mann. Leben, Werk, Wirken. Leipzig 1978; ebenfalls: Frankfurt a. M. 1978.

Emmerich, Wolfgang: Heinrich Mann: *Der Untertan.* München 1980.

Emrich, Elke: Macht und Geist im Werk Heinrich Manns. Eine Überwindung Nietzsches aus dem Geist Voltaires. Dissertation, Universität Nijmegen 1981; Buchveröffentlichung: Berlin, New York 1981.

Emrich, Wilhelm: Freiheit und Nihilismus in der Literatur des 20. Jahrhunderts (u.a. zu Heinrich Manns *Madame Legros*, *Henri Quatre*, *Geist und Tat*). Wiesbaden 1981 (17 S.)

Ertl, Dieter: Politische und gesellschaftliche Vorstellungen Heinrich Manns in *Ein Zeitalter wird besichtigt.* Staatsexamensarbeit, Mainz 1982.

Furthman-Durden, Elke: Dramatic Aspects of the Early Works of Heinrich Mann. Dissertation, John Hopkins University, Baltimore 1976.

Gardner, Arthur P.: The Individual and Society in the Works of Heinrich Mann. The Development of the Political Author. Dissertation, Cambridge/Mass. 1950.

Geißler, Klaus: Die weltanschauliche und künstlerische Entwicklung Heinrich Manns während des Ersten Weltkriegs. Dissertation, Jena 1963.

Giesen, Winfried: Heinrich Manns Roman *Empfang bei der Welt.* Interpretation eines Spätwerks. Frankfurt a. M./Bern 1976.

Gontermann, Walter: Heinrich Manns *Pippo Spano* und *Kobes* als Schlüsselnovellen. Dissertation, Köln 1973.

Grieninger, Ilse: Heinrich Manns Roman *Die Jugend und Vollendung des Königs Henri Quatre.* Eine Strukturanalyse. Dissertation, Universität Tübingen 1973.

Gross, David L.: The Writer and Society. Heinrich Mann and Literary Politics in Germany 1890 – 1940. Atlantic Highlands/N.J. 1980.

Hahn, Manfred: Das Werk Heinrich Manns von den Anfängen bis zum *Untertan.* Teil 1: 1885 – 1907. Dissertation, Leipzig 1965.

Hamilton, Nigel: The Brothers Mann: The Lives of Heinrich and Thomas Mann 1871 – 1950 and 1875 – 1955. New Haven 1979.

Harbers, Henk: Ironie – Ambivalenz – Liebe. Zur Bedeutung von Geist und Leben im Werk Heinrich Manns. Frankfurt a. M./Bern/Nancy/New York 1984.

Haupt, Jürgen: Heinrich Mann. Stuttgart 1980.

Henniger-Weidmann, Brigitte: Stilkritische Betrachtungen zu Heinrich Manns artistischen Novellen *Pippo Spano* und *Die Branzilla.* Dissertation, Universität Zürich, 1968.

Herden, Werner: Geist und Macht. Heinrich Manns Weg an der Seite der Arbeiterklasse. Berlin-DDR 1977 (2. Aufl.).

Hocker, Monika: Spiel als Spiegel der Wirklichkeit. Die zentrale Bedeutung der Theateraufführungen in den Romanen Heinrich Manns. Bonn 1977.

Holona, Marian: Die Essayistik Heinrich Manns in den Jahren 1892 – 1933. Die Kulturkonzeption Heinrich Manns, wie sie in seiner Essayistik zum Ausdruck kommt. Wroclav 1971.

Ihering, Herbert: Heinrich Mann. Berlin-DDR 1951.

Inter Nationes (Hrsg.): Heinrich Mann 1871 – 1971. Bonn-Bad Godesberg 1971 (Parallelausgabe in französischer Sprache).

Jasper, Willi: Heinrich Mann und die Volksfrontdiskussion. Bern/Frankfurt a. M. 1982.

Jöckel, Wolf: Heinrich Manns *Henri Quatre* als Gegenbild zum faschistischen Deutschland. Staatsexamensarbeit, Universität Frankfurt a. M.,1972. Veröffentl. u. d. T.: Heinrich Manns *Henri Quatre* als Gegenbild zum nationalsozialistischen Deutschland. Worms 1977.

Kantorowicz, Alfred: Der Einfluß der Oktoberrevolution auf Heinrich Mann. Eine Zusammenstellung. Berlin-DDR 1952 (Schriftenreihe der Deutschen Akademie der Künste, Nr. 6), 27 S.

Kantorowicz, Alfred: Das Vermächtnis Heinrich Manns. Vortrag. Berlin-DDR 1953.

Kantorowicz, Alfred: Heinrich Mann. Vorkämpfer der deutsch-französischen Verständigung. Berlin-DDR 1954 (Schriftenreihe der Deutschen Akademie der Künste, Nr. 7), 28 S.

Kantorowicz, Alfred: Heinrich und Thomas Mann. Die persönlichen, literarischen und weltanschaulichen Beziehungen der Brüder. Berlin-DDR 1956.

Kantorowicz, Alfred: Unser natürlicher Freund. Heinrich Manns als Wegbereiter der deutsch-französischen Verständigung. Lübeck 1972.

Kaufmann, Veronika Maria: Heinrich Manns Altersroman *Empfang bei der Welt*. Dissertation, University of California, Berkley 1977.

Kirchner-Klemperer, Hedwig: Heinrich Manns Roman *Die Jugend und die Vollendung des Königs Henri Quatre* im Verhältnis zu seinen Quellen und Vorlagen. Dissertation, Humboldt-Universität, Berlin-DDR 1957.

Klucken, Peter: Heinrich Mann: *Der Untertan* – als erster Teil der Kaiserreich-Trilogie. Staatsexamensarbeit, Duisburg 1983.

Koopmann, Helmut: Heinrich Mann. Sein Werk in der Weimarer Republik. Zweites Internationales Symposion in Lübeck 1981. Frankfurt a. M. 1983 (zus. m. Peter-Paul Schneider).

Koopmann, Helmut: s. u. Arbeitskreis Heinrich Mann: Heinrich Mann- Jahrbuch.

König, Hanno: Heinrich Mann. Dichter und Moralist. Tübingen 1972 (Dissertation, Freie Universität Berlin, u. d. T.: Die dichterische Entwicklung Heinrich Manns zum Moralisten. Berlin 1965.)

Köpf, Gerhard: Humanität und Vernunft. Eine Studie zu Heinrich Manns Roman *Henri Quatre*. Bern/Frankfurt a. M. 1975.

Kudlinska, Krystyna: Literarische Analyse des Romans *Empfang bei der Welt* von Heinrich Mann. Ein Beitrag zum Spätwerk Heinrich Manns. Diplomarbeit, Universität Leipzig, 1971.

Kunnas, Tarmo: Das Werden des Humanismus bei Heinrich Mann. Helsinki 1973.

Küstermann, Martin: Zentrale Aspekte der Heinrich-Mann-Rezeption in der deutschsprachigen Sekundärliteratur in West und Ost. Staatsexamensarbeit, Universität Münster, 1973.

Laroche, Marcel: Geld und Geltung. Zu Heinrich Manns *Empfang bei der Welt*. Bonn 1978.

Lemke, Karl: Heinrich Mann zu seinem 75. Geburtstag. Berlin-DDR 1946.

Lemke, Karl: Erinnerungen an Heinrich Mann. Dachau 1965.

Lemke, Karl: Heinrich Mann. Berlin 1970 (Köpfe des XX. Jahrhunderts).

Linn, Rolf N.: Heinrich Mann. New York 1967.

Loose, Gerhard: Der junge Heinrich Mann. Frankfurt a. M. 1979.

Lutz, Gerhard: Zur Problematik des Spielerischen. Eine Erörterung unter besonderer Berücksichtigung der Romane und Novellen des frühen Heinrich Mann. Dissertation, Freiburg 1952.

Lütkemeier, Lothar: Die literarisch-politischen Positionen Heinrich Manns in den Zwanziger Jahren. Magisterarbeit, Universität Frankfurt a. M., 1972.

Madl, Antal: Heinrich Mann. Budapest 1966.

Magon, Leopold: Heinrich Mann. Rede bei der Gedenkfeier der Universität Greifswald am 11. Juli 1950. Greifswald (Landesdruckerei) 1950 (15 S.).

Mann, Viktor: Wir waren fünf. Bildnis der Familie Mann. Konstanz 1949.

Marx, Werner: Das Bild des Renaissancemenschen im Frühwerk Heinrich Manns. Dissertation, Philadelphia 1963.

Matthias, Klaus: Heinrich Mann 1871–1971. München 1973.

Mattmüller, Alexander: Studien zum Dekadenz-Problem in Heinrich Manns *Die Göttinnen*. Staatsexamensarbeit, Göttingen 1980.

Melchior, Eleonore: Studien zum literarischen Jugendstil. Unter besonderer Berücksichtigung des Frühwerks von Heinrich Mann. Dissertation, Wien 1974.

Middelstaedt, Werner: Heinrich Mann in der Zeit der Weimarer Republik – die politische Entwicklung des Schriftstellers und seine öffentliche Wirksamkeit. Dissertation, Potsdam 1964.

Mirke, Thomas: Bohème und Halbwelt in ausgewählten Prosatexten Heinrich Manns. Magisterarbeit, Frankfurt a. M. 1981.

Motyljowa, Tamara: Der erste antifaschistische Roman (Heinrich Manns *Der Untertan*). Moskau 1974 (russ.).

Mörchen, Helmut: Schriftsteller in der Massengesellschaft. Zur politischen Essayistik und Publizistik Heinrich und Thomas Manns, Kurt Tucholskys und Ernst Jüngers während der zwanziger Jahre (Dissertation, Saarbrücken 1972). Stuttgart 1973.

Nartov, K. M.: Heinrich Mann. Otcherk tvortchestva. Moskau 1960.

Naumann, Uwe: Faschismus als Groteske, Heinrich Manns Roman *Lidice*. Worms 1980.

Nerlich, Michael: Kunst, Politik und Schelmerei. Die Rückkehr des Künstlers und des Intellektuellen in die Gesellschaft des 20. Jahrhunderts, dargestellt an Werken von Charles de Coster, Romain Rolland, André Gide, Heinrich Mann und Thomas Mann. Frankfurt a. M. 1969.

Nowak, Georg Alexander: Das Bild des Lehrers bei den Brüdern Mann (Dissertation, Universität Pittsburgh, 1972). Bern/Frankfurt a. M. 1975.

O'Bear, Elizabeth D.: The Significance of France in the Writings of Heinrich Mann. Dissertation, Columbus/Ohio 1953.

Pawek, Karl: Heinrich Manns Kampf gegen den Faschismus im französischen Exil 1933–1940. Dissertation, Universität Hamburg 1972 (veröffentl. i. d. R. »Veröffentlichungen der Hamburger Arbeitsstelle für deutsche Exilliteratur, Nr. 1«, Hamburg 1972).

Piana, Theo: Heinrich Mann. Leipzig 1964.

Picot, Roland: Les trois romans de la Duchesse d'Assy. Magisterarbeit, Straßburg 1937.

Purvis, Howard W.: The Development of Political Thought in the Early Novels of Heinrich Mann. Dissertation, Eugene/Oregon 1972.

Rankewitz, Gisela: Die Dramen Heinrich Manns – Untersuchungen zur Problematik der dramatischen Gestaltung gesellschaftlicher Widersprüche. Dissertation, Potsdam 1966.

Reiß, Gunter: Geschäftswelt und Ästhetentum in Heinrich Manns Erzählung *Schauspielerin*. Bebenhausen 1972.

Ritter-Santini, Lea: L'italiano Heinrich Mann. Bologna 1965.

Roberts, David: Artistic Consciousness and Political Conscience. The Novels of Heinrich Mann 1900–1938. Bern/Frankfurt a. M. 1971.

Rosenbaum, Uwe: Die Gestalt des Schauspielers auf dem deutschen Theater des

19. Jahrhunderts mit der besonderen Berücksichtigung der dramatischen Werke von Hermann Bahr, Arthur Schnitzler und Heinrich Mann. Dissertation, Universität Köln, 1971.

Scheuermann, Ursula: Die Darstellung des Volkes in Heinrich Manns *Henri Quatre*. Staatsexamensarbeit, Universität Frankfurt a. M., 1972.

Schlichting, Ralf: Die literarische Reflexion gesellschaftlicher Wirklichkeit in Heinrich Manns Roman *Der Kopf* am Beispiel der Darstellung der Intellektuellen und ihres Verhältnisses zu Staat und Gesellschaft. Staatsexamensarbeit, Hamburg 1979.

Schneider, Peter-Paul: Heinrich Mann. Sein Werk in der Weimarer Republik. Zweites Internationales Symposion in Lübeck 1981. Frankfurt a. M. 1983 (zus. m. H. Koopmann).

Schneider, Peter-Paul: s. u. Arbeitskreis Heinrich Mann: Mitteilungsblatt und: Heinrich Mann-Jahrbuch.

Schoeller, Wilfried F.: Künstler und Gesellschaft. Studien zum Romanwerk Heinrich Manns zwischen 1900 und 1914. Dissertation, Universität München, 1978.

Schöll, Norbert: Vom Bürger zum Untertan. Zum Gesellschaftsbild im bürgerlichen Roman. Dissertation, Universität München, 1971; Buchveröffentlichung: Düsseldorf 1973.

Schöpker, Heinz-Friedrich: Heinrich Mann als Darsteller des Hysterischen und Grotesken. Dissertation, Bonn 1960.

Schröder, Walter: Heinrich Mann. Bildnis eines Meisters. Wien 1931.

Schröter, Klaus: Anfänge Heinrich Manns. Zu den Grundlagen seines Gesamtwerks. Stuttgart 1965.

Schröter, Klaus: Heinrich Mann in Selbstzeugnissen und Bilddokumenten. Reinbek 1967.

Schröter, Klaus: Heinrich Mann. »Untertan – Zeitalter – Wirkung«. Drei Aufsätze. Stuttgart 1971.

Schurr, Juditha M.: Humanität und soziologisch-politische Stellungnahme: Heinrich Manns Werke zwischen 1910 – 1950. Dissertation, University of Cincinnati, Ohio/ USA 1974.

Sears, Robert: Syntactical Studies in the Work of Heinrich Mann. Dissertation, Illinois 1954.

Sechi, Maria: Heinrich Mann dall'individualismo alla democrazia. Lecce 1978.

Serebrov, N. N.: Heinrich Mann. Otcherk tvortchestkogo puti. Moskau 1964.

Seyppel, Joachim: Abschied von Europa. Die Geschichte von Heinrich und Nelly Mann. Dargestellt durch Peter Achenback und Georgiewa Mühlenhaupt. Berlin/ Weimar 1975.

Séchaud, Monique: Essai de statistique sur le style de Heinrich Mann (zu: *Der Untertan* und *Die Armen*). Magisterarbeit, Universität Saarbrücken, 1962.

Sinsheimer, Hermann: Heinrich Manns Werk. München 1921.

Snamenskaja, Galina Nikolaevna: Heinrich Mann. Kritisch-biographische Skizze. Moskau 1971 (russ.).

Sora, Mariana: Heinrich Mann. Bukarest 1966.

Specht, Georg: Das Problem der Macht bei Heinrich Mann. Dissertation, Freiburg 1954.

Sprondel, Sebastian: Die »Schule der Macht«. Autorität und Herrschaft als Gegenstand eines Lernprozesses in Heinrich Manns *Henri Quatre*-Roman. Staatsexamensarbeit, PH Kiel, Kiel 1985.

Sós, Endre: Thomas és Heinrich Mann. A két iro-testvér szenvedése, küzdelme és nagysága. Budapest 1960 (zus. m. Magda Vámos).

Stanford, Robert Marshall: The Patriot in Exile. A Study of Heinrich Mann's Politi-

158

cal and Journalistic Activity 1933 – 1950. Dissertation, University of Southern California, Los Angeles 1971.

Subareva, Ksenija Alekseevna: Heinrich Mann und die fortschrittlichen Traditionen der deutschen und der Weltliteratur. Omsk 1972 (russ.).

Sussbach, Herbert H.: Kritik am Jugendwerke Heinrich Manns. Dissertation, Los Angeles 1959.

Süßenbach, Petra: Formen der Satire in Heinrich Manns Roman *Der Untertan*. Dissertation, Universität Köln, 1972.

Thoenelt, Klaus: Heinrich Mann und sein Frankreichbild. Dissertation, Freiburg 1960.

Trapp, Frithjof: »Kunst« als Gesellschaftsanalyse und Gesellschaftskritik bei Heinrich Mann. Dissertation FU Berlin 1971; Buchveröffentlichung: Berlin/New York 1975.

Untermann, Maly: Das Groteske bei Thomas Mann, Heinrich Mann, Morgenstern und W. Busch. Dissertation, Königsberg 1929 (60 S.).

Vámos, Magda: s. u. E. Sós.

Walter, Rudolf: Friedrich Nietzsche – Jugendstil – Heinrich Mann. Zur geistigen Situation der Jahrhundertwende. München 1976.

Wanner, Hans: Individualität, Identität und Rolle. Das frühe Werk Heinrich Manns und Thomas Manns Erzählung *Gladius Dei* und *Der Tod in Venedig*. Dissertation, Universität München; Buchveröffentlichung: München 1976.

Warder, Henry Robert: The Writer and His Country: Heinrich Mann's Response to Events in Germany. Dissertation, Queen's University, Kingston (Ontario, Kanada) 1971.

Weisstein, Ulrich: Heinrich Mann. Eine historisch-kritische Einführung in sein dichterisches Werk. Mit einer Bibliographie der von ihm veröffentlichten Schriften. Tübingen 1962.

Werner, Renate: Skeptizismus, Ästhetizismus, Aktivismus. Der frühe Heinrich Mann. Dissertation, Universität Bochum, 1971; Buchveröffentlichung: Düsseldorf 1972.

Werner, Renate: Heinrich Mann: *Eine Freundschaft: Gustave Flaubert und George Sand*. Text, Materialien, Kommentar. München 1976.

Werner, Renate: Heinrich Mann. Texte zu seiner Wirkungsgeschichte in Deutschland. Tübingen/München 1977.

Winter, Lorenz: Heinrich Mann und sein Publikum. Eine literatursoziologische Studie zum Verhältnis von Autor und Öffentlichkeit. Köln/Opladen 1965.

Wittig, Roland: Die Versuchung der Macht. Essayistik und Publizistik Heinrich Manns im französischen Exil. Frankfurt a. M./Bern 1976.

Wolff, Jürgen: Stundenblätter *Der Untertan*. Interpretationsmethoden, Arbeitstechniken, Sozialformen. Stuttgart 1979.

Wolff, Rudolf: Heinrich Mann – Werk und Wirkung. Bonn 1984.

Würzner, M. H.: Heinrich Mann. De tragiek van un politiek engagement. Leiden 1972 (16 S.).

Zeck, Jürgen: Die Kulturkritik Heinrich Manns in den Jahren 1892 bis 1909. Dissertation, Hamburg 1965.

Ziegler, Richard: Monotypien und Skizzen zu Heinrich Manns *Henri Quatre*. Mit Briefen Heinrich Manns an Felix Bertaux. Berlin/Weimar 1970.

C) Einzeluntersuchungen

Abusch, Alexander: Der Dichter des *Untertan*. In: Aufbau, 6, H. 4, 1950, S. 309 ff.

Abusch, Alexander: Über Heinrich Mann. In: A. Abusch, Literatur im Zeitalter des Sozialismus. Beiträge zur Literaturgeschichte 1921 bis 1966. Berlin/Weimar 1967, S. 271 ff.

Abusch, Alexander: Heinrich Mann an der Wende der deutschen Geschichte. In: Heinrich Mann am Wendepunkt der deutschen Geschichte. Berlin-DDR 1971, S. 7 ff.

Ackeren, Robert van: s. u. D. Dörrie.

Allison, J. E.: An Analysis of the Nietzschean *Wille zur Macht* as Portrayed in Heinrich Mann's *Professor Unrat*. In: New German Studies, 7, Nr. 3, Hull 1979, S. 189 ff.

Améry, Jean: Leiden und Größe Heinrich Manns. In: Neue Rundschau, 82, H. 3, Frankfurt a. M. 1971, S. 435 ff.

Améry, Jean: Heinrich Mann – ein unbekannter Autor. In: Literaturmagazin 7, Reinbek 1977, S. 75 ff.

Améry, Jean: Heinrich Mann oder Die Bürgerzeit. In: J. Améry, Bücher aus der Jugend unseres Jahrhunderts. Stuttgart 1981, S. 176 ff.

Anger, Sigrid: Über den Plan einer neuen Heinrich-Mann-Ausgabe. In: Neue Texte. Almanach für deutsche Literatur, 3, Berlin/Weimar 1963, S. 398 ff.

Anger, Sigrid: Nachbemerkung. In: H. Mann, *Empfang bei der Welt*. Gesammelte Werke, Bd. 14. Berlin/Weimar 1967, S. 371 ff.

Anger, Sigrid: Nachbemerkung. In: H. Mann, *Der Atem*. Gesammelte Werke, Bd. 15. Berlin/Weimar 1970, S. 309 ff.

Anger, Sigrid: Nachbemerkung. In: H. Mann, *Die große Sache*, *Ein ernstes Leben*. Gesammelte Werke, Bd. 10. Berlin/Weimar 1972, S. 557 ff.

Anger, Sigrid: Nachbemerkung. In: H. Mann, *Zwischen den Rassen*. Gesammelte Werke, Bd. 5. Berlin/Weimar 1974, S. 431 ff.

Anger, Sigrid: Nachbemerkung. In: H. Mann, *Mutter Marie*, *Eugénie oder Die Bürgerzeit*. Gesammelte Werke, Bd. 9. Berlin/Weimar 1975, S. 383 ff.

Anger, Sigrid: Nachbemerkung. In: H. Mann, *Lidice*. Gesammelte Werke, Bd. 13. Berlin/Weimar 1984, S. 255 ff.

Arnold, Heinz Ludwig: Die Brüder. In: H. L. Arnold (Hrsg.), Heinrich Mann. München 1971, S. 34 ff.

Arntzen, Helmut: Die Reden Wilhelms II. und Diederich Heßlings. Historisches Dokument und Heinrich Manns Romansatire. In: Literatur für Leser, München 1980, S. 1 ff.

Bachmair, Heinrich F.: Die Leidenschaften der Herzogin von Assy. Zur Entstehungsgeschichte von Heinrich Manns Roman *Die Göttinnen*. In: Philobiblon, 3, H. 2, 1959, S. 142 ff.

Bachmann, Dieter: Heinrich Mann. In: D. Bachmann, Essay und Essayismus. Stuttgart 1969, S. 67 ff.

Baldessari, Ferdinando: Zur Entstehungsgeschichte von Heinrich Manns *Untertan*. In: Quaderni di lingue e letterature, 2, Padova 1977, S. 167 ff.

Bance, A. F.: The Intellectual and the Crisis of Weimar: Heinrich Mann's *Kobes* and Leonhard Frank's *Im letzten Wagen*. In: Journal of European Studies, 8, Chalfont St. Giles 1978, S. 155 ff.

Banuls, André: Heinrich Mann, der »Romantiker«. In: Inter Nationes (Hrsg.), Heinrich Mann 1871 – 1971. Bonn-Bad Godesberg 1971, S. 5 ff.

Banuls, André: Heinrich Mann et Gottfried Benn. In: Etudes Germaniques, 26, H. 3, Paris 1971, S. 293 ff.; Ergänzungen: Ebd., 27, H. 3, Paris 1972, S. 482 f.

Banuls, André: Heinrich Mann und Frankreich. In: K. Matthias (Hrsg.), Heinrich Mann 1871 – 1971, München 1973, S. 221 ff.

Banuls, André: Vom süßen Exil zur Arche Noah. Das Beispiel Heinrich Mann. In:

Manfred Durzak (Hrsg.), Die deutsche Exilliteratur 1933 – 1945. Stuttgart 1973, S. 199 ff.

Banuls, André: Die Bruder-Problematik in Thomas Manns *Fiorenza* und im Essay über den Literaten. In: Orbis litterarum, 33, Kopenhagen 1978, S. 138 ff.

Banuls, André: Das Jahr 1931. In: H. Koopmann/P.-P. Schneider (Hrsg.), Heinrich Mann. Sein Werk in der Weimarer Republik. Frankfurt a. M. 1983, S. 245 ff.

Banuls, André: Heinrich Mann: *Der Untertan* (1914 – 1918). In: Paul Michael Lützeler (Hrsg.), Deutsche Romane des 20. Jahrhunderts. Neue Interpretationen. Königstein/Ts. 1983, S. 78 ff.

Barner, Willfried: Heinrich Manns Spätwerk. Probleme seiner Erschließung. In: Arbeitskreis Heinrich Mann, Mitteilungsblatt, 4, Lübeck 1974, S. 17 ff.

Barnouw, Dagmar: Heinrich Mann und die Ethologie der Macht. In: Jahrbuch der Deutschen Schillergesellschaft, 21, Stuttgart 1977, S. 419 ff.

Bauer, Edda: Bemerkungen zur Heinrich-Mann-Rezeption in Kulturpolitik, Publizistik und Literaturgeschichtsschreibung der bürgerlichen Gesellschaft. In: Weimarer Beiträge, 19, H. 6, 1973, S. 201 ff.

Bauer, Gert: Heinrich Mann im Exil. Standort und Kampf für die deutsche Volksfront. In: Lutz Winckler (Hrsg.), Antifaschistische Literatur. Programme, Autoren, Werke. Bd. 1, Kronberg 1977, S. 53 ff. (zus. m. Peter Stein).

Bekić, Tomislav: Heinrich-Mann-Rezeption in Jugoslawien. In: Weimarer Beiträge, 27, Nr. 7, Berlin/Weimar 1981, S. 84 ff.

Bemmann, Helga: Nachwort. In: H. Mann, Künstlernovellen. Berlin-DDR 1965, S. 161 ff.

Bender, Hans: Bis zu mir reichende Wirkungen. Umfrage an deutsche Schriftsteller. In: Akzente, 16, H. 5, 1969, S. 403 ff.

Bernhard, Hans Joachim: Heinrich Mann und wir. Rede zum 100. Geburtstag am 27. März 1971. In: Német filológiai tanulmányok, 6, Debrecen 1972, S. 77 ff.

Bertaux, Pierre: Der Anfang eines Versuchs. Zu den Briefen an meinen Vater. In: Akzente, 16, H. 5, 1969, S. 400 ff.

Bertaux, Pierre: Heinrich Mann en Béarn. In: Etudes Germaniques, 26, H. 3, Paris 1971, S. 281 ff.

Bialik, Wlodzimierz: Weltgeschichte als Zufall. (Zu den *Henri Quatre*-Romanen). In: Arbeitskreis Heinrich Mann, Mitteilungsblatt, 12, 1978, S. 10 ff.

Bier, Jean-Paul: Hermann Broch und Heinrich Mann. In: Richard Thieberger (Hrsg.), Hermann Broch und seine Zeit. Akten des Internationalen Broch-Symposions, Nice 1979. Bern/Frankfurt a. M./Las Vegas 1980, S. 71 ff.

Bilke, Jörg Bernhard: Heinrich Mann. Ein deutsches Ärgernis. In: Deutsche Studien, 9, H. 3, Lüneburg 1971, S. 145 ff.

Bilke, Jörg Bernhard: Heinrich Mann in der DDR. In: K. Matthias (Hrsg.), Heinrich Mann 1871 – 1971. München 1973, S. 367 ff.

Bock, Sigrid: Demokratie und Epik. Der politisch-ästhetische Kampf Heinrich Manns um die Erneuerung des humanistischen Menschenbildes im Romanschaffen. In: Heinrich Mann am Wendepunkt der deutschen Geschichte. Berlin-DDR 1971, S. 32 ff.

Bornebusch, Herbert: Schreiben für die Republik. Zu Heinrich Manns Essay *Kaiserreich und Republik*. In: Neophilologus, 65, Groningen 1981, S. 263 ff.

Brude-Firnau, Gisela: »Gazetten sollen nicht geniert werden.« Zur Verarbeitung der Zeitungskarikatur in Heinrich Manns *Untertan*. In: Neophilologus, 60, Groningen 1976, S. 560 ff.

Budzislawski, Hermann: Heinrich Mann als Publizist. In: Zeitschrift für Publizistik, H. 3, 1962 (DDR), S. 1 ff.

Busch, Günther: Blick auf Heinrich Mann. In: Gertrud Schwärzler (Hrsg.), Dichter des humanistischen Aufbruchs. München 1960, S. 54 ff.

Bürgin, Hans: Die Vorfahren Heinrich und Thomas Manns. In: Jan Herchenröder/ Ulrich Thoemmes (Hrsg.), Thomas Mann, geboren in Lübeck. Lübeck 1975, S. 14 ff.

Bütow, Wilfried: Heinrich Mann im Literaturunterricht der sozialistischen Schule. In: Heinrich Mann am Wendepunkt der deutschen Geschichte. Berlin-DDR 1971, S. 51 ff.

Chiarini, Giovanni: Heinrich Mann e la miniaturizzazione dello spazio. In: Annali. Sezione Germanica. Studi Tedeschi, 22, Nr. 2, Neapel 1979, S. 101 ff.

Chovrina, G. V.: Der *Zola*-Essay Heinrich Manns. In: Filologiceskie Nauki, 14, H. 4, Moskau 1971, S. 38 ff.

Crick, Joyce: Thomas and Heinrich Mann. Some Early Attitudes to their Public. In: The Modern Language Review, 77, Cambridge 1982, S. 646 ff.

Dahlke, Hans: Die Idee des Friedens in Heinrich Manns *Henri Quatre*. In: Heinrich Mann am Wendepunkt der deutschen Geschichte. Berlin-DDR 1971, S. 126 ff.

Dahlke, Hans: Aufmerksamkeit für das Schaffen Heinrich Manns. In: Wissenschaftliche Zeitschrift der Karl-Marx-Universität Leipzig. Gesellschafts- und sprachwissenschaftliche Reihe, 21, Leipzig 1972, Beilage S. 1 f.

Dehem, Paul: Heinrich, Guillaume, Diederich et nous. In: Etudes allemandes. Recueil dédié à Jean-Jacques Anstett. Lyon (Presses Universitaries de Lyon) 1979, S. 153 ff.

Dehem, Paul: Zerlumpte, uniformierte, bürgerlich gekleidete und befrackte Menschheit – und ein nackter Mann. Zu einem Motiv in Heinrich Manns *Der Untertan*. In: Arbeitskreis Heinrich Mann, Mitteilungsblatt, 17, Lübeck 1982, S. 39 ff.

Dieckmann, Friedrich: Friedrich, Mann, Lang – Friedrich. Eine Theaterentdeckung (Fortsetzung von Heinrich Manns *Friedrich*-Fragment durch Alexander Lang). In: Neue Deutsche Literatur, 31, H. 6, Berlin-DDR 1983, S. 58 ff.

Diersen, Inge: Zur Heinrich-Mann-Rezeption in der DDR. Über Erfahrungen aus dem Chemiekombinat Bitterfeld. In: Heinrich Mann am Wendepunkt der deutschen Geschichte. Berlin-1971, S. 44 ff.

Dietze, Walter: Bilanz und Perspektive eines Zeitalters. Das Bild der Sowjetunion in Heinrich Manns Memoirenwerk. In: Heinrich Mann am Wendepunkt der deutschen Geschichte. Berlin-DDR 1971, S. 165 ff.

Dietze, Walter: Nachwort. In: H. Mann *Ein Zeitalter wird besichtigt*. Gesammelte Werke, Bd. 24. Berlin/Weimar 1973, S. 567 ff.

Dietzel, Ulrich: Nachwort. In: Thomas Mann – Heinrich Mann. Briefwechsel 1900 – 1949. Berlin-DDR 1965, S. 203 ff.

Dietzel, Ulrich: Der Weg der Erkenntnis. In: Neue Deutsche Literatur, 19, Berlin-DDR 1971, S. 182 ff.

Dietzel, Ulrich: Die Zerstörung einer Illusion. Heinrich Mann und die Weimarer Republik. In: Heinrich Mann am Wendepunkt der deutschen Geschichte. Berlin-DDR 1971, S. 67 ff.

Dietzel, Ulrich: Nachwort. In: Heinrich Mann – Briefe an Ludwig Ewers. Berlin/ Weimar 1980, S. 493 ff.

Dirksen, Edgar: Autobiographische Züge in Romanen Heinrich Manns. In: Orbis litterarum, 21, H. 2 – 4, 1966, S. 321 ff.

Dirksen, Edgar: Notizen zu Heinrich Manns Roman *Eugénie oder Die Bürgerzeit*. In: Orbis litterarum, 32, Kopenhagen 1977, S. 74 ff.

Doerfel, Marianne: A Prophet of Democracy. Heinrich Mann, the Political Writer, 1905 – 1918. In: Oxford German Studies, 6, 1971/72, S. 93 ff.

Dörrie, Doris: Belcanto oder Darf eine Nutte schluchzen? In: D. Dörrie/R. Fischer

(Hrsg.), Kino 78. München 1978, S. 42 ff. (Filmographische Angaben zu dem gleichnamigen Film von R. v. Ackeren nach H. Manns Roman *Empfang bei der Welt.*)

Dreher, Eberhard: Keine Untertanen. Heinrich Mann, Käthe Kollwitz, Martin Wagner. Ein dokumentarischer Bericht vom Ende der Preußischen Akademie der Künste zu Berlin. In: Etudes Germaniques, 26, 1971, S. 344 ff.

Dreher, Eberhard: Quelques aspects concernant les éditoriaux de Heinrich Mann parus dans »La Dépêche de Toulouse« entre 1933 et 1939. In: Orbis litterarum, 26, 1971, S. 122 ff.

Dreher, Eberhard: Heinrich Mann, seine Dichtung und sein Weg – Von Lübeck nach Santa Monica. In: Universitas, 27, 1972, S. 1341 ff.

Drews, Richard: Heinrich Manns Vermächtnis. In: Die Weltbühne, 7, H. 4, Berlin-DDR 1952, S. 120 ff.

Durzak, Manfred: Exil-Motive im Spätwerk Heinrich Manns. Bemerkungen zu dem Roman *Der Atem.* In: K. Matthias (Hrsg.), Heinrich Mann 1871 – 1971. München 1973, S. 203 ff.

Durzak, Manfred: »Drei-Minuten-Romane«. Zu den novellistischen Anfängen Heinrich Manns. In: H. Koopmann/P.-P. Schneider (Hrsg.), Heinrich Mann. Sein Werk in der Weimarer Republik. Frankfurt a. M. 1983, S. 9 ff.

Dymschiz, Alexander: Heinrich Mann und die Sowjetunion. In: Heinrich Mann am Wendepunkt der deutschen Geschichte. Berlin-DDR 1971, S. 28 ff.

Eggert, Hartmut: »Das persönliche Regiment«. Zur Quellen- und Entstehungsgeschichte von Heinrich Manns *Untertan.* In: Neophilologus, 55, 1971, S. 298 ff.

Eggert, Rosemarie: Die Handzeichnungen Heinrich Manns. In: Mitteilungen der Akademie der Künste der DDR, 18. Jahrg., Nr. 2, Berlin-DDR 1980, S. 16 f.

Eggert, Rosemarie: Heinrich Mann an Ludwig Ewers. In: Mitteilungen der Akademie der Künste der DDR, 18. Jahrg., Nr. 5, Berlin-DDR 1980, S. 16 f.

Eggert, Rosemarie: Das Heinrich-Mann-Archiv der Akademie der Künste der DDR. In: Zeitschrift für Germanistik, 2, H. 2, Leipzig 1980, S. 247 ff.

Eggert, Rosemarie: Marginalien der Heinrich-Mann-Bibliothek. In: Mitteilungen der Akademie der Künste der DDR, 19. Jahrg., Nr. 2, Berlin-DDR 1981, S. 12 ff.

Eilert, Heide: Der Künstler als Moralist. Bemerkungen zu Heinrich Manns Roman *Eugénie oder Die Bürgerzeit.* In: H. Koopmann/P.-P. Schneider (Hrsg.), Heinrich Mann. Sein Werk in der Weimarer Republik. Frankfurt a. M. 1983, S. 211 ff.

Emrich, Elke: Heinrich Manns Roman *Lidice:* Eine verschlüsselte Demaskierung faschistischer Strukturen. In: Amsterdamer Beiträge zur neueren Germanistik, 4, 1975, S. 55 ff.

Emrich, Elke: Vorstufen zu Heinrich Manns Roman *Lidice.* In: Arbeitskreis Heinrich Mann, Mitteilungsblatt, 17, Lübeck 1982, S. 2 ff.

Emrich, Elke: Heinrich Manns Novelle *Kobes* oder die »bis ans logische Ende« geführte deutsche Geistesgeschichte. In: H. Koopmann/P.-P. Schneider (Hrsg.), Heinrich Mann. Sein Werk in der Weimarer Republik. Frankfurt a. M. 1983, S. 155 ff.

Engländer, D.: Heinrich Mann in East and West. A Forschungsbericht. In: German Life and Letters, 28, H. 2, Oxford 1975, S. 9 ff.

Erler, Gotthard: Nachbemerkung. In: H. Mann, *Die kleine Stadt.* Gesammelte Werke, Bd. 6. Berlin/Weimar 1971, S. 403 ff.

Estermann, Alfred: Der Blaue Engel. In: A. Estermann, Die Verfilmung literarischer Werke. Bonn 1965, S. 286 ff.

Exner, Richard: Die Essayistik Heinrich Manns: Autor und Thematik. In: Symposium, 13, 1959, S. 216 ff.

Exner, Richard: Die Essayistik Heinrich Manns: Triebkräfte und Sprache. In: Symposium, 14, 1960, S. 26 ff.

Fest, Joachim: Ein Unpolitischer wird besichtigt. In: Walter Hinderer (Hrsg.), Literarische Profile. Deutsche Dichter von Grimmelshausen bis Brecht. Königstein/Ts. 1982, S. 216 ff.

Feuchtwanger, Lion: Heinrich Mann zum 75. Geburtstag. In: Aufbau, 2, H. 4, 1946, S. 325 ff.; ebenfalls in: L. Feuchtwanger, Ein Buch nur für meine Freunde. Frankfurt a. M. 1984, S. 547 ff.

Feuchtwanger, Lion: Heinrich Mann und wir (Brief L. Feuchtwangers an Alfred Kantorowicz v. 14. 3. 1951). In: Berliner Zeitung, 25. 3. 1951.

Feuchtwanger, Marta: So sah ich Heinrich Mann. In: Neue Deutsche Literatur, 19, H. 3, 1971, S. 7 ff.

Fischer, Andreas: Heinrich Mann: *Der König von Preußen*. In: A. Fischer, Studien zum historischen Essay und zur historischen Portraitkunst an ausgewählten Beispielen. Berlin 1968, S. 155 ff.

Fischer, Robert: s. u. D. Dörrie.

Fock, Peter: Der Roman *Professor Unrat* und Heinrich Manns Kritik des Ästhetizismus. In: Literatur für Leser, 3, München 1982, S. 164 ff.

Fourrier, Georges: La querelle des deux frères. In: G. Fourrier, Thomas Mann, le message d'un artiste-bourgeois (1896 – 1924). Paris 1960, S. 217 ff.

Frei, Bruno: Auf dem Rücken von Heinrich Mann. Die »Deutschen Informationen« – ein Kapitel aus der Geschichte der gescheiterten Deutschen Volksfront in Paris. In: Sammlung, 3, Frankfurt a. M. 1980, S. 97 ff.

Fritsch, Christian: »Kenner bemerkten: die Mode von 1910«. Heinrich Manns Spätroman *Der Atem*. In: Ch. Fritsch/Lutz Winckler (Hrsg.), Faschismuskritik und Deutschlandbild im Exilroman. Berlin 1981, S. 191 ff.

Geißler, Klaus: Heinrich Mann und die Novemberrevolution in Deutschland. In: Wissenschaftliche Zeitschrift der Friedrich-Schiller-Universität Jena. Gesellschafts- und sprachwissenschaftliche Reihe, 17, 1968, S. 469 ff.

Geißler, Klaus: Der *Untertan* in Literaturgeschichtswerken der BRD. In: Heinrich Mann am Wendepunkt der deutschen Geschichte. Berlin-DDR 1971, S. 54 ff.

Genschmer, Fred: Heinrich Mann (1871 – 1950). In: South Atlantic Quarterly, 50, Durham, NC/USA 1951, S. 208 ff.

Giobbio Crea, Elena: Professor Unrat oder Ein wilhelminischer Held. In: Arbeitskreis Heinrich Mann, Mitteilungsblatt, Sonderheft. Lübeck 1981, S. 71 ff.

Girnus, Wilhelm: Geist und Macht im Werk Heinrich Manns. In: Heinrich Mann am Wendepunkt der deutschen Geschichte. Berlin-DDR 1971, S. 17 ff.

Gisselbrecht, André: Am Grab Heinrich Manns. In: Sinn und Form, 23, H. 4, 1971, S. 789 f.

Gisselbrecht, André: Über »Zivilisationsliteratur«. In: Heinrich Mann am Wendepunkt der deutschen Geschichte. Berlin-DDR 1971, S. 81 ff.

Gockel, Heinz: Heinrich Mann: Das Engagement des Essayisten. In: H. Koopmann/ P.-P. Schneider (Hrsg.), Heinrich Mann. Sein Werk in der Weimarer Republik. Frankfurt a. M. 1983, S. 55 ff.

Goldammer, Peter: Das Werk Heinrich Manns im Aufbau Verlag. In: Heinrich Mann am Wendepunkt der deutschen Geschichte. Berlin-DDR 1971, S. 212 ff.

Günther, Hans: Heinrich Mann – der Antifaschist. In: H. Günther, Der Herren eigner Geist. Ausgewählte Schriften. Berlin/Weimar 1981, S. 641 ff.

Hahn, Manfred: Nachwort. In: H. Mann, *Zola*. Leipzig (Reclam, Bd. 9041) 1963, S. 135 ff.

Hahn, Manfred: Zum frühen Schaffen Heinrich Manns. In: Weimarer Beiträge, 12, 1966, S. 363 ff.

Hahn, Manfred: Heinrich Manns Beiträge in der Zeitschrift *Das Zwanzigste Jahrhundert*. In: Weimarer Beiträge, 13, 1967, S. 996 ff.

Hahn, Manfred: Nachwort. In: H. Mann, *Die kleine Stadt.* Leipzig (Reclam, Bd. 217) 1969, S. 393 ff.

Hahn, Manfred: Nachwort: In: H. Mann, *Der Untertan.* Berlin/Weimar 1969, S. 439 ff. (Bibliothek der Weltliteratur).

Hahn, Manfred: Der Weg Heinrich Manns. In: Deutschunterricht, 24, H. 3, Berlin-DDR 1971, S. 130 ff.

Hahn, Manfred: »Wahres Gleichnis«. Heinrich Mann: *Die Jugend des Königs Henri Quatre* und *Die Vollendung des Königs Henri Quatre.* In: Sigrid Bock/M. Hahn (Hrsg.), Erfahrung Exil. Antifaschistische Romane 1933 – 1945. Analysen. Berlin/Weimar 1979, S. 169 ff.

Halasz, Elöd: Buddenbrooks und Eugénie. In: Heinrich Mann am Wendepunkt der deutschen Geschichte. Berlin-DDR 1971, S. 72 ff.

Hardaway, R. Travis: Heinrich Mann's Kaiserreich-Trilogy and His Democratic Spirit. In: Journal of English and German Philology, 53, 1954, S. 319 ff.

Hartung, Günter: Heinrich Manns Lebenswerk im Spiegel seines letzten Romans. In Heinrich Mann am Wendepunkt der deutschen Geschichte. Berlin-DDR 1971, S. 180 ff.

Haupt, Jürgen: Zur Wirkungsgeschichte des Zivilisationsliteraten. Heinrich Mann und der Expressionismus. In: Neue deutsche Hefte, 24, Berlin 1977, S. 675 ff.

Haupt, Jürgen: Heinrich Mann und »die jungen Leute«. Zwei kulturkritische Essays zur Neuen Sachlichkeit 1925/28. In: Arbeitskreis Heinrich Mann, Mitteilungsblatt, Sonderheft, Lübeck 1981, S. 115 ff.

Haupt, Jürgen: Heinrich Mann, Henri Barbusse und andere. Eine deutsch-französische Freundschaft zwischen den Weltkriegen. In: Heinrich Mann-Jahrbuch, 1/1983, Lübeck 1984, S. 51 ff.

Haupt, Wilhelm: Nachwort. In: H. Mann, *Madame Legros.* Leipzig (Insel-Bücherei, Bd. 649) 1958, S. 77 ff.

Hennecke, Hans: Heinrich Mann. In: Lexikon der deutschsprachigen Gegenwartsliteratur. Begründet v. Hermann Kunisch, neu bearb. und herausgegeben v. Herbert Wiesner. München 1981, S. 342 ff.

Herden, Werner: »Sie ist mir nahe – und ich ihr«. Heinrich Manns Verbundenheit mit der Sowjetunion. In: Deutschunterricht, H. 6, Berlin-DDR 1963, S. 308 ff.

Herden, Werner: Vom humanistischen Gedanken zur humanistischen Tat. Zu den Volksfrontaufsätzen und den antifaschistischen Tarn- und Flugschriften Heinrich Manns. In: Einheit, 20, H. 5, Berlin-DDR 1965, S. 140 ff.

Herden, Werner: Aufruf und Bekenntnis. Zu den essayistischen Bemühungen Heinrich Manns im französischen Exil. In: Weimarer Beiträge, 11, 1965, S. 323 ff.

Herden, Werner: Antifaschistische Streitschriften Heinrich Manns. In: Zeitschrift für Geschichtswissenschaft, 19, 1971, S. 1548 ff.

Herden, Werner: Heinrich Mann und Johannes R. Becher. Zu literaturpolitischen Aspekten der Beziehungen zwischen beiden Schriftstellern. In: Weimarer Beiträge, 17, H. 4, 1971, S. 102 ff.

Herden, Werner: Nachwort. In: H. Mann, *Verteidigung der Kultur. Antifaschistische Streitschriften und Essays.* Berlin/Weimar 1971, S. 489 ff.

Herden, Werner: Verteidigung der Humanität. Zum Charakter der antifaschistischen Streit- und Bekenntnisschriften Heinrich Manns. In: Heinrich Mann am Wendepunkt der deutschen Geschichte. Berlin-DDR 1971, S. 94 ff.

Herden, Werner: Anmerkungen zur Heinrich-Mann-Rezeption in der BRD. In: Weimarer Beiträge, 20, H. 8, 1974, S. 144 ff.

Herden, Werner: Nachwort. In: H. Mann, *Der Haß.* Berlin/Weimar 1983, S. 183 ff.

Herden, Werner: Heinrich Mann. Das Bekenntnis zum Übernationalen. In: Weimarer Beiträge, 29, H. 5, 1983, S. 859 ff.

Hermlin, Stephan: Eine Seite (zu Heinrich Manns *Es kommt der Tag*). In: Sammlung, 4, Frankfurt a. M. 1981, S. 7.

Herting, Helga: Zur Veränderung des Gesellschaftsbildes Heinrich Manns in den Jahren des antifaschistischen Kampfes. In: Heinrich Mann am Wendepunkt der deutschen Geschichte. Berlin-DDR 1971, S. 121 ff.

Herzfelde, Wieland: Begegnung mit Heinrich Mann. In: Sinn und Form, 23, 1971, S. 778 ff.

Herzog, Wilhelm: Heinrich Mann. In: W. Herzog, Menschen, denen ich begegnete. Bern 1959, S. 227 ff.

Hilgenfeld, Martin: Zur Darstellung der Arbeitslosenunruhen 1892 in Berlin in Heinrich Manns *Der Untertan*. In: M. Hilgenfeld, Politische Thematik in der erzählerischen Literatur. Frankfurt a. M. 1975, S. 22 ff.

Hiller, Kurt: Hindenburg oder Heinrich Mann. In: K. Hiller, Köpfe und Tröpfe. Profile aus einem Vierteljahrhundert. Hamburg/Stuttgart 1950, S. 17 ff.

Hillman, Roger: Die *Lohengrin*-Parodie in Heinrich Manns *Der Untertan*. In: Arbeitskreis Heinrich Mann, Mitteilungsblatt, Sonderheft. Lübeck 1981, S. 123 ff.

Hilscher, Eberhard: Die Macht der Güte bei Heinrich Mann. In: Neue Deutsche Literatur, 19, H. 3, 1971, S. 32 ff.; ebenfalls in: E. Hilscher, Poetische Weltbilder. Essays über H. Mann, Th. Mann, H. Hesse, R. Musil und L. Feuchtwanger. Berlin-DDR 1977, S. 11 ff.

Hinrichs, Ernst: Die Legende als Gleichnis. Zu Heinrich Manns *Henri Quatre*-Romanen. In: H. L. Arnold (Hrsg.), Heinrich Mann. München 1971, S. 100 ff.

Hitzer, Friedrich: Heinrich Mann und die Bundesrepublik. In: Heinrich Mann am Wendepunkt der deutschen Geschichte. Berlin-DDR 1971, S. 193 ff.

Hofer, Hermann: L'image de Voltaire dans les lettres allemandes de Strauss et Nietzsche à Heinrich Mann. In: Peter Brockmeier u. a. (Hrsg.), Voltaire und Deutschland. Quellen und Untersuchungen zur Rezeption der Französischen Aufklärung. Stuttgart 1979, S. 491 ff.

Hofman, Alois: Heinrich Manns Beziehungen zu den Tschechen. In: Heinrich Mann am Wendepunkt der deutschen Geschichte. Berlin-DDR 1971, S. 85 ff.

Hofmann, Alois: Heinrich Mann a Ceskoslavensko. In: Philologica Pragensia, 15, H. 1, Prag 1971, S. 49 ff. (Zusammenfassung in deutscher Sprache: Arbeitskreis Heinrich Mann, Mitteilungsblatt, 1, 1972, S. 11 ff.).

Hohoff, Curt: Heinrich Mann. In: A. Soergel/C. Hohoff, Dichtung und Dichter der Zeit. Vom Naturalismus bis zur Gegenwart, Bd. 1. Düsseldorf 1961, S. 834 ff.

Holona, Marian: Der Mittelstand als sozialpolitischer Leitbegriff bei Heinrich Mann. In: Kwartalnik neofilologiczny, 12, Warschau 1965, S. 157 ff.

Holona, Marian: Die Essayistik Heinrich Manns und die Kulturproblematik Friedrich Nietzsches. In: Kwartalnik neofilologiczny, 13, Warschau 1966, S. 301 ff.

Höhle, Thomas: Dichter aus Leidenschaft des Geistes, Heinrich Mann und Gotthold Ephraim Lessing 1931. In: Wolfram Kaiser (Hrsg.), Buch und Wissenschaft. Halle/Saale 1982, S. 175 ff.

Hünert, Georg: Zu Heinrich Manns *Henri Quatre*. Ein Bericht. In: Colloquia Germanica, 1971, S. 299 ff.

Jasper, Willi: Anmerkungen zur Forschungsdiskussion über Heinrich Manns Exilwerk. In: Exil. Forschung, Erkenntnisse, Ergebnisse. Nr. 3, Maintal 1982, S. 30 ff.

Jasper, Willi: Heinrich Mann und die »Deutsche Volksfront«. Mythos und Realität intellektueller Ideenpolitik im Exil. In: Th. Koebner u. a. (Hrsg.), Exilforschung. Ein internationales Jahrbuch, 1/1983. München 1983, S. 45 ff.

Jegorov, Oleg: Die Publizistik Heinrich Manns und ästhetische Probleme des sozialistischen Realismus. In: Heinrich Mann am Wendepunkt der deutschen Geschichte. Berlin-DDR 1971, S. 117 f.

Jegorov, Oleg: Heinrich Manns Rezeption im zaristischen Rußland und in der UdSSR. In: H. Koopmann/P.-P. Schneider (Hrsg.), Heinrich Mann. Sein Werk in der Weimarer Republik. Frankfurt a. M. 1983, S. 295 ff.

Jens, Walter: Systemübergreifender Kitsch (zu dem DDR-Fernsehfilm *Die Verführbaren* von Helmut Schiemann, nach dem Roman *Ein ernstes Leben* von H. Mann). In: W. Jens, Momos am Bildschirm. München/Zürich 1984, S. 126 ff.

Jodeit, Klaus: Thomas und Heinrichs Manns Erfahrungen mit der Lübecker Presse. In: Schleswig-Holstein, Jg. 1983, H. 5, S. 13 f.; ebenfalls in: Lübeckische Blätter, 143. Jahrg., 1983, S. 121 f.

Jöckel, Wolf: Revolution und Einigkeit. Zum Verhältnis Heinrich Manns zu Sozialdemokratie und Kommunismus im französischen Exil. In: Orbis litterarum, 30, Kopenhagen 1975, S. 317 ff.

Kamnitzer, Heinz: Essays im Exil. In: Neue Deutsche Literatur, 8, H. 3, 1960, S. 91 ff.

Kamnitzer, Heinz: Moralist ohne Nachsicht. In: H. Kamnitzer, Das Testament des letzten Bürgers. Essays und Polemiken. Leipzig 1973, S. 146 ff. (2. Aufl. Leipzig 1981, S. 118 ff.).

Kantorowicz, Alfred: Heinrich Manns *Henri Quatre*-Romane. In: Sinn und Form, H. 5, 1951, S. 31 ff.

Kantorowicz, Alfred: Das frühe Werk Heinrich Manns. In: Aufbau, 7, H. 12, 1951, S. 1087 ff.

Kantorowicz, Alfred: Der Einfluß der Oktoberrevolution auf Heinrich Manns Entwicklung. In: Neue Deutsche Literatur, Sonderheft, 1952, S. 149 ff.

Kantorowicz, Alfred: Der *Zola*-Essay als Brennpunkt der weltanschaulichen Beziehungen zwischen Heinrich und Thomas Mann. In: Wissenschaftliche Zeitschrift der Humboldt-Universität zu Berlin, 3, 1953/54, S. 127 ff.

Kantorowicz, Alfred: Heinrich Mann, Vorkämpfer der deutsch-französischen Verständigung. In: Aufbau, 10, H. 1, 1954, S. 215 ff.

Kantorowicz, Alfred: Heinrich Manns Beitrag zur deutsch-französischen Verständigung. In: Wissenschaftliche Zeitschrift der Humboldt-Universität zu Berlin, 6, 1956/57, S. 29 ff.

Kantorowicz, Alfred: Nachwort. In: H. Mann, Schauspiele. Ausgewählte Werke in Einzelausgaben, Bd. X. Berlin/Weimar 1956, S. 661 ff.

Kantorowicz, Alfred: *Zola*-Essay – *Betrachtungen eines Unpolitischen*. Die paradigmatische Auseinandersetzung zwischen Heinrich und Thomas Mann. In: Geschichte in Wissenschaft und Unterricht, 11, H. 5, Stuttgart 1960, S. 257 ff.

Kantorowicz, Alfred: Heinrich Manns Tod. In: A. Kantorowicz, Deutsche Schicksale – Intellektuelle unter Hitler und Stalin. Wien/Köln/Stuttgart/Zürich 1964, S. 131 ff; ebenfalls in: Ders., Die Geächteten der Republik. Alte und neue Aufsätze. Berlin 1977, S. 99 ff.

Kantorowicz, Alfred: Nachwort. In: H. Mann, *Die Göttinnen oder Die drei Romane der Herzogin von Assy*. Hamburg 1969, S. 705 ff.

Kantorowicz, Alfred: Heinrich Manns Vermächtnis. In: H. L. Arnold (Hrsg.), Heinrich Mann. München 1971, S. 15 ff.

Kantorowicz, Alfred: Das Verhältnis der Brüder. In: J. Herchenröder/U. Thoemmes (Hrsg.), Thomas Mann, geboren in Lübeck. Lübeck 1975, S. 45 ff.

Kantorowicz, Alfred: Heinrich Manns *Der Untertan*. In: Fritz J. Raddatz (Hrsg.), Die ZEIT-Bibliothek der hundert Bücher. Frankfurt a. M. 1980, S. 335 ff.

Kaufmann, Eva: Neue Züge der Imperialismuskritik im Schaffen Heinrich Manns während der revolutionären Nachkriegszeit. In: Heinrich Mann am Wendepunkt der deutschen Geschichte. Berlin-DDR 1971, S. 70 ff.

167

Kesten, Hermann: Heinrich Mann. In: H. Kesten, Meine Freunde, die Poeten. Wien/München 1953, S. 21 ff.

Kesten, Hermann: Heinrich Mann und Thomas Mann. In: H. Kesten, Der Geist der Unruhe. Köln/Bern 1959, S. 310 ff.

Kesten, Hermann: Heinrich und Thomas Mann. In: Der Monat, 11, H. 125, Februar 1959, S. 59 ff.

Kesten, Hermann: Heinrich Mann. »Sie scherzen nicht mit mir, Herr Roth?« In: H. Kesten, Lauter Literaten. Wien/München/Basel 1963, S. 387 ff.

Kesten, Hermann: Der Haß. Deutsche Zeitgeschichte von Heinrich Mann. In: Hans Mayer (Hrsg.), Deutsche Literaturkritik der Gegenwart: Vorkrieg, Zweiter Weltkrieg und zweite Nachkriegszeit (1933 – 1968). Stuttgart 1971, S. 123 ff.

Kesten, Hermann: Heinrich Mann und Thomas Mann, par nobile fratrum. In: H. Kesten, Revolutionäre mit Geduld. Percha 1973, S. 2259 ff.

Kesten, Hermann: Erinnerungen an Heinrich Mann. In: Arbeitskreis Heinrich Mann, Mitteilungsblatt, 6, Lübeck 1975, S. 3 ff.

Kießling, Wolfgang: Heinrich Mann an der Seite der KPD. In: Heinrich Mann am Wendepunkt der deutschen Geschichte. Berlin-DDR 1971, S. 99 ff.

Kiewert, Walter: Heinrich Manns Romanphantasie Lidice. In: Weltbühne, 2, 1947, S. 392 ff.

Kirchhoff, Ursula: Das Fest als Symbol der außergewöhnlichen Existenz in Heinrich Manns Göttinnen-Trilogie. In: Wirkendes Wort, 18, 1968, S. 395 ff.

Kirsch, Edgar: Heinrich Manns historischer Roman Die Jugend und die Vollendung des Königs Henri Quatre. In: Wissenschaftliche Zeitschrift der Martin-Luther-Universität Halle-Wittenberg, Gesellschafts- und sprachwissenschaftliche Reihe 5, 1955/56, S. 623 ff.

Kirsch, Edgar: Zur Entstehung des Romans Der Untertan. In: Weimarer Beiträge, 6, 1960, S. 112 ff. (zus. m. Hildegard Schmidt).

Klańska, M.: Die Funktion des Theaters in Heinrich Manns Roman Die kleine Stadt. In: Zeszyty Naukowe Universytetu Jagiellonskiego (Prace historycznoliterackie. Schedae litterariae, H. 35), Krakow 1976, S. 151 ff. (m. deutscher Zusammenfassung).

Klein, Johannes: Der Novellist Heinrich Mann. In: K. Matthias (Hrsg.), Heinrich Mann 1871 – 1971. München 1973, S. 11 ff.

Knipowitsch, Jewgenia: Heinrich Mann und die literarische Öffentlichkeit der Sowjetunion der dreißiger Jahre. In: Heinrich Mann am Wendepunkt der deutschen Geschichte. Berlin-DDR 1971, S. 151 ff.

Kobsarewa, Lydia: Satire und Karikatur im Roman Der Untertan von Heinrich Mann. In: Deutschunterricht, 32, Berlin-DDR 1979, S. 139 ff.

Kofta, Maria: Die Stadt in Heinrich Manns Schlaraffenland. In: Acta Universitatis Lodziensis, Ser. 1, Nr. 59, 1979, S. 3 ff.

Kolewski, Wassil: Heinrich Mann und einige Probleme des literarischen Prozesses. Eine Fragestellung. In: Heinrich Mann am Wendepunkt der deutschen Geschichte. Berlin-DDR 1971, S. 159 ff.

Koopmann, Helmut: Der gute König und die böse Fee. Geschichte als Gegenwart in Heinrich Manns Henri Quatre. In: Vincent J. Günther u. a. (Hrsg.), Untersuchungen zur Literatur als Geschichte. Festschrift für Benno v. Wiese. Berlin 1973, S. 522 ff.

Koopmann, Helmut: Annäherung ans Exil. Heinrich Manns Frankreichverständnis in den 20er Jahren. In: H. Koopmann/P.-P. Schneider (Hrsg.), Heinrich Mann. Sein Werk in der Weimarer Republik. Frankfurt a. M. 1983, S. 69 ff.

Kostka, Edmund: Heinrich Mann and Fyodor Sologub. In: Rivista di letterature moderne e comparate, 18, H. 4, 1965, S. 245 ff.

Köpke, Wulf: Heinrich Mann im Exil: Klassisches Erbe und Volksfront. In: Arbeitskreis Heinrich Mann, Mitteilungsblatt, Sonderheft. Lübeck 1981, S. 153 ff.

Köpke, Wulf: Rückblick als Erkenntnis. Zu Heinrich Manns Auffassung des Schriftstellers im *Zeitalter* und der Exilpublizistik. In: H. Koopmann/P.-P. Schneider (Hrsg.), Heinrich Mann. Sein Werk in der Weimarer Republik. Frankfurt a. M. 1983, S. 263 ff.

Kraske, Bernd M.: *Der Kopf* – ein Antikriegsroman. In: R. Wolff (Hrsg.), Heinrich Mann – Werk und Wirkung. Bonn 1984, S. 24 ff. (zus. m. Gerhard Lellau).

Kuczynski, Jürgen: Heinrich Mann und die deutsche Emigration in England. In: Heinrich Mann am Wendepunkt der deutschen Geschichte. Berlin-DDR 1971, S. 109 ff.

Kuczynski, Jürgen: Heinrich Mann – der Politiker von 1923. In: J. Kuczynski, Gestalten und Werke. Soziologische Studien zur deutschen Literatur. Berlin/Weimar 1974, S. 373 ff.

Kunze, Marion: Kleinbürgerliche Scheinmoral aus moralistischer Perspektive: Heinrich Manns *Professor Unrat*. In: Nils Schiffhauer/Carola Schelle (Hrsg.), Stichtag der Barbarei. Anmerkungen zur Bücherverbrennung. Hannover 1983, S. 116 ff.

Künzel, Horst: Heinrich Mann: *Professor Unrat*. In: Jakob Lehmann (Hrsg.), Deutsche Romane von Grimmelshausen bis Walser. Interpretationen für den Literaturunterricht. Bd. 1: Von Grimmelshausen bis J. Roth. Königstein/Ts. 1982, S. 103 ff.

Lehnert, Herbert: Die Bürger-Künstler-Brüder: Heinrich und Thomas Mann. In: H. Lehnert, Geschichte der deutschen Literatur. Vom Jugendstil zum Expressionismus. Stuttgart 1978, S. 457 ff.

Lehnert, Herbert: Heinrich Manns Roman *Der Atem*. In: Arbeitskreis Heinrich Mann, Mitteilungsblatt, Sonderheft. Lübeck 1981, S. 173 ff.

Lehnert, Herbert: Künstler-Führer und Künstler-Narr in Heinrich Manns Werk der Weimarer Republik. In: H. Koopmann/P.-P. Schneider (Hrsg.), Heinrich Mann. Sein Werk in der Weimarer Republik. Frankfurt a. M. 1983, S. 85 ff.

Lellau, Gerhard: s. u. B. M. Kraske.

Lemke, Karl: Der Mensch Heinrich Mann. In: Heinrich Mann. Eine Liebesgeschichte. Hg. im Auftrage der Heinrich-Mann-Gesellschaft für zeitgenössische Dichtung München (v. Karl Lemke). München 1953, S. 51 ff.

Leonhard, Rudolf: Das Werk Heinrich Manns. In: R. Leonhard, Der Weg und das Ziel. Berlin-DDR 1970, S. 391 ff.

Lichtmann, Tamás: Beitrag zur Aufnahme Heinrich Manns in Ungarn. In: Német filológiai tanulmányok, 7, Debrecen 1973, S. 83 ff.

Linn, Rolf N.: The Place of *Pippo Spano* in the Works of Heinrich Mann. In: Modern Language Forum, 37, 1952, S. 130 ff.

Linn, Rolf N.: Portrait of Two Despots by Heinrich Mann. In: Germanic Review, 30, 1955, S. 125 ff.

Linn, Rolf N.: Heinrich Manns *Die Branzilla*. In: Monatshefte für deutschen Unterricht, deutsche Sprache und Literatur, 50, Madison/Wisc. 1958, S. 75 ff.

Linn, Rolf N.: Heinrich Mann and the German Inflation. In: Modern Language Quarterly, 23, 1962, S. 75 ff.

Linn, Rolf N.: Democracy in Heinrich Mann's *Die kleine Stadt*. In: The German Quarterly, 37, 1964, S. 131 ff.

Linn, Rolf N.: Heinrich Mann – heinrich mann. In: Neue deutsche Hefte, 1967, S. 17 ff.

Linn, Rolf N.: Der Kontrast als Denk- und Sprachfigur in Heinrich Manns *Henri Quatre*. In: Germanisch-romanische Monatsschrift, N. F. 23, 1973, S. 229 ff.

Linn, Rolf N.: Garibaldi, das Volk und Don Taddeo. Bemerkungen zu Heinrich

Manns Roman *Die kleine Stadt*. In: K. Matthias (Hrsg.), Heinrich Mann 1871–1971. München 1973, S. 111 ff.

Linn, Rolf N.: Wilhelm und Wulckow: die zwei Gesichter der Macht im *Untertan*. In: Seminar, 10, Nr. 2, Toronto 1974, S. 104 ff.

Linn, Rolf N.: Heinrich Manns »Barbey d'Aurevilly«. Ein frühes Zeugnis später Gesinnung. In: Etudes Germaniques, 31, Paris 1976, S. 25 ff.

Lips, Eva: Begegnungen in der Emigration. In: Heinrich Mann am Wendepunkt der deutschen Geschichte. Berlin-DDR 1971, S. 114 ff.

Lohner, Edgar: Heinrich Mann. In: Hermann Friedmann/Otto Mann (Hrsg.), Deutsche Literatur im 20. Jahrhundert. Struktur und Gestalten. Bd, 2. (4. veränderte und erw. Aufl.) Heidelberg 1961, S. 80 ff.

Lützeler, Paul Michael: Heinrich Manns *Kaiserreich*-Romane und Hermann Brochs *Schlafwandler*-Trilogie. In: H. Koopmann/P.-P. Schneider (Hrsg.), Heinrich Mann. Sein Werk in der Weimarer Republik. Frankfurt a. M. 1983, S. 183 ff.

Maassen, Hanns: Heinrich Mann und der »Deutsche Freiheitssender 29,8«. In: Heinrich Mann am Wendepunkt der deutschen Geschichte. Berlin-DDR 1971, S. 106 ff.

MacKinnon, E.: Heinrich Mann's *Im Schlaraffenland*: the Aesthetic Rejection of the Bürger. In: New German Studies, 4, Hull 1976, S. 119 ff.

Mann, Golo: Zu Klaus Schröters 3. Fußnote. In: Akzente, 21, München 1974, S. 84 ff.

Mann, Golo: Heinrich Mann, *Ein Zeitalter wird besichtigt*. In: G. Mann, Zeiten und Figuren. Schriften aus vier Jahrzehnten. Frankfurt a. M. 1979, S. 319 ff.

Mann, Klaus: Heinrich Mann im Exil. In: K. Mann, Die Heimsuchung des europäischen Geistes. Aufsätze. München 1973, S. 79 ff.

Matthias, Klaus: Heinrich Mann und die Musik. In: K. Matthias (Hrsg.), Heinrich Mann 1871 – 1971. München 1973, S. 235 ff.

Matthias, Klaus: Heinrich Mann 1971 – Kritische Abgrenzungen (Nachwort des Herausgebers). In: K. Matthias (Hrsg.), Heinrich Mann 1871 – 1971. München 1973, S. 385 ff.

Matthias, Klaus: *Renée Mauperin* und *Buddenbrooks*. Über eine literarische Beziehung im Bereich der Rezeption französischer Literatur durch die Brüder Mann. In: Modern Language Notes, 90, 1975, S. 371 ff.

Mayer, Hans: Heinrich Manns *Henri Quatre*. In: H. Mayer, Deutsche Literatur und Weltliteratur. Reden und Aufsätze. Berlin-DDR 1957, S. 682 ff.

Mayer, Hans: Mehr als befreundet, weniger als Freund. Heinrich und Thomas Mann im Briefwechsel. In: H. Mayer, Vereinzelt Niederschläge. Kritik – Polemik. Pfullingen 1973, S. 45 ff.

Meier-Ewert, Theo: Zu Heinrich Manns *Reichstag*. In: Arbeitskreis Heinrich Mann, Mitteilungsblatt, 7, Lübeck 1976, S. 11 ff.

Mendelssohn, Peter de: Ein Schriftsteller in seiner Zeit. Zum 100. Geburtstag von Heinrich Mann. Bayerischer Rundfunk, 27. 3. 1971, München 1971 (42 Blatt.).

Mendelssohn, Peter de: Verklärung des guten Arbeiters. Heinrich Mann in seiner Zeit. In: P. de Mendelssohn, Von deutscher Repräsentanz. München 1972, S. 95 ff.

Menges, Karl: Geist und Macht. Zur Problematik von Heinrich Manns politischem Engagement im französischen Exil. In: Wulf Koepke/Michael Winkler (Hrsg.), Deutschsprachige Exilliteratur. Studien zu ihrer Bestimmung. Bonn 1984, S. 108 ff.

Middelstaedt, Werner: Heinrich Mann. Warner, Kritiker und Kämpfer im Spiegel seiner Essays. In: Deutschunterricht, H. 3, Berlin-DDR 1960, S. 124 ff.

Middelstaedt, Werner: Heinrich Mann an der Wende von der Forderung nach Diktatur der Vernunft zur Vernunft der Diktatur. Zur Bedeutung seines Aufsatzes *Deut-*

sche Republik 1927. In: Heinrich Mann am Wendepunkt der deutschen Geschichte. Berlin-DDR 1971, S. 77 ff.

Montigny, René: Heinrich Mann und Frankreich. In: Antares, Nr. 1, Baden-Baden 1955, S. 24 ff.

Morita, Shigeru: Heinrich Mann in Japan. In: Heinrich Mann am Wendepunkt der deutschen Geschichte. Berlin-DDR 1971, S. 204 f.

Morita, Shigeru: Heinrich Mann: *Im Schlaraffenland.* In: Doitsu Bungaku, 50, Tokio 1973, S. 115 ff. (jap. m. deutscher Zusammenfassung).

Motyljowa, Tamara: Sowjetische Literaturwissenschaftler über Heinrich Mann. In: Sowjetliteratur. Monatsschrift des Schriftstellerverbandes der UdSSR. 23, H. 8, Moskau 1971, S. 179 ff.

Motyljowa, Tamara: Ausländische Schriftsteller des 20. Jahrhunderts und Dostojewski. In: Dostojewskis Erbe in unserer Zeit. Neueste Forschungen sowjetischer Literaturwissenschaftler zum künstlerischen Erbe Dostojewskis. Ausgewählt und herausgegeben von Helmut Graßhoff und Gisela Jones. Berlin-DDR 1976, S. 163 ff. (darin S. 171 – 182: Die Brüder Mann: Tolstoi oder Dostojewski?).

Motyljowa, Tamara: Heinrich Mann als Leser der russischen Literatur. In: Arbeitskreis Heinrich Mann, Mitteilungsblatt, Sonderheft. Lübeck 1981, S. 204 ff.

Müller, Gerd: Geschichte, Utopie und Wirklichkeit. Vorstudien zu Heinrich Manns *Henri Quatre*-Roman. In: Orbis litterarum, 26, Kopenhagen 1971, S. 94 ff.

Müller, Gerd: Der arme Heinrich oder Henricus Rex. Zur Rezeption Heinrich Manns in West und Ost. In: Studia neophilologica, 46, Stockholm 1974, S. 521 ff.

Müller, Harro: Probleme des historischen Romans. Zu Heinrich Manns *Henri Quatre*-Romanen. In: Textsorten und literarische Gattungen. Dokumentation des Germanistentages in Hamburg vom 1. bis 4. April 1979. Berlin 1983, S. 577 ff.

Müller, Joachim: Die kulturpolitische Position des Essayisten Heinrich Mann. In: Wissenschaftliche Zeitschrift der Friedrich- Schiller-Universität Jena. Gesellschafts- und sprachwissenschaftliche Reihe, 23, 1974, S. 163 ff.

Müller-Seidel, Walter: Justizkritik im Werk Heinrich Manns. Zu einem Thema der Weimarer Republik. In: H. Koopmann/P.-P. Schneider (Hrsg.), Heinrich Mann. Sein Werk in der Weimarer Republik. Frankfurt a. M. 1983, S. 103 ff.

Naumann, Uwe: Eine Chance für Diederich, posthum. In: Sammlung, 4, Frankfurt a. M. 1981, S. 12 ff.

Naumann, Uwe: Faschismus als Groteske. Heinrich Manns unbekannter Roman *Lidice.* In: Frankfurter Hefte, 37, H. 10, 1982, S. 57 ff.

Nägele, Rainer: Theater und kein gutes. Rollenpsychologie und Theatersymbolik in Heinrich Manns Roman *Der Untertan.* In: Colloquia Germanica, 1, Bern 1973, S. 28 ff.

Nehring, Wolfgang: Der Jugendstil in der Erzählung – am Beispiel von Heinrich Mann und Ernst Hardt. In: Heinrich Mann-Jahrbuch, 1/1983, Lübeck 1984, S. 25 ff.

Nerlich, Michael: Der Herrenmensch bei Jean-Paul Sartre und Heinrich Mann. In: Akzente, 16, H. 5, 1969, S. 460 ff.

Nerlich, Michael: Warum *Henri Quatre*? In: K. Matthias (Hrsg.), Heinrich Mann 1871 – 1971. München 1973, S. 163 ff.

Nicholls, Roger A.: Heinrich Mann and Nietzsche. In: Modern Language Quarterly, 21, H. 2, 1960, S. 165 ff.

Oellers, Norbert: »Karikatur und Excentrizität«. Bemerkungen zu Heinrich Manns Novellen *Das Wunderbare* und *Pippo Spano.* In: H. Koopmann/P.-P. Schneider (Hrsg.), Heinrich Mann. Sein Werk in der Weimarer Republik. Frankfurt a. M. 1983, S. 25 ff.

Orlowski, Hubert: Öffentlichkeit und Denunziation. Heinrich Mann und andere »System«-Autoren im Lexikon *Sigilla Veri.* In: H. Koopmann/P.-P. Schneider

(Hrsg.), Heinrich Mann. Sein Werk in der Weimarer Republik. Frankfurt a. M. 1983, S. 279 ff.

Pazi, Margarita: Ein Brief Heinrich Manns an Stefan Zweig. In: Neue deutsche Hefte, 25, Berlin 1978, S. 496 (mit Abdruck eines Briefes von Heinrich Mann, datiert: 17. 3. 1919).

Plessner, Monika: Identifikation und Utopie. Versuch über Heinrich und Thomas Mann als politische Schriftsteller. In: Frankfurter Hefte, 16, H. 12, 1961, S. 812 ff.

Pross, Harry: Heinrich Mann – der letzte Jacobiner. Zur Edition von A. Kantorowicz. In: Deutsche Rundschau, 83, 1957, S. 1050 ff.

Quiger, Claude: Heinrich Mann et l'art d'âme du Jugendstil. Mysticism et fantastique dans *Ist sie's?* In: Etudes Germaniques, 26, Nr. 3, Paris 1971, S. 308 ff.

Rasch, Wolfdietrich: Décadence und Gesellschaftskritik in Heinrich Manns Roman *Die Jagd nach Liebe.* In: Jahrbuch der Deutschen Schillergesellschaft, 15, Stuttgart 1971, S. 326 ff.; ebenfalls in: K. Matthias (Hrsg.), Heinrich Mann 1871–1971. München 1973, S. 97 ff.

Rasch, Wolfdietrich: Krisenbewußtsein und Moralität. Zu Heinrich Manns Roman der Zwanziger Jahre. In: Walter Müller-Seidel (Hrsg.), Historizität in Sprach- und Literaturwissenschaft. Vorträge und Berichte der Stuttgarter Germanistentagung 1972. München 1974, S. 467 ff.

Rattner, Joseph: Heinrich Manns *Der Untertan.* In: J. Rattner, Der schwierige Mensch. Psychotherapeutische Erfahrungen zur Selbsterkenntnis, Menschenkenntnis und Charakterkunde. Frankfurt a. M. 1973, S. 154 ff.

Rehm, Walther: Der Renaissancekult um 1900 und seine Überwindung. In: Zeitschrift für deutsche Philologie, 54, 1929, S. 296 ff.

Reinhold, Ursula: Bericht über die wissenschaftliche Heinrich- Mann-Konferenz. In: Weimarer Beiträge, 17, Nr. 8, 1971, S. 165 ff.

Ricken, Ulrich: Zur Sprache der Gesellschaftsbeschreibung in Heinrich Manns *Untertan.* In: Zeitschrift für Phonetik, Sprachwissenschaft und Kommunikationsforschung, 27, Berlin-DDR 1974, S. 203 ff. (zus. m. Ute Riedel).

Riedel, Ute: s. u. U. Ricken.

Riedel, Volker: Die Deutsche Demokratische Republik ehrt Heinrich Mann. In: Deutschunterricht, 24, Nr. 3, Berlin-DDR 1971, S. 141 ff.

Riedel, Volker: Die Bibliothek Heinrich Manns. Ein Überblick. In: Marginalien, 63, Berlin/Weimar 1976, S. 1 ff.

Riedel, Volker: Zwischenfälle, die manchmal das Beste waren. Heinrich Manns Novellistik. In: Neue Deutsche Literatur, 25, Nr. 12, 1977, S. 118 ff.

Riedel. Volker: Zur Ausgabe der sämtlichen Novellen / Die Sammlung der bis 1902 entstandenen Werke / Anmerkungen zu den einzelnen Novellen / Weitere kleine Prosawerke. In: H. Mann, *Novellen.* Erster Band. Gesammelte Werke, Bd. 16. Berlin/Weimar 1978, S. 619 ff.

Riedel, Volker: Die Sammlungen der 1902–1907 entstandenen Werke / Anmerkungen zu den einzelnen Novellen / Weitere Novellen und Entwürfe. In: H. Mann, *Novellen.* Zweiter Band. Gesammelte Werke, Bd. 17. Berlin/Weimar 1978, S. 385 ff.

Riedel, Volker: Die Sammlungen der seit 1908 entstandenen Werke / Anmerkungen zu den einzelnen Novellen / Weitere novellistische Arbeiten. In: H. Mann, *Novellen.* Dritter Band. Gesammelte Werke, Bd. 18. Berlin/Weimar 1978, S. 487 ff.

Riedel, Volker: Bemerkungen zu den Novellen Heinrich Manns. In: Mitteilungen der Akademie der Künste der DDR, 17, Nr. 4, Berlin-DDR 1979, S. 4 ff.

Riemen, Alfred: »Der tapfere Dichter«: Joseph Roth und Heinrich Mann. In: Heinrich Mann-Jahrbuch, 1/1983, Lübeck 1984, S. 67 ff.

Riesel, Elise: Textanalyse zu Heinrich Manns Roman *Der Untertan.* In: Sprachpflege, 9, H. 4, 1960, S. 67 ff.

172

Riha, Karl: »Dem Bürger fliegt vom spitzen Kopf der Hut«. Zur Struktur des satirischen Romans bei Heinrich Mann. In: H. L. Arnold (Hrsg.), Heinrich Mann. München 1971, S. 48 ff.

Ritter-Santini, Lea: Die weißen Winde. Heinrich Manns Novelle *Das Wunderbare*. In: Wissenschaft als Dialog. Studien zur Literatur und Kunst seit der Jahrhundertwende. Stuttgart 1969, S. 134 ff.; ebenfalls in: L. Ritter-Santini, Lesebilder. Essays zur europäischen Literatur. Stuttgart 1978, S. 48 ff.

Ritter-Santini, Lea: Die Verfremdung des optischen Zitats. Anmerkungen zu Heinrich Manns Roman *Die Göttinnen*. In: Jahrbuch der Deutschen Schillergesellschaft, 15, Stuttgart 1971, S. 297 ff.; ebenfalls in: K. Matthias (Hrsg.), Heinrich Mann 1871 – 1971. München 1973, S. 69 ff.; ebenfalls in: L. Ritter-Santini, Lesebilder. Essays zur europäischen Literatur. Stuttgart 1978, S. 7 ff.

Roberts, David: Heinrich Mann und die Französische Revolution. In: H. L. Arnold (Hrsg.), Heinrich Mann. München 1971, S. 81 ff.

Roberts, David: Heinrich Mann and the Essay. In: Jahrbuch für Internationale Germanistik, 8, Bern/Frankfurt a. M. 1976, S. 8 ff.

Rohner, Ludwig: Heinrich Mann: *Zola*. In: L. Rohner, Der deutsche Essay. Materialien zur Geschichte und Ästhetik einer literarischen Gattung. Neuwied/Berlin 1966, S. 240 ff.

Rosenbaum, Karol: Slowakische Beziehungen zu Heinrich Mann. In: Heinrich Mann am Wendepunkt der deutschen Geschichte. Berlin-DDR 1971, S. 202 ff.

Rühle, Jürgen: Die Geschichte als Gleichnis bei Lion Feuchtwanger und Heinrich Mann. In: J. Rühle, Literatur und Revolution. Die Schriftsteller und der Kommunismus. Köln 1960, S. 213 ff.

Samarin, Roman M.: Die *Henri Quatre*-Romane. In: Heinrich Mann am Wendepunkt der deutschen Geschichte. Berlin-DDR 1971, S. 144 ff.

Sauereßig, Heinz: Die gegenseitigen Buchwidmungen von Heinrich und Thomas Mann. Eine Dokumentation. In: Georg Wenzel (Hrsg.), Betrachtungen und Überblicke. Zum Werk Thomas Manns. Berlin/Weimar 1966, S. 483 ff.

Schadendorf, Wulf: Museale Präsenz. Die Brüder Mann im Museum Drägerhaus. In: Hefte der Deutschen Thomas-Mann-Gesellschaft, 1. Lübeck 1981, S. 27 ff.

Schanze, Helmut: Heinrich Mann – Alfred Döblin. Stichworte zum Problem der Kontinuität in der deutschen Literatur nach 1945. In: Arbeitskreis Heinrich Mann, Mitteilungsblatt, Sonderheft. Lübeck 1981, S. 256 ff.

Scheibe, Friedrich Carl: Rolle und Wahrheit in Heinrich Manns Roman *Der Untertan*. In: Literaturwissenschaftliches Jahrbuch, N. F. 7, 1966, S. 209 ff.

Scherpe, Klaus R.: »Poesie der Demokratie«: Heinrich Manns Roman *Die Armen* als bürgerliche Fiktion einer proletarischen Emanzipation. In: Germanisch-romanische Monatsschrift, N. F., 25, Heidelberg 1975, S. 151 ff.

Schlenstedt, Dieter: Der *Untertan* und seine Kritiker. In: Heinrich Mann am Wendepunkt der deutschen Geschichte. Berlin-DDR 1971, S. 47 ff.

Schmeisser, Marleen: Friedrich der Große und die Brüder Mann. In: Neue deutsche Hefte, 9, H. 90, 1962, S. 97 ff.

Schmidt, Hildegard: s. u. E. Kirsch.

Schneider, Peter-Paul: »Es waren schwere Tage, die hinter uns liegen …« Zu Heinrich Manns politischer Rolle von November 1918 bis Mai 1919 im Tagebuch Thomas Manns. In: Arbeitskreis Heinrich Mann, Mitteilungsblatt, Sonderheft. Lübeck 1981, S. 265 ff.

Schneider, Peter-Paul: Ein Brief Heinrich Manns an Elisabeth Freundlich. In: Arbeitskreis Heinrich Mann, Mitteilungsblatt, 17, Lübeck 1982, S. 107 ff.

Schonauer, Franz: Heinrich Mann. In: Hans-Jürgen Schultz (Hrsg.), Der Friede und die Unruhestifter. Herausforderungen deutschsprachiger Schriftsteller im 20. Jahrhundert. Frankfurt a. M. 1973, S. 30 ff.

Schroeder, Max: Heinrich Mann. In: M. Schroeder, Von hier und heute aus. Berlin-DDR 1957, S. 9 ff.

Schroers, Paul: Heinrich und Thomas Mann und ihre Verleger. In: Philobiblon, 2, H. 4, 1958, S. 310 ff.

Schröter, Klaus: *Der Atem*. Anmerkungen zu Heinrich Manns letztem Roman. In: K. Schröter (Hrsg.), Grüße. Hans Wolffheim zum 60. Geburtstag. Frankfurt a. M. 1965, S. 133 ff.

Schröter, Klaus: Positionen und Differenzen. Brecht, Heinrich Mann, Thomas Mann im Exil. In: Akzente, 20, 1973, S. 520 ff.

Schröter, Klaus: Zu Heinrich Manns *Professor Unrat*. In: Manfred Brauneck (Hrsg.), Der deutsche Roman im 20. Jahrhundert. Analysen und Materialien zur Theorie und Soziologie des Romans. Bd. 1. Bamberg 1976, S. 107 ff.

Schröter, Klaus: Zwischen Autobiographie und Zeitgeschichte. Zu Heinrich Manns Roman *Der Kopf*. In: H. Koopmann/P.-P. Schneider (Hrsg.), Heinrich Mann. Sein Werk in der Weimarer Republik. Frankfurt a. M. 1983, S. 169 ff.

Schuder, Rosemarie: Die fünfte Essenz. In: Heinrich Mann am Wendepunkt der deutschen Geschichte. Berlin-DDR 1971, S. 150 f.

Schutte, Jürgen: Klassengegensätze und Klassenharmonie in Preußen. Heinrich Manns Roman *Der Untertan*. In: Andreas Kaiser (Hrsg.), Denkmalbesetzung. Preußen wird aufgelöst. Berlin 1982, S. 153 ff.

Schütt, Peter: Die Bedeutung von Heinrich Manns Erbe für die fortschrittlichen Schriftsteller der BRD. In: Heinrich Mann am Wendepunkt der deutschen Geschichte. Berlin-DDR 1971, S. 196 ff.

Schütte, Wolfram: Das dramatische Schaffen Heinrich Manns. In: H. L. Arnold (Hrsg.), Heinrich Mann. München 1971, S. 90 ff.

Schütte, Wolfram: Film und Roman. Einige Notizen zur Kinotechnik in Romanen der Weimarer Republik. In: H. L. Arnold (Hrsg.), Heinrich Mann. München 1971, S. 70 ff.

Sechi, Maria: Inizi di Heinrich Mann. In: Annali dell'Instituto de Lingue e Letterature Germaniche, 1, H. 1, 1973, S. 201 ff.

Sechi, Maria: Heinrich Mann. *Der Atem* als Bekenntnis zum Übernationalen. In: Annali della facoltà di magistero dell'università di Cagliari. Nuova serie, Vol. 5, Parte 1, 1981, S. 81 ff.

Seidler-von Hippel, Elisabeth: Heinrich Mann: *Der Untertan*. Vorschläge zur Selbsterarbeitung durch die Schüler. In: Der Deutschunterricht, 16,, H. 1, Stuttgart 1964, S. 53 ff.

Serebrov, Nicolai: Heinrich Manns Antikriegsroman *Der Kopf*. In: Weimarer Beiträge, 8, 1962, S. 1 ff.

Serebrov, Nicolai: Heinrich Mann und die Zukunft Deutschlands. In: Sowjetwissenschaft, Kunst und Literatur, 13, H. 5, 1965, S. 502 ff.

Seydewitz, Max: Die Auswirkungen von Heinrich Manns Teilnahme am Kampf der antifaschistischen Volksfront und die Tätigkeit der deutschen Antifaschisten in Prag. In: Heinrich Mann am Wendepunkt der deutschen Geschichte. Berlin-DDR 1971, S. 89 ff.

Seyppel. Joachim: Hommage à Heinrich Mann. Über sein Verhältnis zu Fontane. Ein Versuch. In: Heinrich Mann am Wendepunkt der deutschen Geschichte. Berlin-DDR 1971, S. 206 ff.; ebenfalls u. d. T.: Viertausend Schritte. Hommage à Heinrich Mann. Versuche über sein Verhältnis zu Fontane. In: Sinn und Form, 23, Nr. 4, 1971, S. 782 ff.

Siefken, Hinrich: Emperor William II and His Loyal Subject-Montage and Historical

Allusions in Heinrich Mann's Satirical Novel *Der Untertan*. In: Trivium, 8, 1973, S. 69 ff.

Siefken, Hinrich: Heinrich Manns *Der Untertan* und Hermann Brochs *Die Schuldlosen*. Zur Satire und Analyse des »Spießers« als »Untertan«. In: Zeitschrift für deutsche Philologie, 93, 1974, S. 186 ff.

Skowrońska, Maria: Heinrich Mann und seine Kritiker in der Weimarer Republik. In: Filologia Germánska, 1, Torún 1974, S. 107 ff.

Snamenskaja, Galina: Heinrich Mann in falschen Auslegungen. In: Voprosy literatury, 15, H. 8, Moskau 1971, S. 116 ff. (russ.; Zusammenfassung in deutscher Sprache in: Referatedienst zur Literaturwissenschaft, 4, H. 1, Berlin-DDR 1972, S. 116.)

Snamenskaja, Galina: Die Traditionen von Heinrich Heine im Schaffen Heinrich Manns. In: Heinrich Heine. Streitbarer Humanist und volksverbundener Dichter (Red.: Karl Wolfgang Becker, Helmut Brandt, Siegfried Scheibe). Weimar 1973, S. 62 ff.

Soergel, Albert: s. u. C. Hohoff.

Sokel, Walter H.: Demaskierung und Untergang wilhelminischer Repräsentanz. Zum Parallelismus der Inhaltsstruktur von *Professor Unrat* und *Tod in Venedig*. In: Gerald Gillespie/Edgar Lohner (Hrsg.), Herkommen und Erinnerung. Essays für Oskar Seidlin. Tübingen 1976, S. 387ff.

Song, Hong-Zun: Das verfälschte Bild Heinrich Manns in der deutschen Literaturkritik. In: Colloquia Germanica, 1975, S. 91 ff.

Sontheimer, Kurt: Heinrich und Thomas Mann. In: Horst Lehner (Hrsg.), Auf der Suche nach Frankreich. Der Nachbar im Westen und die deutsche Kultur. Herrenalb 1963, S. 141 ff.

Sora, Mariana: Rolul teatruli in opera lui Heinrich Mann, creatorul epicei dramatice. In: Revista de filologie romanica si germanica, 6, 1962, S. 57 ff. (m. deutscher Zusammenfassung, S. 82 – 84).

Spielmann, Alfred: Der Roman *Die Armen*. Einige Aspekte zum Versuch Heinrich Manns zur Gestaltung des Proletariats. In: Heinrich Mann am Wendepunkt der deutschen Geschichte. Berlin-DDR 1971, S. 62 ff.

Sprengel, Peter: Teufels-Künstler, Faschismus- und Ästhetizismus-Kritik in Exilromanen Heinrich, Thomas und Klaus Manns. In: Sprache im technischen Zeitalter, Berlin 1981, S. 181 ff.

Sørensen, Bengt Algot: Der »Dilettantismus« des Fin de siècle und der junge Heinrich Mann. In: Orbis litterarum, 24, 1969, S. 251 ff.

Sørensen, Bengt Algot: Der politische Eros. Das Liebesmotiv in Heinrich Manns Romanen. In: Leonhard Forster/Hans-Gert Roloff (Hrsg.), Akten des V. Internationalen Germanisten-Kongresses Cambridge 1975, Heft 4. Bern/Frankfurt a. M. 1976, S. 199 ff.

Stadler, Ulrich: Von der Exemplarursache zur Dialektik. Über den Gleichnischarakter von Heinrich Manns *Henri Quatre*-Romanen. In: Helmut Arntzen u. a. (Hrsg.), Literaturwissenschaft und Geschichtsphilosophie. Festschrift für Wilhelm Emrich. Berlin/New York 1975, S. 539 ff.

Stark, Michael: »Die Ritter vom Geiste«. Ein erstes Echo auf Heinrich Manns *Geist und Tat*. In: Arbeitskreis Heinrich Mann, Mitteilungsblatt, Sonderheft. Lübeck 1981, S. 289 ff.

Stark, Michael: »Ihre Briefe sind selten …«. Neuigkeiten zum Briefwechsel zwischen Heinrich Mann und Kurt Tucholsky. In: Arbeitskreis Heinrich Mann, Mitteilungsblatt, 17, 1982, S. 64 ff.

Stark, Michael: »… es spricht sich herum; und man war nicht unnütz«. Öffentlichkeitsanspruch und Wirkungsskepsis bei Heinrich Mann. In: H. Koopmann/P.-P.

Schneider (Hrsg.). Heinrich Mann. Sein Werk in der Weimarer Republik. Frankfurt a. M. 1983, S. 129 ff.

Stein, Peter: s. u. G. Bauer.

Steinecke, Hartmut: Roman und Demokratie. Aspekte ihres Verhältnisses. In: Zeitschrift für deutsche Philologie (Sonderheft: Studien zur deutschen Literaturgeschichte und Gattungspoetik. Festgabe für Benno von Wiese), 97, 1978, S. 129 ff.

Stern, Guy: Zwei unbekannte Heinrich-Mann-Billets. In: Arbeitskreis Heinrich Mann, Mitteilungsblatt, Sonderheft. Lübeck 1981, S. 300 ff.

Stock, Frithjof: Die Rezeption von Zolas *Rougon-Macquart* in Heinrich Manns *Der Untertan*. In: Arcadia, 13, 1978, S. 40 ff.

Subarewa, Ksenija A.: Heinrich Mann und Lew Tolstoi. Anmerkungen über die Beziehungen des frühen Heinrich Mann zur russischen klassischen Literatur. In: Weimarer Beiträge, 16, H. 12, 1970, S. 177 ff.

Subarewa, Ksenija A.: Zur Frage der Bedeutung Johann Wolfgang Goethes in der Entwicklung des Werkes von Heinrich Mann. In: Fragen des grammatischen Baus der germanischen Sprachen. Wissenschaftliche Blätter des Omsker Pädagogischen Instituts. Omsk 1975, S. 175 ff.

Sudhof, Siegfried: Heinrich Mann und der europäische Gedanke. In: Integration, Nr. 3/4, Brüssel 1971, S. 226 ff.; ebenfalls in: K. Matthias (Hrsg.), Heinrich Mann 1871–1971. München 1973, S. 147 ff.

Sudhof, Siegfried: Heinrich Manns geplante Rückkehr nach Deutschland. In: Arbeitskreis Heinrich Mann, Mitteilungsblatt, 3, Lübeck 1973, S. 21 ff.

Sudhof, Siegfried: Heinrich Mann. In: Benno v. Wiese (Hrsg.), Deutsche Dichter der Moderne. Ihr Leben und Werk. Berlin 1975 (3. überarb. Aufl.), S. 95 ff.

Sudhof, Siegfried: Probleme der Edition bei Heinrich Mann. In: Nachlaß- und Editionsprobleme bei modernen Schriftstellern. Beiträge zu den Internationalen Robert-Musil-Symposien, Brüssel 1976 und Saarbrücken 1977. Bern/Frankfurt a. M. 1977, S. 99 ff.

Sudhof, Siegfried: Editionsprobleme bei Exilschriftstellern und NS-Autoren. In: Wolfgang Elfe u. a. (Hrsg.), Deutsche Exilliteratur, Literatur im Dritten Reich. Bern/Frankfurt a. M./Las Vegas 1979, S. 12 ff.

Süskind, W. E.: Heinrich Mann und Thomas Mann. In: Universitas, 24, 1969, S. 1077 ff.

Szafarz, Jolanta: Heinrich Mann in Polen. In: Arbeitskreis Heinrich Mann, Mitteilungsblatt, 6, Lübeck 1975, S. 22 ff.

Thoenelt, Klaus: Heinrich Manns Psychologie des Faschismus. In: Monatshefte für deutschen Unterricht, deutsche Sprache und Literatur, 63, Nr. 3, Madison/Wisc. 1971, S. 220 ff.

Thomas, Lionel: Heinrich Mann's »Kaiserreich«-Trilogy with Special Reference to *Der Untertan*. In: Proceeding of Leeds Philosophical and Literary Society. Literary and Historical Section, Vol. 16, Nr. 8, Leeds 1977, S. 159 ff.

Traiser, Walther: Die Indizierung Heinrich Manns in Frankreich während der deutschen Besetzung. (Mit einer Bibliographie seiner in Frankreich bis 1939 erschienenen Werke). In: Arbeitskreis Heinrich Mann, Mitteilungsblatt, 7, Lübeck 1976, S. 16 ff.

Trapp, Frithjof: Realismus nach dem Modell Heines. Zur Genese der gesellschaftskritischen Konzeption der »Schönen Literatur« beim jungen Heinrich Mann. In: Heinrich Mann-Jahrbuch, 1/1983, Lübeck 1984, S. 1 ff.

Treiber, Rudi: Der Weg eines großen Mannes zur kämpfenden Arbeiterbewegung. Vortrag. In: Kulturaufbau, H. 6, Düsseldorf 1950, S. 136 ff.

Triesch, Manfred: Heinrich Mann, Käthe Kollwitz und Martin Wagner. Ein Nachtrag zum Austritt Heinrich Manns aus der Akademie der Künste. In: Germanic Notes, 1, 1970, S. 42 ff.

Uhse, Bodo: Fragmentarische Bemerkungen zum *Friedrich*.Fragment Heinrich Manns. In: Sinn und Form, 10, 1958, S. 328 ff.

Urbanowicz, Mieczyslaw: Das Bürgertum und die Arbeiter in den Romanen von Heinrich Mann. In: Germanica Wratislaviensia, 6, Serie A, Nr. 28, Warschau 1960, S. 97 ff.

Vaget, Hans Rudolf: Intertextualität im Frühwerk Thomas Manns. *Der Wille zum Glück* und Heinrich Manns *Das Wunderbare*. In: Zeitschrift für deutsche Philologie, 101, 1982, S. 193 ff.

Vanhellepute, Michel: L'essai de Heinrich Mann sur Zola. In: Revue des Langues Vivantes, 29, 1963, S. 510 ff.

Verger, Jacques: Der *Zola*-Essay. Entwurf zu einer sprachwissenschaftlichen Analyse. In: Heinrich Mann am Wendepunkt der deutschen Geschichte. Berlin-DDR 1971, S. 58 ff.

Vesely, Jiri: Über Heinrich Manns Roman *Lidice*. In: Heinrich Mann am Wendepunkt der deutschen Geschichte. Berlin-DDR 1971, S. 163 f.

Vogt, Jochen: Diederich Heßlings autoritärer Charakter. Marginalien zum *Untertan*, S. 5 bis 9. In: H. L. Arnold (Hrsg.), Heinrich Mann. München 1971, S. 58 ff.

Vormweg, Heinrich: Eine sterbende Welt. Heinrich Manns Altersromane. In: Akzente, 16, H. 5, 1969, S. 408 ff.

Vormweg, Heinrich: Ein kurzer Frühling. Literatur und Publikum 1918 am Beispiel Heinrich Manns. In: Jörg Drews (Hrsg.), Das Tempo dieser Zeit ist keine Kleinigkeit. Zur Literatur um 1918. München 1981, S. 143 ff.

Wagner, Frank: Heinrich Mann zum Verhältnis von Roman und Gesellschaft. In: Heinrich Mann am Wendepunkt der deutschen Geschichte. Berlin-DDR 1971, S. 155 ff.

Walter, Hans-Albert: Heinrich Mann im französischen Exil. In: H. L. Arnold (Hrsg.), Heinrich Mann. München 1971, S. 115 ff.

Weinzierl, Ulrich: Der »Zivilisationsliterat in der ›Reichspost‹«. Ein Beitrag zum Thema: Heinrich Mann und Österreich. In: Arbeitskreis Heinrich Mann, Mitteilungsblatt, Sonderheft. Lübeck 1981, S. 304 ff.

Weisbecker, Manfred: Humanistisches Bekenntnis und aktive Tat. Zu Heinrich Manns Kampf an der Seite der KPD für die antifaschistische deutsche Volksfront in den 30er Jahren. In: Wissenschaftliche Zeitschrift der Friedrich-Schiller-Universität Jena. Gesellschafts- und sprachwissenschaftliche Reihe, 21, 1972, S. 321 ff.

Weisstein, Ulrich: Heinrich Mann in America. A Critical Survey. In: Books Abroad, 33, 1959, S. 281 ff.

Weisstein, Ulrich: *Die arme Tonietta*. Heinrich Mann's Triple Version of an Operatic Plot. In: Modern Language Quarterly, 20, 1959, S. 371 ff.

Weisstein, Ulrich: *Die kleine Stadt*: Art, Life and Politics in Heinrich Mann's Novel. In: German Life and Letters, 12, 1959/60, S. 225 ff.

Weisstein, Ulrich: Humanism and the Novel. An Introduction to Heinrich Mann's *Henri Quatre*. In: Monatshefte für deutschen Unterricht, deutsche Sprache und Literatur, 51, Madison/Wisc. 1959, S. 13 ff.

Weisstein, Ulrich: Heinrich Mann's *Madame Legros* – Not a Revolutionary Drama. In: Germanic Review, 35, 1960, S. 39 ff.

Weisstein, Ulrich: Bel-Ami im Schlaraffenland. Eine Studie über Heinrich Manns Roman *Im Schlaraffenland*. In: Weimarer Beiträge, 7, 1961, S. 557 ff.

Weisstein, Ulrich: Heinrich Mann, Montaigne and *Henri Quatre*. In: Revue de littérature comparée, 36, 1962, S. 71 ff.

Weisstein, Ulrich: Heinrich Mann und Gustave Flaubert. Ein Kapitel in der

Geschichte der literarischen Wechselbeziehung zwischen Frankreich und Deutschland. In: Euphorion, 57, 1963, S. 132 ff.

Weisstein, Ulrich: Satire und Parodie in Heinrich Manns Roman *Der Untertan*. In: K. Matthias (Hrsg.), Heinrich Mann 1871 – 1971. München 1973, S. 125 ff.

Weisstein, Ulrich: Heinrich Manns Besichtigung eines Zeitalters. In: Hans Wagener (Hrsg.), Zeitkritische Romane des 20. Jahrhunderts. Die Gesellschaft in der Kritik der deutschen Literatur. Stuttgart 1975, S. 9 ff.

Weisstein, Ulrich: Heinrich Mann. In: John M. Spalek/Joseph Strelka (Hrsg.), Deutsche Exilliteratur seit 1933. Bd. 1: Kalifornien, Teil 1. Bern/München 1976, S. 442 ff.

Weisstein, Ulrich: Professor Unrat, Small Town Tyrant, and The Blue Angel: Translations, Versions and Adaptations of Heinrich Mann's Novel in Two Media. In: Milan V. Dimic u. a. (Hrsg.), Actes du VII. congrès de l'Association Internationale de Littérature Comparée. Stuttgart 1979, S. 251 ff.

Weisstein, Ulrich: In diesen heiligen Hallen kennt man »Die Rache« doch: Die *Weber*-Rezeption des jungen Heinrich Mann. In: Arbeitskreis Heinrich Mann, Mitteilungsblatt, Sonderheft. Lübeck 1981, S. 317 ff.

Weisstein, Ulrich: »Die große Sache«: Unsachliche Kritik an neuer Sachlichkeit. In: H. Koopmann/P.-P. Schneider (Hrsg.), Heinrich Mann. Sein Werk in der Weimarer Republik. Frankfurt a. M. 1983, S. 221 ff.

Weiß, Ernst: Heinrich Mann – Die große Sache. In: E. Weiß, Die Kunst des Erzählens. Essays. Frankfurt a. M. 1982, S. 383 ff.

Werner, Renate: Transparente Kommentare. Überlegungen zu historischen Romanen deutscher Exilautoren. In: Poetica, 9, Amsterdam 1977, S. 324 ff.

Werner, Renate: »Cultur der Oberfläche«. Anmerkungen zur Rezeption der Artisten – Metaphysik im frühen Werk Heinrich und Thomas Manns. In: Roger Bauer/ Eckardt Heftrich u. a. (Hrsg.), Fin de siècle. Zu Literatur und Kunst der Jahrhundertwende. Frankfurt a. M. 1977, S. 609ff.

Wiesner, Herbert: Thomas Mann und Heinrich Mann. Bürgerliche Kultur und soziale Zivilisation – Annäherung und Divergenzen eines Bruderpaares. In: Kurt Fassmann (Hrsg.), Die Großen der Weltgeschichte, Bd. 10. Zürich 1978, S. 54 ff.

Winston, Richard: Being Brothers: Thomas and Heinrich Mann. In: Ralph Ley u. a. (Hrsg.), Perspectives and Personalities. Studies in Modern German Literature Honoring Claude Hill. Heidelberg 1978, S. 349 ff.

Winter, Lorenz: Heinrich Manns kleines Welttheater. Rollensprachlichkeit und szenische Komposition als Elemente »realistischer« deutscher Romandichtung um die Jahrhundertwende. In: Albrecht Goetze/Günther Plaum (Hrsg.), Vergleichen und Verändern. Festschrift für Helmut Motekat. München 1970, S. 188 ff.

Wolff, Ilona: Über unsere Beschäftigung mit dem Werk Heinrich Manns. In: Heinrich Mann am Wendepunkt der deutschen Geschichte. Berlin-DDR 1971, S. 154 f.

Wolff, Rudolf: Die Schule – so bitter wie Medizin. Zur Realismuskonzeption in Heinrich Manns *Professor Unrat*. In: R. Wolff (Hrsg.), Heinrich Mann – Werk und Wirkung. Bonn 1984, S. 8 ff.

Wolffheim, Hans: Nachwort. In: H. Mann, *Im Schlaraffenland/Professor Unrat*. Zwei Romane. Hamburg 1966, S. 577 ff.

Wysling, Hans: Zur Einführung. In: Thomas Mann – Heinrich Mann. Briefwechsel 1900 – 1949. Erw. Neuausgabe Frankfurt a. M. 1984, S. VII – LXI.

Wysling, Hans: Zum Abenteuer-Motiv bei Wedekind, Heinrich und Thomas Mann. In: K. Matthias (Hrsg.), Heinrich Mann 1871 – 1971. München 1973, S. 37 ff.

Wysling, Hans: Die Brüder Heinrich und Thomas Mann. In: Museum für Kunst und Kulturgeschichte der Hansestadt Lübeck (Hrsg.), Kunst und Kultur Lübecks im 19. Jahrhundert. Lübeck 1981, S. 61 ff. (Hefte zur Kunst und Kulturgeschichte, Nr. 4).

Wysling, Hans: »… eine sehr ernste und tiefgehende Korrespondenz mit meinem

Bruder ...« Zwei neu aufgefundene Briefe Thomas Manns an seinen Bruder Heinrich. In: Deutsche Vierteljahresschrift, 55, Stuttgart 1981, S. 645 ff.

Zacharias, Ernst-Ludwig: Die Dialektik der Gesellschaftskritik in Heinrich Manns Roman *Professor Unrat*. In: Wissenschaftliche Zeitschrift des Pädagogischen Instituts Erfurt, Ges.-sprachwiss: Reihe, 1967, S. 73 ff.

Zenker, Edith: Nachbemerkung. In: H. Mann, *Die Vollendung des Königs Henri Quatre*. Gesammelte Werke, Bd. 12. Berlin/Weimar 1970, S. 861 ff.

Zimmermann, Kurt: Heinrich Manns *Der Untertan*. Ein Beispiel für den Literaturunterricht in der DDR. In: Diskussion Deutsch, 5, Frankfurt a. M./Berlin/München 1974, S. 248 ff.

Zimmermann, Werner: Heinrich Manns *Abdankung*. In: W. Zimmermann, Deutsche Prosadichtungen unseres Jahrhunderts. Interpretationen für Lehrende und Lernende, Bd. 1. Düsseldorf (6. Aufl. Neufassung) 1981, S. 125 ff.

Zweig, Arnold: Heinrich Manns Meisterwerk. In: A. Zweig, Essays, Bd. 1. Berlin-DDR 1959, S. 314 ff. (zu: *Die Jugend des Königs Henri Quatre*.)

Drucknachweise:

Emrich, Elke: Erstdruck.
Koopmann, Helmut: Erstdruck.
Kraske, Bernd M.: Erstdruck.
Lehnert, Herbert: Erstveröffentlichung in: Arbeitskreis Heinrich Mann (Hrsg.), Mitteilungsblatt, Sonderheft. Lübeck 1981, S. 173 ff.
Müller, Gerd: Erstveröffentlichung in: Orbis litterarum, 26, Kopenhagen 1971, S. 94 ff.

Bildnachweise:

Ullstein Bilderdienst